■ 全国交通运输职业教育教学指导委员会规划教材

# 港口电气设备

主　编　万金华
副主编　周　涛　鲍秋燕
主　审　秦玉华

大连海事大学出版社

**图书在版编目(CIP)数据**

港口电气设备 / 万金华主编. — 大连:大连海事大学出版社,2014.9(2024.1 重印)
全国交通运输职业教育教学指导委员会规划教材
ISBN 978-7-5632-3073-0

Ⅰ. ①港… Ⅱ. ①万… Ⅲ. ①港口—电气设备—高等职业教育—教材
Ⅳ. ①U653.95

中国版本图书馆 CIP 数据核字(2014)第 212277 号

出 版 人: 刘明凯
策　　划: 徐华东　时培育
责任编辑: 华云鹏
封面设计: 王　艳
版式设计: 海　大
责任校对: 杨　洋

出 版 者: 大连海事大学出版社
地址: 大连市黄浦路 523 号
邮编: 116026
电话: 0411-84729665(营销部)　84729480(总编室)
网址: http://press.dlmu.edu.cn
邮箱: dmupress@dlmu.edu.cn
印 刷 者: 大连永盛印业有限公司
发 行 者: 大连海事大学出版社

幅面尺寸: 184 mm×260 mm
印　　张: 9.5
字　　数: 227 千
印　　数: 2001~3000 册

出版时间: 2014 年 9 月第 1 版
印刷时间: 2024 年 1 月第 2 次印刷
书　　号: ISBN 978-7-5632-3073-0
定　　价: 19.00 元

# 前 言

本书是根据全国交通运输职业教育教学指导委员会的立项要求，结合高职教育的人才培养特点，为深化高职教育教学改革、加强专业与课程建设，以培养学生现代港口起重、输送机械电气控制系统的调试、故障分析和排除的能力为主线编写而成，突出了能力本位教学的理念，注重学生的技能和职业知识的培养。

本书涉及的内容包括港口电控机械设备的电气传动、自动控制、信号检测与处理、信息与网络以及计算机控制等多个领域。全书共分为七章，内容由浅入深，主要内容包括常用低压电器、传感器的工作原理及选型，交流电力拖动的基本控制电路设计与分析，港口门机传统继电器控制及现代变频调速控制电路分析，集装箱装卸机械电控系统分析，散货输送机械电控系统分析，港口电气设备远程监控及故障诊断系统介绍等，书中附有大量的港机电控系统图纸及部分PLC 控制程序。

本书的第一、二章由鲍秋燕编写，第三至六章由万金华编写，第七章由周涛编写，全书由南京港机重工制造有限公司高级工程师秦玉华主审。在教材编写过程中，得到了江苏海事职业技术学院船港电气教研室全体老师、南京港机重工制造有限公司、武汉理工大学部分老师的大力支持和帮助，特致谢意。

本书为高等学校港口电气技术专业的教材，也可供从事港机电气维护及设计的技术人员学习和参考。

由于编者水平有限、时间仓促，书中难免有不足之处，恳请读者批评指正。

编　者

2014 年 7 月

# 前言

# 目 录

# 第一章

# 港口常用低压电器

## 第一节　非自动电器

低压电器是额定电压在交流 1 200 V,或直流 1 500 V 以下电路中使用的电器。其广泛应用于电力领域、工业设备电气传动与自动控制装置中,对电能进行转换、控制、调节及保护。港口使用最多的是交流 500 V 以下及直流 800 V 以下的开关。

按其功能,低压电器主要包括:断路器、熔断器、刀开关、转换开关、接触器、控制继电器、启动器、控制器、主令电器、电阻器、变阻器、电磁铁。

### 一、刀开关

刀开关通常在成套装置中,用于不频繁地接通和分断电路,见图 1-1。带有灭弧室的开关,可以切断负载;不装灭弧室的开关,不能切断负载,仅可作为隔离开关使用。

刀开关的性能参数主要有:额定电压、额定电流、安装与接线方式及操作形式。

在额定电流下,要注意开关的接通与分断能力以及热稳定与动稳定电流,开关电气、机械寿命等。

刀开关的结构形式通常有单投刀开关、双投刀型转换开关及熔断器式刀开关。操作方式有手动与电动两种。

图 1-1　刀开关及电气符号

### 二、断路器

断路器在成套装置中,用于电路正常工作条件下的不频繁接通与分断,并能对线路和设备的过载、短路、欠电压实施保护，见图 1-2。

依断路器的结构与功能，分为万能式空气断路器，塑料外壳式断路器，限流式、灭磁式、漏电保护式及直流快速断路器等。港口多用的是塑料外壳式断路器。

断路器的主要技术性能参数为：额定电压、额定电流、脱扣器的动作电流调节范围，短路分断能力及电气、机械寿命。

断路器的选用原则及注意事项：

（1）断路器的额定电压必须大于所使用线路的额定工作电压。

（2）断路器的额定电流必须大于计算的使用线路工作电流。脱扣器的动作电流调节范围，满足使用线路保护要求。

（3）断路器的额定短路电流分断能力高于线路的最大短路电流。

（4）断路器欠电压脱扣器的额定电压应等于线路的额定电压。

（5）电动机保护用断路器，应计及电动机的启动电流，并保证电动机能够正常启动而不分断。

（6）配电保护断路器，选用时需考虑上下级断路器的特性配合。

（7）漏电保护断路器要特别注意按使用要求，确定开关的漏电动作与不动作电流。

（8）按使用安装条件选择安装与接线方式。

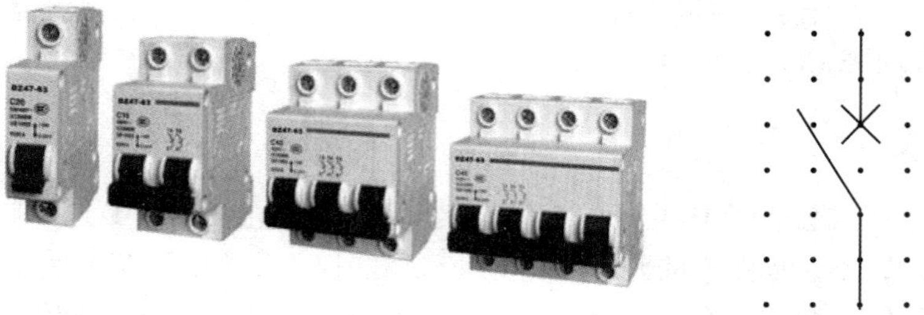

图 1-2　断路器及电气符号

## 三、熔断器

熔断器是一种保护用电器，当其电流超过热熔体的规定值，经过一定时间，熔体熔化，断开电路，从而保护线路或设备的短路及过载，见图 1-3。

熔断器依其结构形式分为：有填料密封式、无填料密封式、半封闭插入式和自复式。

港口应用较多的是有填料密封式和无填料密封式两种。

熔断器的主要技术性能参数有：额定电压、额定电流与分断能力。其余一些数据依结构与使用不同而异。

选用原则及注意事项：

（1）熔断器的额定电压必须等于或高于熔断器工作线路的电压。

（2）熔断器的额定电流根据所保护线路与设备的负载电流和使用条件决定。

（3）熔断器的额定分断能力必须大于被保护线路或设备可能出现的最大故障电流。

（4）不同应用的熔断器额定电流的确定。

用于线路保护：熔断器的额定电流小于、等于 1. 45 倍的导线或电缆负载电流，以充分保护电线或电缆的过载；对于导线的短路保护，当线路额定负载电流小于 50 A 时，线路的最小短路电流要大于3.5倍的熔断器额定电流，当线路额定负载电流大于63 A时，线路的最小短路电流要大于5.0倍的熔断器额定电流。据此，要同时能保护线路的短路与过载，必须按上述原则，兼顾二项，确定一适合的熔断器额定电流值。

用于电动机的保护：电动机保护用熔断器，重要的是电动机启动过程，熔断器不能分断。正常启动条件，熔断器的额定电流取为1.2~1.5倍的电动机额定电流；笼型机重载条件下，熔断器的额定电流应取为2.0~2.5倍的电动机额定电流。

用于电容器装置的保护：由于谐波影响及电容器电流的剧烈变化，存在极大的容性电流，为防止熔断器断掉，其额定电流必须大于1.6倍的电容器额定电流。

用于半导体器件的保护：此种熔断器是专用系列，俗称快速熔断器。熔断器的额定电流 $I_H$ 应大于所在的支路的工作电流 $I_{max}$ 的 $K$ 倍。

对于快速熔断器，尚应进行 $I^2t$ 值的校核。熔断器弧前的 $I^2t$ 值要大于所在整流支路正常工作的 $I^2t$ 值；熔断器熔断 $I^2t$ 值要小于被保护的半导体器件额定 $I^2t$ 值。

快速熔断器的断开过电压，必须小于半导体器件所能承受的反向峰值电压。

倘若线路或设备的上、下级均以熔断器作保护，则应保证上、下级熔断器额定电流之比为1.6∶1.0，以保证动作的选择配合。

图1-3　熔断器及电气符号

当熔断器与断路器配合使用时，熔断器的电流-时间特性应在断路器电流-时间特性的下方。

## 四、主令控制器

在自动控制系统或装置中，用于接通与分断控制电路，实现指令控制的电器。有手动与伺服两种形式，常用的是手动式。

主令控制器的技术参数主要有：适用电路的额定电压、控制回路数、触头关合表、额定电流、接通与分断能力、操作频率及寿命。

选用原则及注意事项：

选用原则应是满足使用与安装要求。注意开关的操作行程与操作力为可行，控制死区较小。如是无触头主令，则应留意相关电路的允许电压、电流及阻抗匹配。

港口常用主令控制器的性能参数与外形安装尺寸，见表1-1和图1-4。

表1-1　ZL-I型主令参数表

| | | |
|---|---|---|
| 额定工作电压 | V | 220　380 |
| 额定工作电流 | A | 10　5 |
| 额定绝缘电压 | V | 660 |
| 额定操作频率 | 次/分 | 40 |
| 额定通电持续率 | | 40% |
| 电寿命 | 万次 | 60 |
| 机械寿命 | 万次 | 400 |

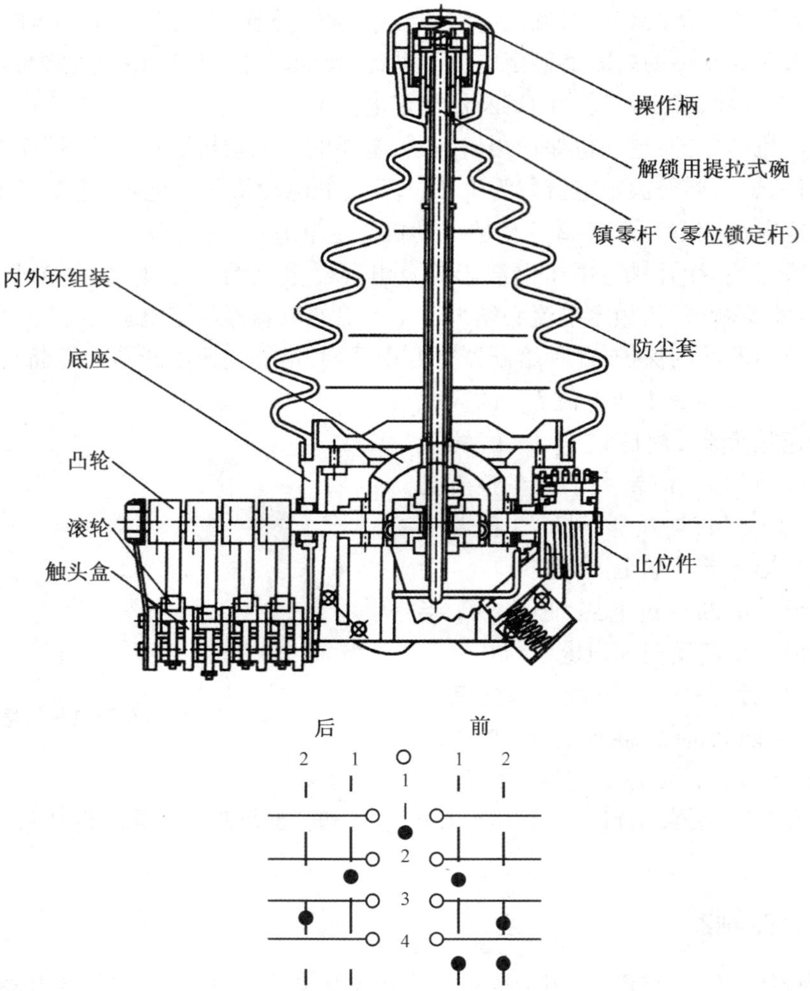


图 1-4　主令控制器及电气符号

## 五、按钮及信号指示灯

按钮是对电磁启动器、接触器等电器及其他电气线路进行遥控的器件，在需要灯光信号指示的场合，兼作指示灯。

信号指示灯是专作电气设备或线路的指示信号及其他信号用的器件。

按钮的类别较多，按功能分有自锁与不自锁，一般操作与事故紧停手柄；按形状分有揿式、旋钮式、紧停式与钥匙式；按防护方式分有开启式、保护式、防水式、防腐式、防爆式。信号灯的分类较少，按发光形式分有直接式、变压器降压式、电阻降压式、辉光式和发光二极管式；按防护形式分开启式与防护式，防护式依需要可做到各种相应级别。

技术性能参数：

按钮的技术数据简单，只有触头的额定电压、额定电流、接通分断能力、操作频率与寿命。

信号灯只有发光体的额定电压及额定功率。

选用原则及注意事项：

按钮的选用，在满足技术数据的前提下，尚应注意触头数、按钮形状及复位方式、颜色、有否文字标志以及防护等级和安装方式。

指示灯，只要注意发光种类、颜色、防护等级及安装方式即可。

图 1-5　按钮及选择开关

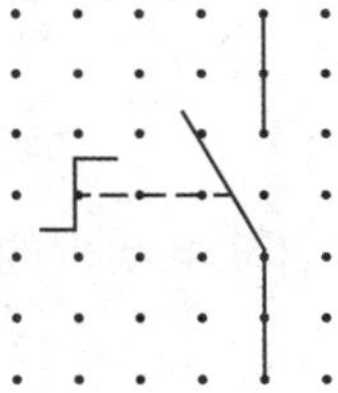

图 1-6　选择开关电气符号

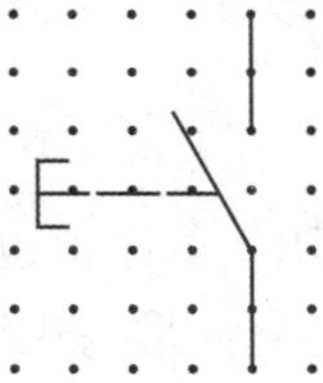

图 1-7　按钮电气符号

## 六、行程开关

在电力传动控制系统及其他装置中，用于接通、分断控制电路，实现行程、限位、计数、程序控制指令等功能的控制开关，通常称为行程开关或限位开关。

按结构与动作原理区分，主要形式有：机械式、接近式、光电式。

技术性能参数：主要参数为触头使用电路的额定电压，触头的额定电流及允许的接通、分断能力，控制回路数、常开、常闭触头个数。

选用原则及注意事项：

行程开关形式多样，使用环境复杂，因而选用时必须慎重。选用原则应为满足系统或设备的使用要求，确定行程开关的相应型号。

按不同的结构形式与型号，应分别注意：

开关的使用要求、安装环境，决定选用的开关结构形式及防护等级；开关允许的最大操作力与最高速度；最大动作距离或控制死区行程；最高动作频率，重复动作精度；触头的电寿命和开关的机械寿命；采购、更新方便。

## 七、频敏变阻器

频敏变阻器是接于绕线型异步电动机转子，利用铁耗的变化，使其随着电动机的加速，

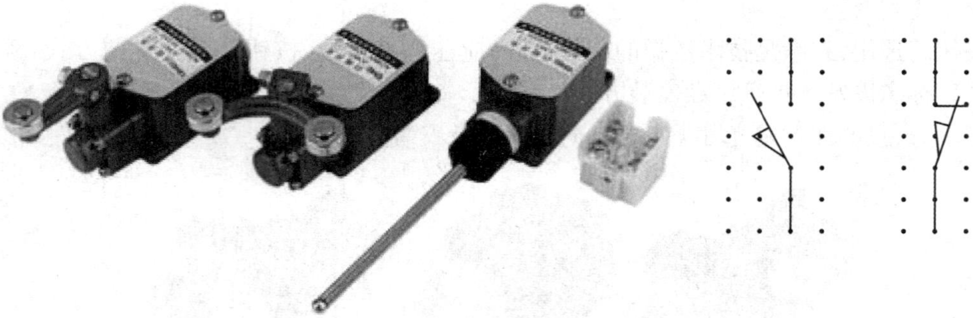

图 1-8　机械式限位开关及电气符号

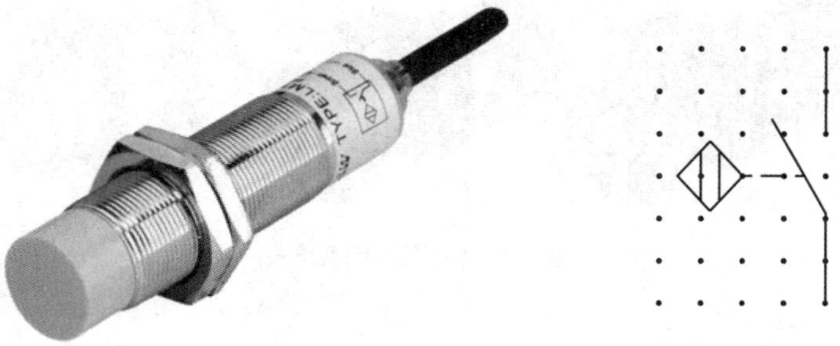

图 1-9　接近开关及电气符号

转子电势频率渐低,变阻器的阻值也相应减小的原理,达到启动电动机的目的。

频敏变阻器的铁芯有筒形与矩形之分,现多为矩形。

技术性能参数:

由于频敏变阻器的主要作用是启动电动机,因此都是与电动机机座号相对应的标准产品。只是根据工作制,分为短时启动用(轻载启动、重载启动)、重复短时启动用两种。重复短时启动用频敏变阻器,因接通率不同,增加一个表明使用频度的 $t_Z$ 值。清楚了电动机的工作制,即可在样本中对应选用。

选用原则及注意事项:

频敏变阻器只适用于不要求调速,启动转矩较小的场合。起升机构不宜采用,操作频繁的机构也不宜采用。

频敏变阻器一般用一级,电动机启动转矩只可达 1.0~1.4 倍电动机额定转矩,计及电压降,此值会更小,使用时必须注意。

## 八、互感器

港口起重运输机械上使用的仪用互感器,是干式电磁电压互感器和电流互感器。主要供线路或设备的电压、电流、功率、电能测量使用,也为系统和设备的继电保护所用。

### 1. 电流互感器

(1)普通电流互感器

电流互感器的结构较为简单,由相互绝缘的一次绕组、二次绕组、铁芯以及构架、壳体、接线端子等组成。其工作原理与变压器基本相同,一次绕组的匝数($N_1$)较少,直接串联于电源线路中，一次负荷电流（$\dot{I}_1$）通过一次绕组时，产生的交变磁通感应产生按比例减小的二次电流（$\dot{I}_2$）；二次绕组的匝数（$N_2$）较多，与仪表、继电器、变送器等电流线圈的二次负荷（$Z$）串联形成闭合回路，见图 1-10。

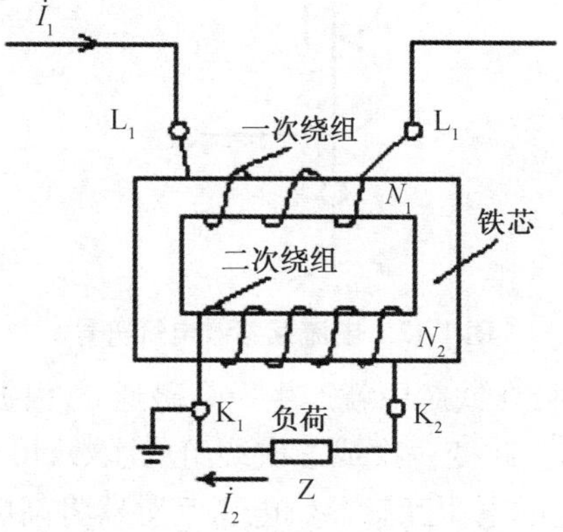


图 1-10　普通电流互感器结构原理图

由于一次绕组与二次绕组有相等的安培匝数，$I_1N_1 = I_2N_2$，电流互感器额定电流比：

$$\frac{I_1}{I_2} = \frac{N_2}{N_1}$$

电流互感器实际运行中负荷阻抗很小，二次绕组接近于短路状态，相当于一个短路运行的变压器。

(2)穿心式电流互感器

穿心式电流互感器其本身结构不设一次绕组，载流（负荷电流）导线由 $L_1$ 至 $L_2$ 穿过由硅钢片擀卷制成的圆形（或其他形状）铁芯起一次绕组作用。二次绕组直接均匀地缠绕在圆形铁芯上，与仪表、继电器、变送器等电流线圈的二次负荷串联形成闭合回路，见图 1-11。

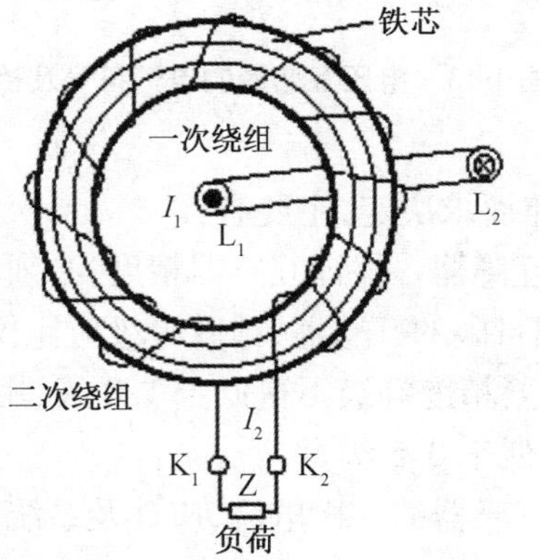


图 1-11　穿心式电流互感器结构原理图

由于穿心式电流互感器不设一次绕组，其变比根据一次绕组穿过互感器铁芯中的匝数确定，穿芯匝数越多，变比越小；反之，穿芯匝数越少，变比越大。

电流互感器二次侧额定电流通常为 1 A 或 5 A。

**2. 电压互感器**

电压互感器是一个带铁芯的变压器。它主要由一、二次线圈，铁芯和绝缘组成。当在一

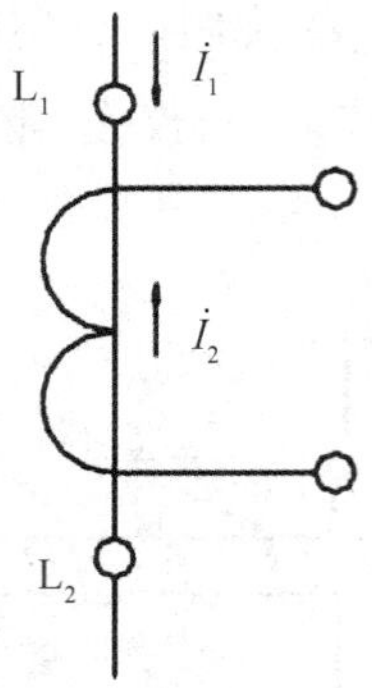


图 1-12　电流互感器电气符号

次绕组上施加一个电压 $U_1$ 时，在铁芯中就产生一个磁通 $\varphi$，根据电磁感应定律，则在二次绕组中就产生一个二次电压 $U_2$。改变一次或二次绕组的匝数，可以产生不同的一次电压与二次电压比，这就可组成不同比的电压互感器。电压互感器将高电压按比例转换成低电压，一般二次侧额定电压是 100 V。电压互感器一次侧接在一次系统，二次侧接测量仪表、继电保护等；主要是电磁式的，另有非电磁式的，如电子式、光电式。

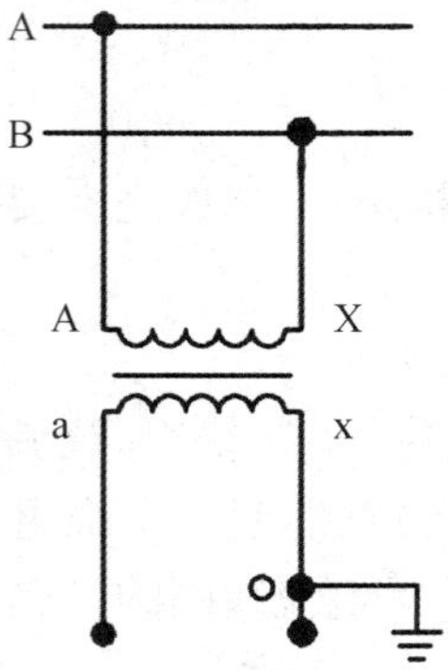


图 1-13　电压互感器的电气符号及接线

**3. 选用原则及注意事项**

互感器选用应视具体线路要求决定，主要有：

（1）按要求，选用适当的互感器。保证互感器精度，必须注意二次阻的匹配。

（2）用来扩大仪表或线圈量限的互感器，精度等级应比仪表高 1~2 级，用以扩大功率表或其他仪表线圈量限的互感器，精度等级不得低于 1.0 级；用以扩大电度表或电能测量线圈量限的互感器，精度等级不得低于 0.5 级。

（3）保证测量精度，电流互感器的一次电流，应计及系统的最大冲击电流。

（4）注意互感器的使用环境及安装、接线方式。

## 第二节　空气开关

自动开关又称自动空气断路器，具有刀开关、熔断器、热继电器和欠电压继电器的作用。是一种既有手动开关作用又能自动进行欠压、失压、过载和短路等故障保护，能自动切断故障电路，有效保护用电设备。可用于不频繁接通、断开负载电路的控制。

自动开关主要由触头、操作机构、脱扣器、灭弧装置等组成。操作机构分为直接手柄操作、杠杆操作、电磁铁操作和电动机驱动四种。脱扣器有电磁脱扣器、热脱扣器、复式脱扣器、欠压脱扣器、分励脱扣器等类型,见图 1-14。

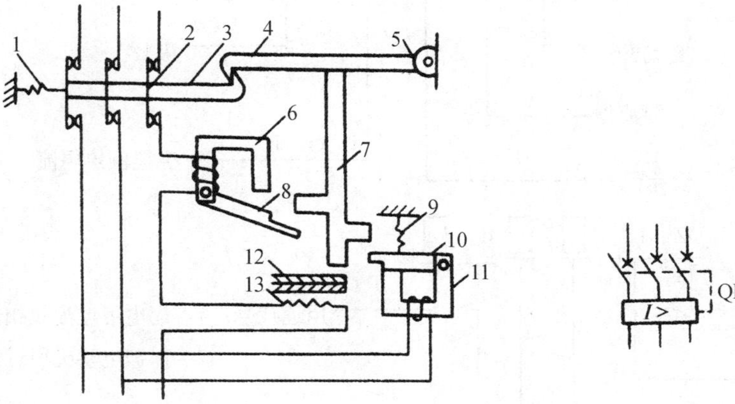


(a)工作原理示意图　　(b)图形符号

**图 1-14　低压断路器的工作原理示意图和图形符号**

1、9—弹簧;2—主触头;3—锁键;4—搭钩;5—轴;6—过电流脱扣器;7—杠杆;8、10—衔铁;11—欠电压脱扣器;12—热脱扣器;13—电阻丝

断路器简单工作原理如图 1-14 所示,断路器主触头串接在主电路中,过流脱扣器线圈串接在一相中,欠压线圈并接在其中两相上。操作手柄为合闸时,通过操作机构,3、4 锁住,主触头接通主电路。当电路工作中出现短路、过载、欠压时,相应脱扣机构使杠杆 7 动作,3、4 脱扣、主触头断开,切断主电路,从而保护电器设备。当操作手柄处于断开时,3、4 脱扣,主触头在弹簧作用下断开主电路。

自动开关有框架式,主要用于配电网络保护开关;还有塑料外壳式,用作配电网络保护开关,还用作电动机、照明、电热设备等控制开关。常用的有 DZ 系列、DW 系列,还有不少引进产品。

为防止发生人身触电和漏电造成其他损害,在自动开关中增加漏电保护功能,当人身触电和设备漏电时,通过检测元件及脱扣机构使开关断开。有电磁式电流动作型、电压动作型,还有通过晶体管检测、放大、驱动跳闸。漏电开关设有试验按钮,检验漏电保护功能正常与否。常用的有 DZ15L-40、DZ5-20L 等。

自动开关主要技术参数:额定电压、额定电流、脱扣器类型及额定电流、脱扣器整定电流,触头分断能力和动作时间等。一般断电器动作时间为 30~60 ms,限流型断电器动作时间小于 20 ms。

自动开关选择:

(1)不同用途及安装环境应选择合适的形式。

(2)自动开关额定电压不低于线路额定电压。

(3)自动开关额定电流不小于负载电流。

(4)脱扣器额定电流不小于负载电流。

(5)极限分断能力不小于线路最大短路电流。

(6)线路末端单相对地短路电流与瞬时脱扣器整定电流之比不小于 1.25。

(7)欠电压脱扣器额定电压应等于线路额定电压。

自动断路器型号意义举例：

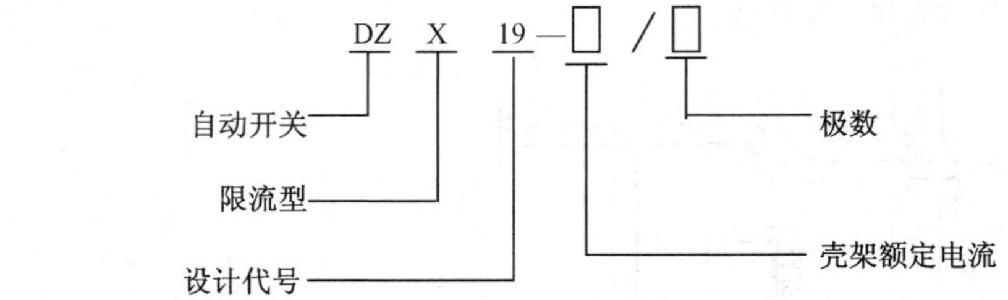


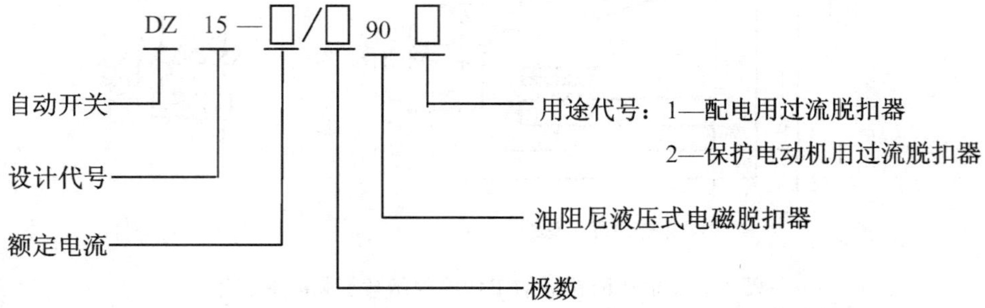


## 第三节　接触器

### 一、概述

接触器是用来频繁接通和切断负载主电路或容量比较大的控制电路，可远距离地、自动地控制电路的开关电器。能切换(7~10)$I_N$ 的大电流负载，操作频率可达每小时 1 500~3 000 次；机械寿命可达 2 000 万次；电寿命可达 200 万次；具有低电压释放保护特点等，是电气控制系统中最重要的电器之一。

接触器按动作原理可分为：电磁式、气动式、液动式，后二者为特种电器，这里不做叙述。电磁式接触器按接触器所控制的电路电流性质分为：交流接触器和直流接触器；按激磁电流性质分为：交流激磁接触器和直流激磁接触器；按主触头数分单级、双级、三级、四级、五级等。

接触器主要由下面四部分组成：

**1. 电磁机构**

电磁机构由线圈、静铁芯、动铁芯(衔铁)和释放弹簧组成。其结构形式取决于铁芯与衔铁的运动方式，一种是衔铁绕轴转动的拍合式，另一种是铁芯做直线运动的直动式。

**2. 触头系统**

分主触头和辅助触头。主触头用于控制主电路，通常是三对动合触头，分单断点和双断点式；辅助触头用于控制电路，起到电气连锁作用，又称连锁触头，分常开触头和常闭触头。

**3. 灭弧装置**

容量在 10 A 以上的接触器都有灭弧装置，对于较小容量的接触器可采用双断点桥式电动灭弧，或相间弧板隔弧及陶土灭弧罩灭弧；对于大容量的接触器采用纵缝灭弧罩及栅片灭弧。

4. 其他部分

包括作用弹簧、缓冲弹簧、触头弹簧、传动机构、联结导线及外壳等。

工作原理如图 1-15，当电磁线圈通入电流时，在电磁力作用下电磁铁克服弹簧作用力吸合，带动主触头与静触头闭合，接通主电路。主触头用于控制主电路，通过大电流。同时辅助常闭触头断开，辅助常开触头闭合。辅助触头用于控制电路中，通过小电流。当电磁线圈断电时，或电磁线圈电压过低使电磁力小于弹簧作用力时，电磁铁在弹簧力作用下恢复原位，动触头与静触头分开，从而切断所控制电路。

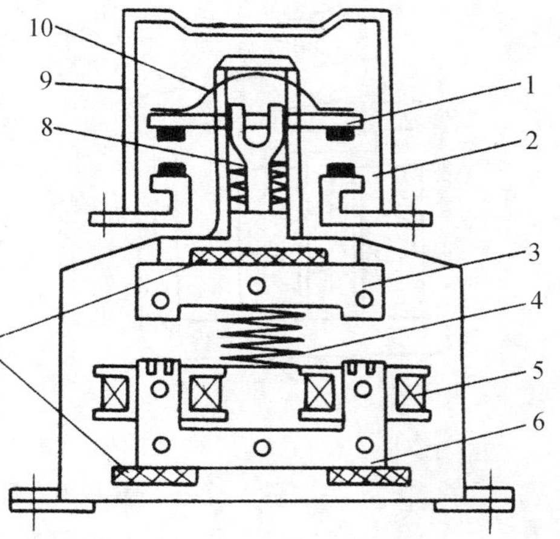

**图 1-15 CJ20-63 型交流接触器结构示意图**

1—动触头；2—静触头；3—衔铁；4—缓冲弹簧；5—电磁线圈；6—铁芯；7—垫毡；8—触头弹簧；9—灭弧室；10—触头压力弹簧

随着科学技术的发展，接触器的结构及功能不断更新，接触器组成又分为通用件和辅助件，除触头系统外，其他零件可以通用，可临时装配辅助触头、空气延时器、机械连锁和锁扣继电器等，还可对主触头进行串、并联（通过连接板）使用。安装方式有螺钉固定式和卡轨式等。

## 二、交流接触器

交流接触器主要由电磁机构、触头系统、灭弧装置等组成。交流接触器又可分为电磁式、永磁式和真空式三种。

电磁式交流接触器主要由电磁系统、触头系统、灭弧系统及其他部分组成。

1. 电磁系统

电磁机构是各种自动化电磁式电器的重要组成部分，将电能转化为机械能，通过驱动执行部分接通、断开电路。

主要由线圈、铁芯（静铁芯磁轭）和衔铁（动铁芯）三部分组成。

简单工作原理：当线圈通电后，产生磁场，磁通通过铁芯、衔铁、工作气隙形成闭合回路。衔铁受到电磁力的作用，被吸向铁芯，由于衔铁受到反力弹簧的拉力作用，只有电磁吸力大于弹簧拉力时，衔铁才可靠地被铁芯吸住。此时衔铁动作通过中间机构、执行部分使电路接通或断开。当线圈断电或电磁吸力小于反力弹簧拉力时，衔铁在弹簧作用下恢复原位，通过中间机构、执行部分使电路断开或接通。如果电磁吸力过小，会使衔铁不能可靠地吸合，电路工作不稳定；如果电磁吸力过大，电磁铁吸合过程中产生较大冲击，机构易于损坏，噪声大。

电磁铁结构以铁芯形式为主，主要有 E 型、U 型。衔铁的动作方式有直动式和转动式。不同结构电磁铁性能不同，应用场合不同。如图 1-16 所示，是几种不同电磁铁芯结构形式。

电磁线圈用来产生磁通。电磁线圈按通入电流性质不同分为电流线圈、电压线圈。电流线圈与负载串联，通过线圈电流决定于主电路负载电流，因此通过电流线圈的电流较大，常用扁铜条或粗铜线绕制，导线粗，匝数少，阻抗要小，目的是减小电压降，不影响主负载工作。电压线圈与负载并联，通过电压线圈的电流决定电压线圈本身阻抗大小，因此线圈导线

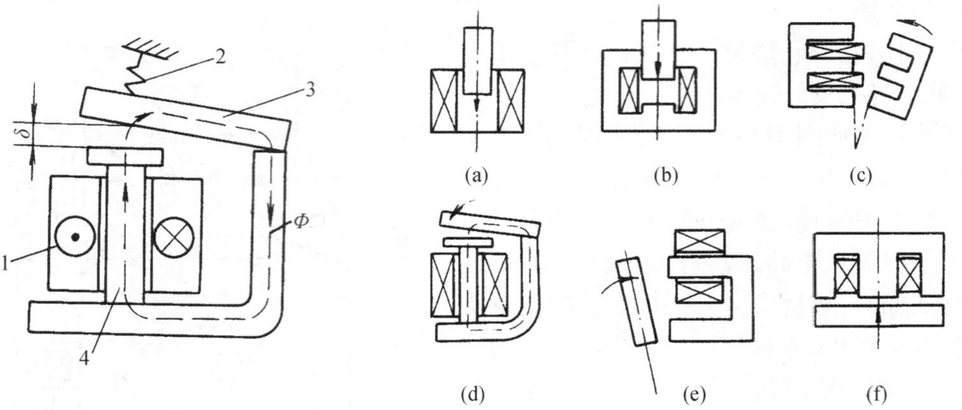


**图 1-16　常见的电磁铁铁芯结构形式**

1—线圈;2—弹簧;3—衔铁;4—铁芯

较细,匝数多,阻抗要大,目的是减小分流和减少电能损耗。电压线圈、电流线圈用绝缘导线绕制。

在电磁机构中,线圈中通过交流电而工作的电磁铁称为交流电磁铁。交流电通过线圈产生交变的磁通,因此,在铁芯中产生磁滞损耗和涡流损耗,为减少磁滞损耗和涡流损耗,电磁铁铁芯采用硅钢片制成。线圈中通过的电流不仅决定于线圈电阻大小,还决定于线圈电抗,且随工作气隙大小(衔铁的行程)而变化。

交流电磁铁吸力 $F_x=1/2F_m-1/2F_m\cos\omega t$

式中,$F_m=4\times10^5B^2S$ 为电磁吸力最大值。

$F_x$ 是个变化量,由一个恒定分量和一个交变分量组成,其变化频率是电源频率的 2 倍,在 $0\sim F_m$ 范围变化。由上式可知交流电过零点时,电磁力也过零。因此,交流电磁铁在工作时,在电磁吸力小于弹簧反作用力时而产生振动和噪声。在实际工作中,为克服冲击和噪声,在交流电磁铁铁芯中设置短路环(铜环),将原磁通分为两部分。在交变磁通的作用下,铜环产生的感应电流产生的磁通使铜环内、外两截面通过的磁通产生相位差,且幅值不等。由这两部分磁通合成后磁通不再过零点,即合成磁通始终大于零,因此,产生的电磁吸力始终大于零。经过适当设计短路环,可使电磁吸力始终大于弹簧反作用力,从而克服电磁铁的由于过零产生的振动和噪声(即过零冲击)。

**2. 触头系统**

触头是接触器的执行部分,包括主触头和辅助触头。主触头的作用是接通和分断主回路,控制较大的电流;而辅助触头是在控制回路中,以满足各种控制方式的要求。

触头是在电磁机构作用下使电路接通或断开的部分,是电器的执行部分,触头工作性能的好坏直接影响电器工作性能。触头由动触头和静触头组成。

触头按接触方式分桥式接触、指式接触;触头按接触面积分点接触、线接触、面接触。点接触触头由于接触面积小,一般适合小电流电路的通断;而面接触触头由于接触面积大,主要用于大电流电路的通断。

桥式触头具有双断灭弧的作用,触头开距小,可以减少电磁机构的电磁安匝数,但需要有触头弹簧的作用。指式触头一般做成线接触和面接触,动、静触头间有滑动和滚动接触、

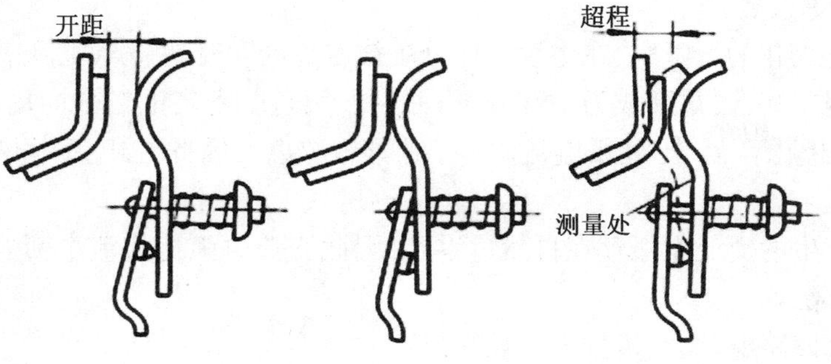


图 1-17　箱式触头的开距与超程

图 1-18　桥式触头的开距与超程

断开有过程,因此工作面和接触面或分离面不是同一位置。一方面可避免工作面在通断时,因火花而灼伤;另一方面可通过滑动过程除掉触头表面氧化物和脏物,降低接触面接触电阻。主要用于大、中容量电器,且操作频繁场合。

触头在闭合状态下,动、静触头通过电流,由于有接触电阻存在,而产生电压降,产生热量,容易发生氧化现象,因进一步恶化而不能工作。一般通过适当增加接触压力,采用优质材料,改善接触形式和接触表面状况等措施,以减少火花。例如采用银质触头,降低接触电阻(银的氧化物导电性能也比较好,且在高温下氧化,形成氧化物易粉化),通过采用指式触头的滚动接触,减少火花氧化影响。

3. 灭弧系统

灭弧装置用来保证触头断开电路时,产生的电弧可靠地熄灭,减少电弧对触头的损伤。为了迅速熄灭断开时的电弧,通常接触器都装有灭弧装置,一般采用半封式纵缝陶土灭弧罩,并配有强磁吹弧回路。

(1)电弧的形成

触头在分断电路时,当触头间刚出现间距时,由于两触头的间距很小,产生很大的电场强度(电压不低于 10~20 V,电流不小于 80~100 mA),特别是感性负载电路,金属内部自由电子在强电场作用下从阴极表面逸出,奔向阳极。这些电子在高速运动中撞击中性气体分子,使中性气体分子被激励并游离,产生正负离子,这些粒子在强电场作用下,继续撞击其他中性分子。因此,在触头间隙中产生大量电离子,使气体导电形成炽热电粒子流,即产生电弧电流。在触头间隙中产生大量热能,使气体发生热游离,金属表面过热溶化而产生金属蒸气并被氧化,使触头烧蚀,降低触头寿命。同时,触头接触电阻增大,降低工作可靠性,延迟了电路切换时间。另外在产生电弧时,向周围辐射电磁波,干扰船舶无线电设备正常工作。

(2)电弧的熄灭装置

在触头产生火花的缝隙中,在中性气体分子被游离的同时,一方面已游离的正负离子在空间运动中相遇并复合,重新成为中性分子;另一方面高度密集电粒子向周围扩散,降低离子浓度、触头间电阻增大,使电弧电流减少,削弱热游离。因此在电弧中热游离和去游离共存。

交流电路产生的交流电弧存在自然过零点,因此交流电弧比直流电弧容易熄灭。一般采用如下几种方法:

①利用触头回路电动力、机械力拉长灭弧

适当布置触头位置,使触头间电弧受到径向电动力作用,将电弧拉长,并在移动过程中迅速冷却,从而使电弧熄灭。如图 1-19(a)所示为单断口电弧,靠机械力将电弧拉断;图 1-19(b)所示为双断口电弧,将电弧分两段并靠机械力拉断;图 1-19(c)所示为单断口电弧,依靠机械力拉开电弧的同时还受到电动力的作用,使电弧迅速拉长熄灭。

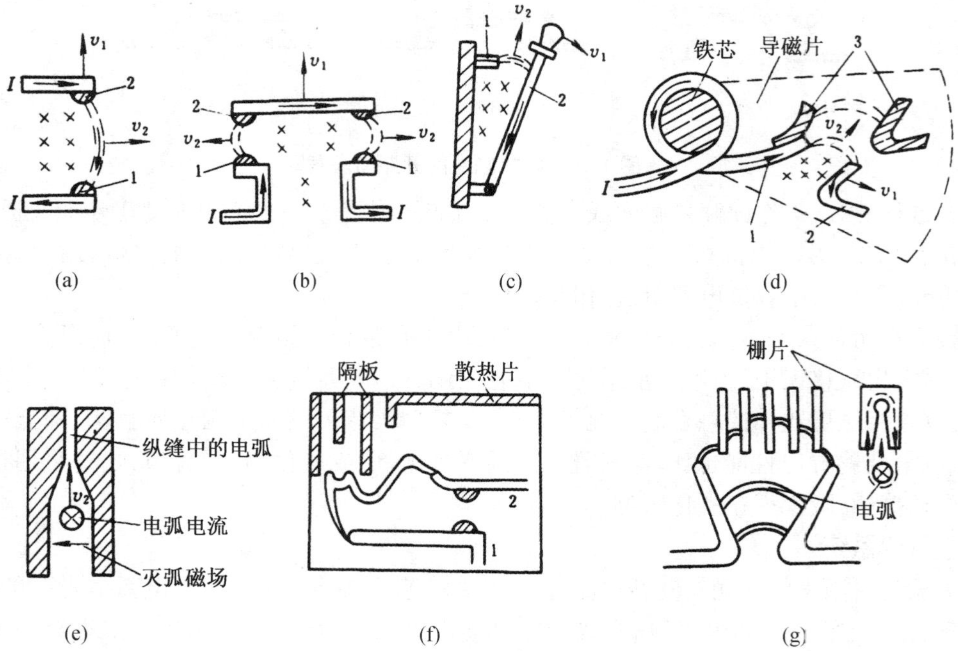


**图 1-19 灭弧措施**

1—静触头;2—动触头;3—引弧角

②磁吹灭弧

利用电弧在磁场受到电动力的作用使电弧拉长、冷却、熄灭。灭弧装置主要由磁吹线圈、引弧角、导弧磁夹板组成,如图 1-19(d)所示。电弧在磁场电磁力的作用下,由触头向引弧角处运动而被拉长、冷却,在引弧处熄灭。由于电弧从触头处被引开,从而保护触头不受到烧灼损害。此种为串联磁吹灭弧,灭弧线圈与主电路串联,电磁力随主电路电流大小变化而变化,电弧电流越大,灭弧能力越好,且磁吹方向与电流方向无关,但电流小,效果差些。还可以采用并联式磁吹灭弧,对于小电流时磁吹灭弧效果比较好,但灭弧线圈应随主电路电流方向变化而变化,使用时注意电流方向。

磁吹灭弧可用于交流电器和直流电器,对于小容量电器,不加装磁吹灭弧装置。

③纵缝灭弧

利用电动力和电磁力将电弧拉入用耐弧材料(陶瓷、石棉水泥等)制成的灭弧罩中,在缝隙中与缝隙壁接触、冷却而熄灭,如图 1-19(e)所示。

④在封闭室灭弧

利用电弧本身能量分解固体材料产生气体,加大灭弧室中压力或利用气体吹弧。例如,为了快速熔断,在熔断器管中充满石英砂,利用电弧本身能量使金属熔化后汽化,产生很大压力,使游离气体向石英砂中扩散,在石英砂中迅速冷却熄灭,如图 1-19(f)所示。

⑤灭弧栅灭弧

灭弧栅由金属片组成,把金属片相互绝缘,安插在灭弧罩中,电弧在电动力作用下被推向栅片中。进入栅片后,被分割成许多串联短电弧,每两栅片相当于一对电极,每个小电弧的场强度被大大削弱,短电弧很容易熄灭,如图 1-19(g)所示。

**4. 其他部分**

其他部分有绝缘外壳、弹簧、短路环、传动机构等。

## 三、直流接触器

直流接触器,一般用于控制直流电器设备,线圈中通以直流电,直流接触器的动作原理和结构基本上与交流接触器是相同的。主要的不同在于铁芯、线圈、触头系统和灭弧装置。

在电磁机构中,电磁线圈中通过直流电而工作的电磁铁称为直流电磁铁。直流电通过线圈时,铁芯中产生的磁通是恒定不变的,因此不产生磁滞损耗和涡流损耗,铁芯不产生热量。因此,一般直流电磁铁铁芯和衔铁由软钢或纯铁制成。直流电磁铁产生热量是由于线圈电阻产生的热量,因此线圈不设有骨架,可直接通过铁芯散热。通过线圈电流只决定于线圈本身电阻的大小,与工作气隙无关。

直流电磁铁吸力 $F_x = 4\times10^5 B^2 S$

式中,$B$——气隙磁感应强度,单位 T;

$S$——衔铁端面面积,单位 $m^2$;

$F_x$——电磁吸力,单位 N。

直流电磁铁的吸力与气隙大小的关系称为直流电磁铁的吸力特性,如图 1-20 所示。在电流与匝数之积为常数时,电磁吸力与气隙大小平方成反比。同时电磁吸力随励磁安匝数(电流与线圈匝数之积)增大而增大。电磁线圈励磁电压大小、衔铁行程的大小都有影响电磁铁的吸力特性,从而影响电磁铁的工作性能。

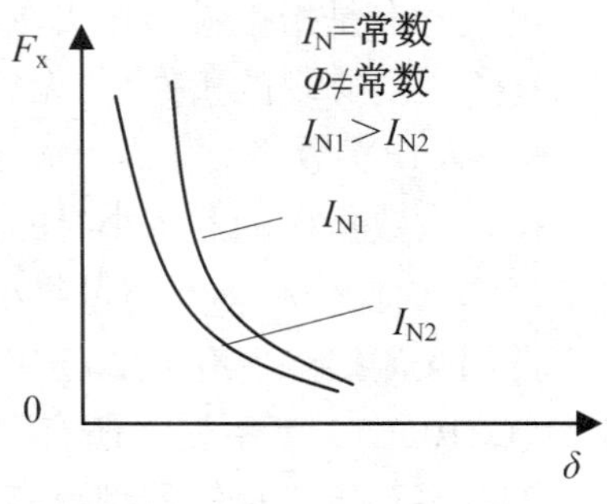


**图 1-20　直流电磁铁的吸力特性**

在线圈上,交流接触器线圈匝数少、电流大、线径粗、直流接触器线圈细长、匝数特别多。

交流接触器多为双断点桥式触头,而电流较大的直流接触器多采用滚动接触的指形触头,动、静触头在闭合的过程中有一滑动过程,以延长使用寿命。

交流接触器触头间产生的电弧在电流过零时能自然熄灭,而直流电弧不存在这个自然过零点,只能靠拉长电弧和冷却电弧来灭弧,因此在同样的电气参数下,熄灭直流电弧比熄灭交流电弧要困难得多,所以直流接触器的灭弧装置一般比交流接触器的灭弧装置复杂,直流接触器一般采用磁吹式灭弧装置结合其他方法灭弧。

如果把交、直流接触器接错了,就是直流电接交流接触器,线圈马上烧毁。交流电接直流接触器,接触器无法吸合。

## 四、接触器的主要技术指标

接触器的一般图形符号和文字符号如图 1-21 所示。

**图 1-21　接触器线圈、主触头、辅助触头图形符号及文字符号**

(1)额定电压

额定电压指主触头的额定工作电压。主触头额定工作电压应大于或等于实际电路工作电压值。

(2)额定电流

额定电流指主触头的额定工作电流,是指长期工作下,触头温度不超过额定温升时,主触头所允许通过的电流值。

(3)线圈额定电压

线圈额定电压指使接触器可靠吸合时加在线圈上的工作电压。一般等于控制电路电压。

(4)电气寿命和机械寿命

电气寿命是指接触器触头在额定工作条件下所允许的极限操作的次数。机械寿命指接触器在不需要修理的条件下,无负载时能承受的操作次数。

(5)操作次数

操作次数指接触器每小时的操作次数。由于交流接触器吸合电流大,容易使线圈过热,电寿命降低,操作频率不超过每小时 600 次,直流接触器不超过每小时 1 200 次。

常用交流接触器有 CJ20、CJX1、CJX2、CJ12、CJ10 等系列。直流接触器有 CZ18、CZ21、CZ22、CZ10、CZ2 等系列。还有不少国外产品,如德国 BBC 公司的 B 系列和西门子公司的 3TB、3TD 系列等。接触器型号意义:

## 五、接触器的选择

应根据以下原则选用接触器:

(1)根据被接通或分断的电流选择接触器的类型。

(2)根据被控制电路中电流大小和使用类别选择接触器的额定电流。

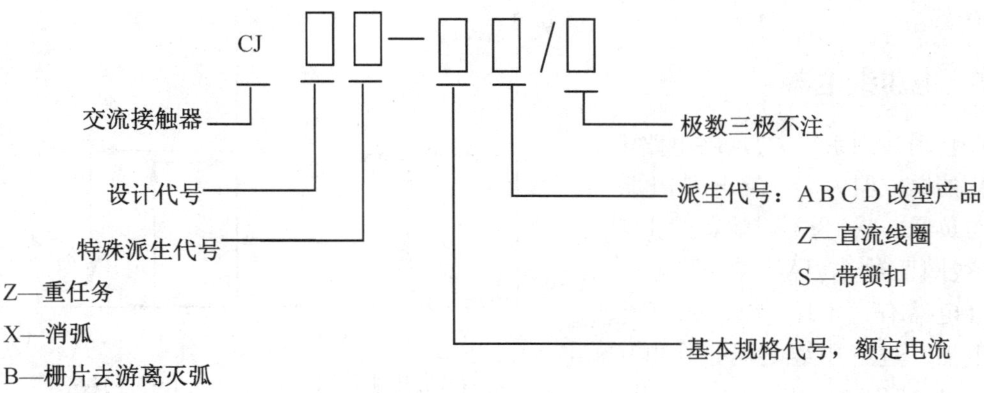


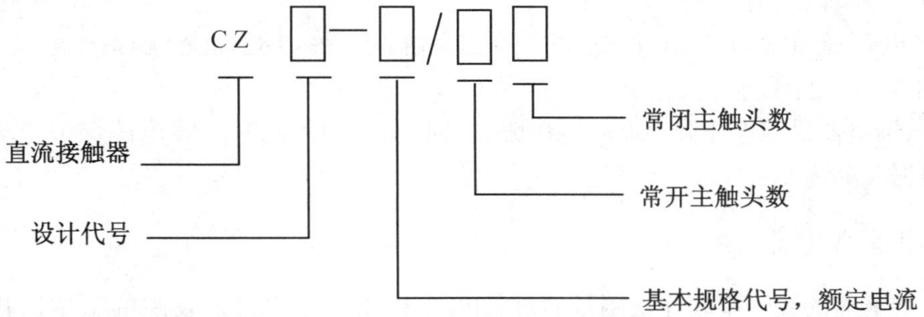


(3)根据被控制电路电压等级选择接触器的额定电压。

(4)根据控制电路的电压等级选择接触器线圈的额定电压。

# 第四节　继电器

## 一、概述

继电器是传递信号的一种电器，根据输入信号(电量或非电量，如电压、电流、温度、速度、时间等)的变化，改变输出信号(通过触头的闭合、断开)作用于控制电路，控制接触器和其他电器，实现自动控制和保护电器控制系统。

继电器由输入信号的感受部分、中间机构和执行部分组成。感受部分主要是测量元件根据输入量情况通过中间机构作用，使执行元件产生相应输出信号。例如电磁式继电器感受部分是电磁铁，执行部分是触头。

继电器的种类很多，按输入信号性质分为：电压继电器、电流继电器、功率继电器、速度继电器、时间继电器、温度继电器、压力继电器等；按感受元件的动作原理可分电磁式、感应式、机械式、电动式、电子式等；按用途分电力网保护用继电器、电力拖动控制继电器、自动装置和电讯用继电器等。

继电器具有跳跃式输入-输出特性。如图 1-22 所示，当继电器获得一个输入信号 $X$ 时不论信号幅值多大只要未达到动作值 $X_r$，继电器不动作，输出信号 $Y$ 等于零，如图 $0 \sim X_r$ 段。当输入信号达到动作值 $X_r$ 时继电器动作，由 0 跳到 $Y_o$，输出一个信号 $Y_o$。继续增大输入信号继电器输出信号不变。当输入信号减小时，工作点不沿原来路线变化(即输入信号小于 $X_r$ 时继电器也不恢复原来状态)，而当小于某一值 $X_i$(释放值)时继电器释放，无输出信号，恢复原态。

## 二、电压继电器

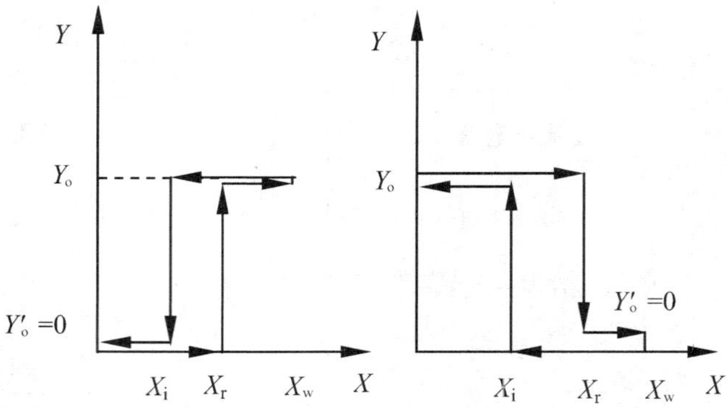


图 1-22 电磁式继电器的继电特性

在自动控制系统中，反映电路电压变化的继电器为电压继电器，电磁线圈与负载并联，为不影响负载正常工作，线圈匝数多，导线细，电阻大。电压继电器有过电压、欠电压、零电压继电器。过电压继电器是在电压为 1.1~1.15$U_N$ 以上时继电器动作；欠电压继电器是在电压为 0.4~0.7$U_N$ 时动作，对电路进行欠电压保护；零电压继电器是当电压降至 0.05~0.25$U_N$ 时动作，对电路进行零电压保护。动作电压的调整根据实际需要决定。

## 三、电流继电器

电流继电器的线圈串联在被测量的负载电路中，此时继电器所反映的量是负载电流的变化，为使串联在电路中的线圈不影响主电路工作，因此电流继电器线圈阻抗小，导线粗，匝数少。

过电流继电器在负载正常工作时是不工作的，即电磁铁不动作。当电流超过某一整定值时，电磁铁动作。一些电流继电器具有手动复位机构，当过电流时衔铁动作，即使线圈电流减小到正常值时，也不恢复到原来状态，只有操作人员进行手动复位，从而避免重复过电流事故发生，一般交流过电流继电器调整在 1.1~4$I_N$，直流过电流继电器调整在 1.7~3$I_N$。

欠电流继电器是当电流降低到某一整定值时，继电器释放。所以欠电流继电器在负载正常工作时，电磁铁是吸合的。

## 四、时间继电器

时间继电器是利用电磁原理或机械原理等动作来延时接通或延时分断电路的控制电器。有电磁式、空气阻尼式、电动机式、电子式等。

### 1. 直流电磁式时间继电器

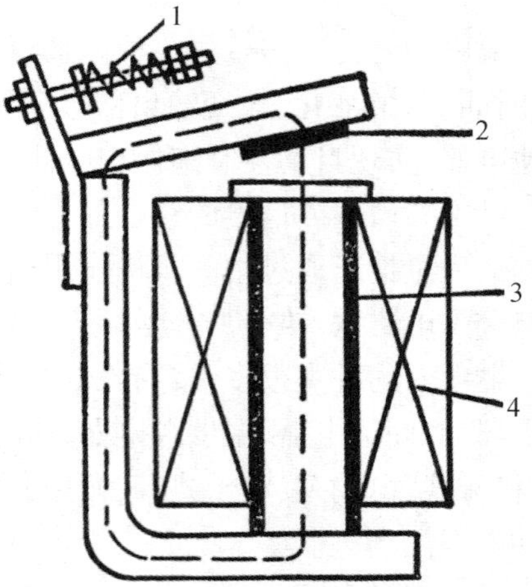


图 1-23 直流电磁式时间继电器的结构

1—调整弹簧；2—非磁性垫片；3—阻尼铜套；4—工作线圈

电磁继电器线圈通电或断电时，由于电磁惯性，到触头动作需一定的时间，这是继电器的固有动作时间，这段时间很短，一般为千分之几秒到百分之几秒。电磁式时间继电器利用感应电流所产生的磁通阻碍原主磁通变化的原理，达到延时目的。直流电磁式时间继电器的结构如图 1-23 所示，它是电磁式继电器的铁芯上附加一个阻尼铜套组成的。当电磁线圈通电或断电后，主磁通就要减小，由于磁通的变化，在阻尼铜套中产生感应电流。感应电流产生磁通阻碍原磁通的变化，于是就延长了衔铁的动作时间。一般利用阻尼铜套、铝套、短接线圈产生延时。

由于电磁式时间继电器在通电前是释放状态，磁路气隙较大，线圈电感小，电磁惯性小，故延时时间仅有 0.1~0.5 s，而断电延时时间为 0.2~10 s。因此，电磁式时间继电器一般只作断电延时使用。电磁式时间继电器的延时精度和稳定性不高，但适应能力较强。

**2. 空气阻尼式时间继电器**

利用空气气隙阻尼作用原理制成，主要由电磁系统、触头、空气室、传动机构等组成。有通电延时和继电延时两种类型。如图 1-24 所示为 JS7—A 系列空气阻尼式时间继电器的外形结构图。通电延时式工作原理为：电磁线圈通电时，电磁铁吸合，活塞杆在弹簧力作用下通过活塞带动橡皮膜移动。但受进气孔进气速度的限制，空气进入气囊，使气囊充满气体需经过一段时间，活塞杆才能使微动开关动作，动断触头断开，动合触头闭合。通过改变进气孔的气隙大小调整延时时间。同时，可以通过电磁铁动作直接控制一组微动开关，不需延时的瞬动开关。当线圈断电时，电磁铁在复位弹簧作用下复位，同时推动活塞杆、活塞、橡皮膜，利用活塞和橡皮膜之间的配合在排气时形成单向阀的作用，使气囊中的气体快速排出，微动开关复位。断电延时空气阻尼式时间继电器工作原理与通电延时工作原理相似，只是在结构上将电磁机构进行调整，使电磁铁在断电时气囊延时进气。

空气阻尼式时间继电器的结构简单、价格低廉、延时范围大且误差较大。

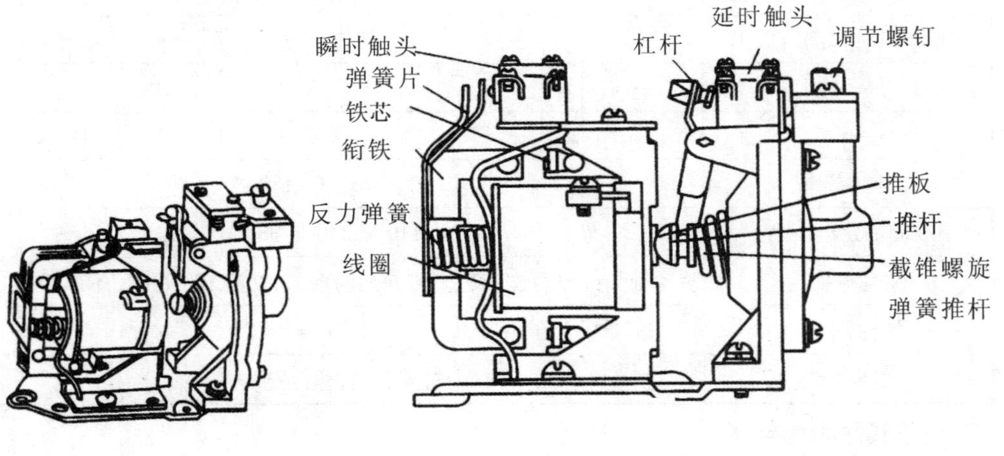


(a)外形　　(b)结构

图 1-24　JS7—A 系列空气阻尼式时间继电器

时间继电器型号意义：

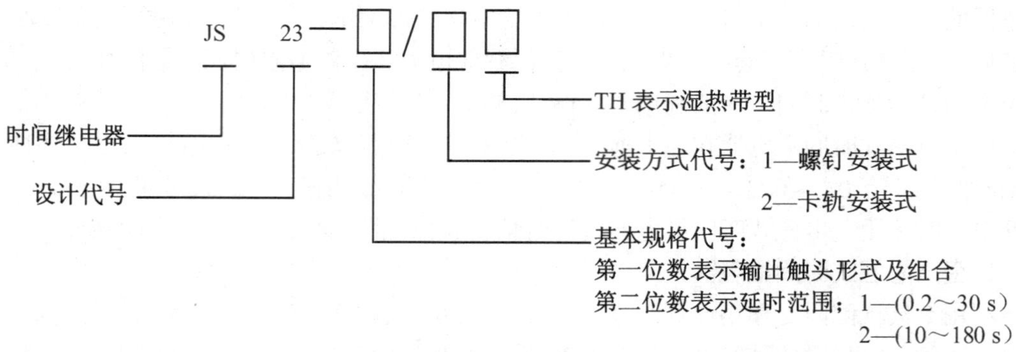


表 1-2　JS23 系列空气式时间继电器型号规格技术数据

| 额定工作电压/V | | AC 380 V;DC 220 V | | | | | |
|---|---|---|---|---|---|---|---|
| 额定工作电流/A | | AC 380 V 时:0.79 A;DC 220 V 时:瞬动 0.27 A | | | | | |
| 触点对数及组合 | 型号 | 延时动作触头数量 | | | | 瞬动触头数量 | |
| | | 通电延时 | | 断电延时 | | | |
| | | 常开 | 常闭 | 常开 | 常闭 | 常开 | 常闭 |
| | JS23—1“□”/“□” | 1 | 1 | — | — | 4 | 0 |
| | JS23—2“□”/“□” | 1 | 1 | — | — | 3 | 1 |
| | JS23—3“□”/“□” | 1 | 1 | — | — | 2 | 2 |
| | JS23—4“□”/“□” | — | — | 1 | 1 | 4 | 0 |
| | JS23—5“□”/“□” | — | — | 1 | 1 | 3 | 1 |
| | JS23—6“□”/“□” | — | — | 1 | 1 | 2 | 2 |
| 延时范围 | | 0.2～30 s,10～180 s | | | | | |
| 线圈额定电压/V | | AC:110 V、220 V、380 V | | | | | |
| 电寿命 | | 瞬动触头:100 万次(交、直流);延时触头:交流 100 万次、直流 50 万次 | | | | | |
| 操作频率(次/h) | | 1 200 | | | | | |
| 安装方式 | | 卡轨安装式,螺钉安装式 | | | | | |

### 3. 电子式时间继电器

电子式时间继电器有体积小、精度高、延时范围宽、功耗小、调节方便、可采用数字显示等优点。因此,使用日益广泛。

电子式时间继电器有通电延时和断电延时。按工作原理分阻容式、数字式。阻容式时间继电器是利用 RC 充电、放电的过渡过程来延时的,适合于中等延时场合(0.05 s～1 h)。

数字式时间继电器是采用数字脉冲计数电路来延时的,延时时间长,精度很高,调整延时时间方便,适合于高精度、时间长的场合。图 1-25 为其典型电路原理图。

常用的电子式时间继电器有 JS20、JS13、JS14、JS15 等,日本富士公司生产的 ST、HH、AR 等。时间继电器的图形符号如图 1-26 所示。

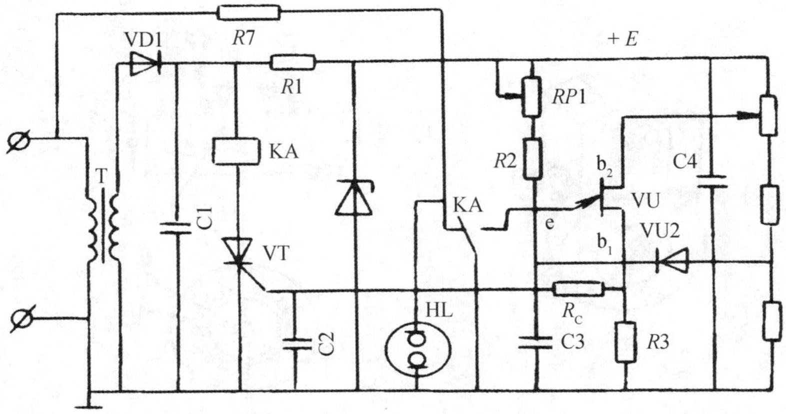


图 1-25　用单结晶体管组成的通电延时电路原理

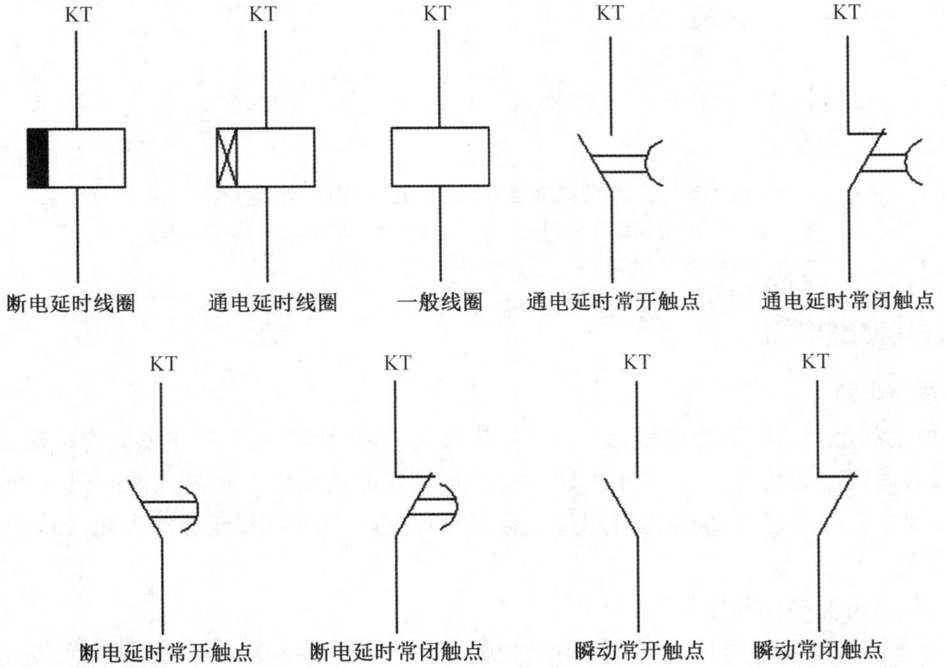


图 1-26　时间继电器的图形符号

## 五、速度继电器

速度继电器是根据电磁感应原理制成的，如图 1-27 所示。它由套有永久磁铁的轴与被控电动机的轴相连，用以接收转速信号。当继电器的轴由电动机带动旋转时，磁铁磁通就切割圆环内的笼型绕组，绕组感应出电流，此电流与磁铁磁场作用产生电磁转矩，在这个转矩的推动下，圆环带动杠杆克服弹簧力顺电动机旋转方向转过一定角度，并拨动触头改变其通断状态。调节弹簧松紧可调节速度继电器的触头在电动机不同转速时切换。

还可利用电磁感应原理把感应电压（与电动机转速成正比）检测出来，经比较放大、驱动电路，实现速度显示、报警、控制任务。

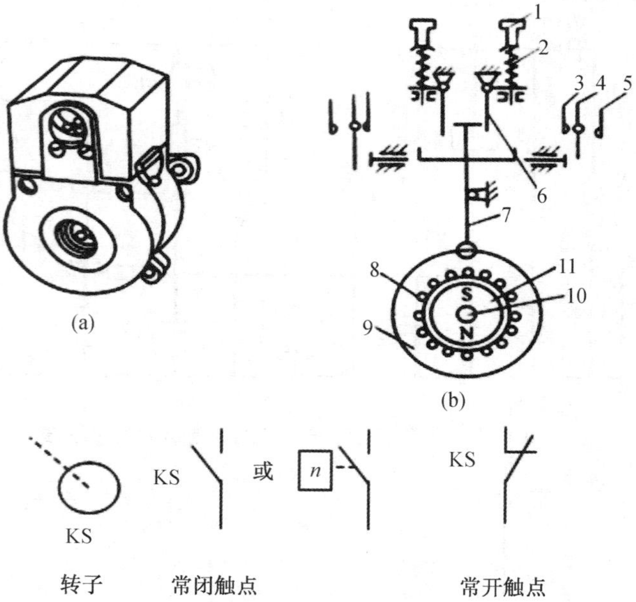


(a) (b) (c)

**图 1-27 JF20 型速度继电器的外形、结构与图形符号**

1—螺钉;2—反力弹簧;3—动触点;4—动触点;5—静触点;6—返回杠杆;
7—杠杆;8—定子导体;9—定子;10—转轴;11—转子

## 六、其他继电器

### 1. 热继电器

热继电器是利用电流通过热元件时产生热效应来切断电路的保护电器。电动机在实际运行中,常遇到过载情况,若过载不大,时间较短,只要电机绕组不超过允许的温升,电机是允许的;但过载时间过长,绕组温升超过了容许值时,将会加剧绕组绝缘的老化,缩短电动机的使用寿命。

(1)热继电器结构和原理

热继电器采用双金属片式。主要由双金属片、加热元件、动作机构、触头装置、整定装置和温度补偿元件、复位装置等组成。主双金属片和温度补偿片都由两种膨胀系数不同的金属片焊压而成。双金属片与加热元件串接在负载电路中,当电路电流增加时,温度增加,由于两种金属受热弯曲率不同,它们会向一边变形弯曲。温度补偿片是为了进一步保证热继电器的动作精度而设的,即补偿环境温度对双金属片的影响。当主电路发生过载时,过载电流使电阻丝发热过量,引起双金属片受热弯曲,推动导板移动。导板又推动温度补偿片,使推杆绕轴转动,继而推动动触头连杆,使动触头与静触头分开,负载控制电路被切断,主电路也断电,起到保护作用。热继电器具有反时保护特性,即通过电流越大,动作时间越短。

热继电器动作后,需经过一段时间冷却方可恢复原位,有手动复位和自动复位。动作电流的整定是通过旋钮调整推板和温度补偿片的距离,即改变推板的行程进行调整。

超过使用年限,严重时会使电动机绕组烧毁。因此,用热继电器来保护电动机或其他负载免于长时间过载。

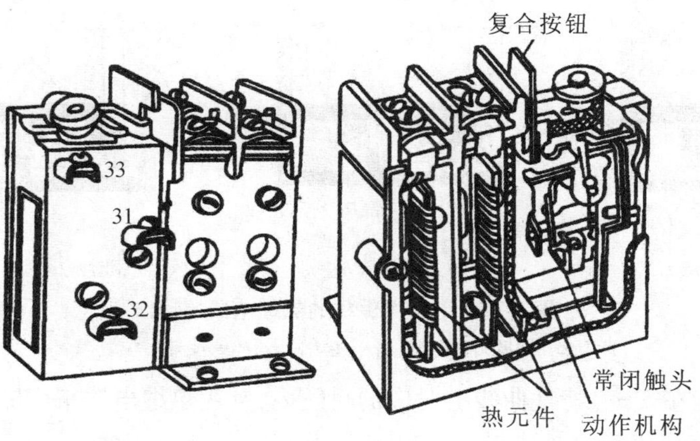


(a)外形　　(b)结构

图 1-28　热继电器外形和结构图

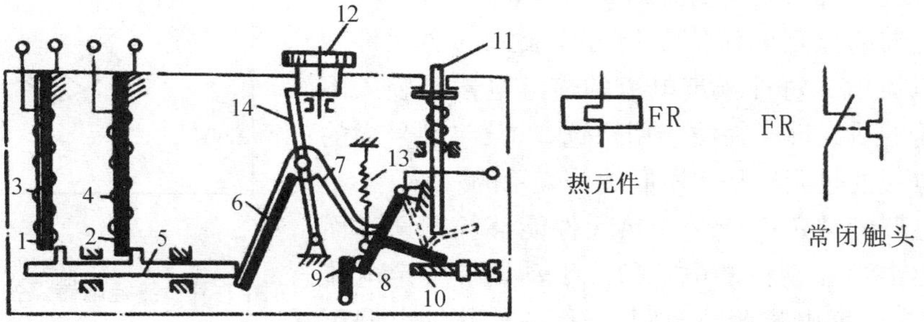


(a)工作原理图　　(b)图形符号

图 1-29　热继电器结构原理图和符号

1、2—主双金属片；3、4—加热元件；5—导板；6—温度补偿；7—推杆；8—动触头；9—静触头；10—螺钉；11—复位按钮；12—旋钮；13—弹簧；14—支撑杆

(2)带断相保护的热继电器

当电动机的某一相断电时，由于负载不变，电动机输出转矩会减小，绕组中电流增大，绕组过热绝缘破坏，甚至烧毁。星形连接带电动机一般采用三热元件继电器进行保护即可。三角形连接的电动机，当一相断电后，在流过热继电器的电流为额定电流时，热继电器不动作，但电动机某相绕组电流已超过额定值，长时间工作电动机会有被烧坏的危险。因此应采用带断相保护的热继电器。

带断相保护的热继电器是在普通双金属片热继电器基础上增加一个差动机构，对三个电流进行比较。如图 1-30 所示，为双导板通过杠杆放大的差动机构及动作情况。一相断电时，由于两个导板位移的差动而使杠杆端部的位移放大了 λ 倍，从而比普通热继电器提前动作。

(3)热继电器的保护特性

电动机本身有一定的过载能力，能承受瞬时大电流而不致损坏。对于较轻的过载，电动机也能在较长时间运转。过载电流越大，可能维持的时间越短。如图 1-31 所示的曲线 1 是电动机的安-秒特性曲线。用热继电器保护电动机时，热继电器的保护特性曲线应位于电动机安-秒特性曲线之下，且接近电动机特性曲线，如图 1-31 曲线 2 所示。保证在电动机通

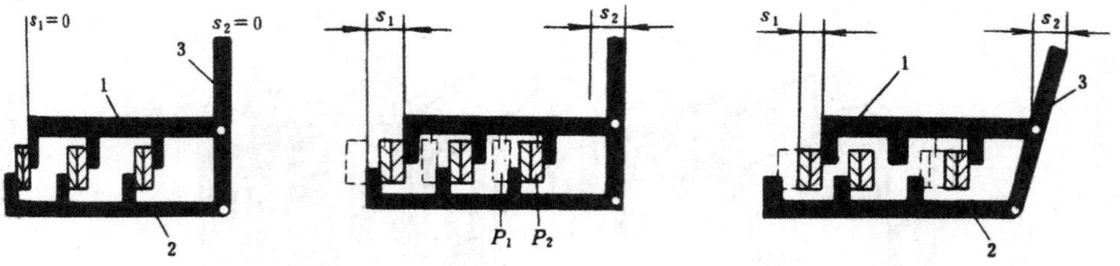


(a)空载 $s_1=s_2=0$　　(b)三相过载 $s_1=s_2$　　(c)断相时两极通电 $s_2=\lambda s_1$

**图 1-30　带断相保护的热继电器的动作**

1、2—导板；3—杠杆；$P_1$—初始位置；$P_2$—受热后位置

过过载电流时，能在安-秒特性曲线上对应的时间内，利用热继电器来切断电动机电源。

（4）热继电器主要参数及选用

热继电器主要参数：额定电压、额定电流、相数热元件编号、整定电流值、刻度电流调节范围等。

热继电器的额定电流值是指可能装入的热元件的最大整定电流值。每种额定电流的热继电器可装入不同额定电流的热元件。为便于用户选择，某些型号中的不同整定电流的热元件是用不同编号表示的。

热继电器的整定电流是指热元件能够长期通过而不致引起热继电器动作的电流值。手动调节整定电流的范围，称为刻度电流调节范围，可用来使热继电器更好地实现过载保护。

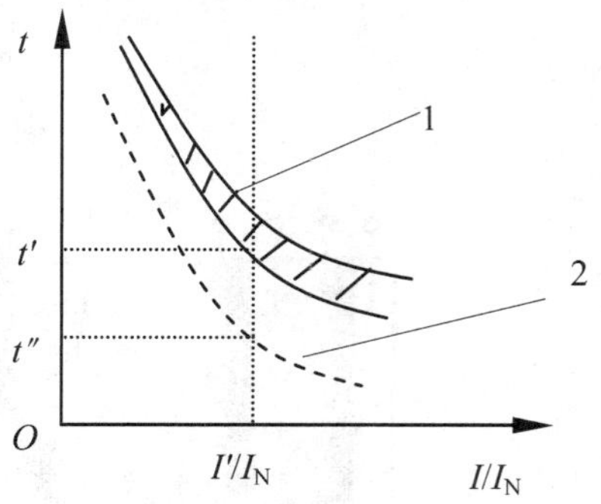


**图 1-31　热继电器保护特性曲线**

1—电动机的过载特性曲线；2—继电器的保护特性曲线

热继电器选择：

一般情况下选用两相热继电器，电网电压稳定性差、工作环境恶劣时采用三相热继电器，绕组三角形连接的电动机采用带断相保护的热继电器。

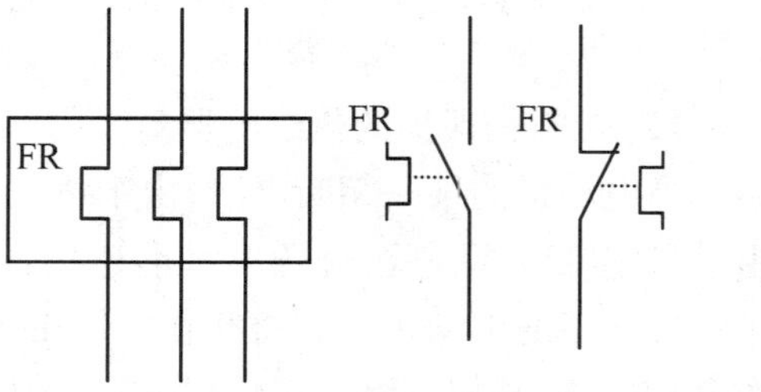


(a)热元件　(b)常开触头　(c)常闭触头

**图 1-32　热继电器的图形符号和文字符号**

热继电器的型号意义：

热元件额定电流等级一般略大于电动机的额定电流。再根据电动机的额定电流调整整定值，使之等于电动机的额定电流。但对过载能力较差的电动机，热元件的整定值应适当小些。对

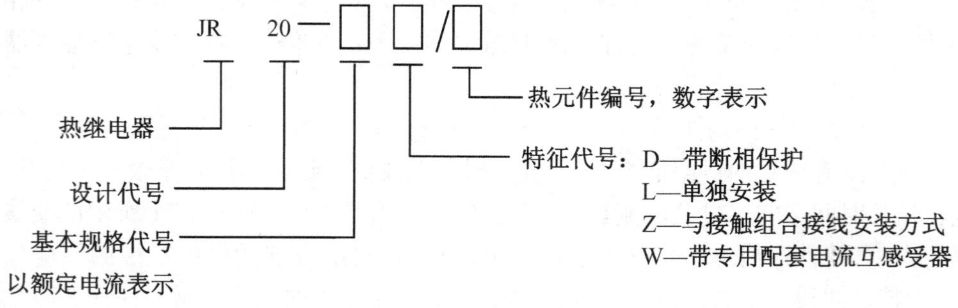

冲击性负载的电动机或启动时间较长的电动机，则其热继电器的整定值可稍高于电动机的额定电流。

双金属片式热继电器一般用于轻载、不频繁启动电动机的过载保护，对于重载、频繁启动的电动机，可采用过流继电器作过载与短路保护。

2. 压力继电器

压力继电器是利用被控介质（压力液体、压力气体等）在波纹管、弹簧管、各种膜片或缸体中的阀上产生的压力与反作用弹力相平衡。

如图 1-33 所示，当被控介质中的压力升高时，波纹管或橡皮膜压迫反力弹簧而使顶杆移动，顶杆拨动微动开关使触头状态改变，即常开触头闭合、常闭触头断开，以反映介质中压力达到了对应的数值，发出控制信号或显示报警信号。

3. 温度继电器

温度继电器是反映周围介质温度的一种信号继电器。利用温度敏感元件的物理参数随温度变化而改变的原理制成。根据所使用的热敏元件的不同，温度继电器有双金属片式和热敏电阻式两种。如图 1-34 所示为双金属片式温度继电器结构示意图。当周围介质温度升高时，热量通过壳体 1 传递给盘式双金属片 2。此双金属片左面为主动层，右面为从动层。当达到一定温度时双金属片及动触头 8 向左方跳开，触头分断，输出开关信息。一般经信号检测、信号变换，再经电子电路比较放大、驱动电路等实现显示、报警、控制任务，从而直接、迅速、准确地反映某点温度。

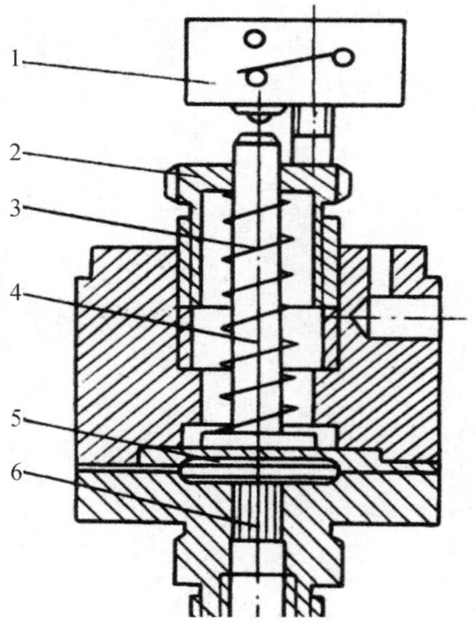


图 1-33 压力继电器的结构

1—微动开关；2—螺母；3—压缩弹簧；4—顶杆；5—橡皮膜；6—缓冲器

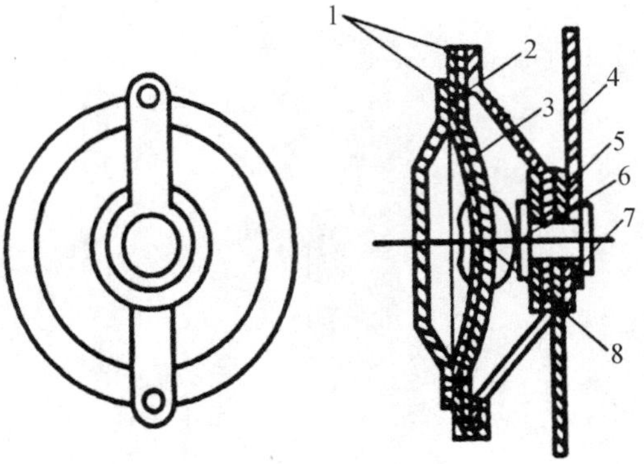


图 1-34 JW 型温度继电器

1—外壳；2—双金属片；3—导电片；4—连接片；5、7—绝缘垫片；6—静触头；8—动触头

4. 液位继电器

某些锅炉或水柜、油柜需要根据液位的高低变化来控制水泵电动机的启、停，这一控制功能可由液位继电器来完成。图 1-35 为 JYF 型浮球磁性液位继电器的结构示意图。

在被测液面上漂浮着一个液位感受元件浮子 1。浮子随液面上下漂浮时绕支点 2 摆

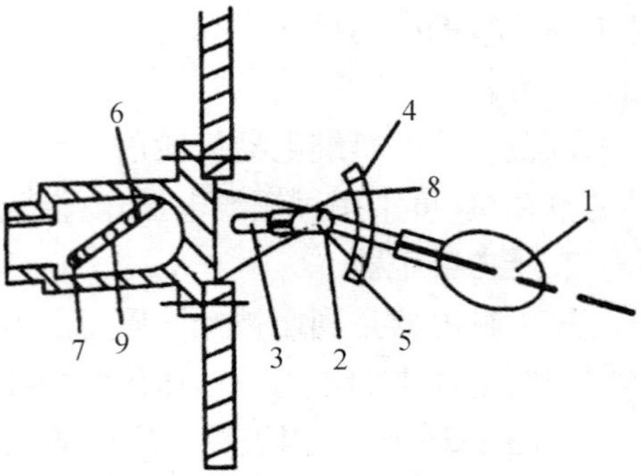

图 1-35 JYF 型浮球磁性液位继电器

1—浮子;2、9—支点;3—磁铁;4—调节板;5、8—销钉;6—磁铁;7—动触头

动,支架上装有调节板 4,它的一端固定有磁铁 3;在被测水柜的外壁上装有一根磁铁 6,它的一端与磁铁 3 同性对应,另一端装有动触头 7,磁铁 6 和动触头 7 可绕支点 9 摆动。

当水柜内液位降低时,浮子也随之下移,当浮子随液位降低到整定的最低液位时,浮子杆碰到调节板的下定位销钉 5,于是带动调节板一起向下移动,使磁铁 3 绕支点 2 上翘,它的一端将与磁铁 6 相遇,由于磁铁同性相斥的原理,磁铁 6 被推斥下落,它的另一端动触头 7 将上移使触头闭合,给出开关信息使水泵电动机启动运转。随着液面上升,浮子也随之上浮,当达到整定的上限液位时,浮子杆又与调节板的上定位销钉 8 相碰,于是带动磁铁 3 下落,再次与磁铁 6 相遇时,又将它推斥向上移动,使触头断开,水泵电动机断电停车。显然由于液位继电器的使用,使水柜液位控制在整定的上下限液位之间,调节上下定位销钉在调节板上的位置,可改变液位上下限之间的范围。

# 第二章
# 港口常用传感器

## 第一节　传感器的分类与选用

### 一、非电量检测

非电量检测技术是科学技术与生产过程发展到自动检测、自动控制阶段的产物。在生产过程中，检测各种有关的参数是为了监控生产的进行，使设备能在正常或最佳状态下进行工作，需要测量的各种物理量多数是非电量，如位移、速度、加速度、力、力矩、应变、温度、压力、流量、液位等。

非电量检测的任务是：把待测的非电量，通过一种器件或装置，将非电量变换成与它有关的电信号，如电压、电流、频率等，然后利用电气测量的方法，对该电信号进行测量，从而确定被测的非电量。

非电量检测系统一般由传感器、测量电路和显示装置、记录装置或微机部分组成。传感器的作用是进行信号变换，把被测的非电量变换为电量。传感器获得信号的准确与否，关系到整个测量系统的精度。测量电路的作用是将传感器输出的电信号进行处理和变换，使之适合于显示、记录以及与微机的接口。显示装置和记录装置的作用是显示信号和记录动态测试过程中的瞬变过程。对于动态信号的测量，有时还必须对测得的信号进行分析和处理，借助于微机，不仅能扩大传感器的功能，而且也能改善对测量值的处理技术。

### 二、传感器的分类与用途

目前传感器的分类方法见表 2-1。

因为按工作原理对传感器进行分类，有利于传感器的设计，所以这里主要介绍传感器的这种分类方法和应用。

表 2-1　传感器的分类

| 分类法 | 型式 | 说明 |
|---|---|---|
| 按基本效应分 | 物理型、化学型、生物型 | 分别以转换中物理效应、化学效应等分类 |
| 按构成原理分 | 结构型 | 以其转换元件参数变化实现信号转换 |
| | 物性型 | 以其转换元件物理特性变化实现信号转换 |

续表

| 分类法 | 型式 | 说明 |
| --- | --- | --- |
| 按能量关系分 | 能量转换型 | 传感器的输出量直接由被测量能量转换而得 |
| | 能量控制型 | 传感器的输出量由外源供给,但受被测量控制 |
| 按工作原理分 | 电容式、应变式等 | 以传感器对信号的转换原理命名 |
| 按输入量分 | 位移、温度、压力等 | 以被测量命名 |
| 按输出量分 | 模拟式 | 输出量为模拟信号 |
| | 数字式 | 输出量为数字信号 |

### 三、传感器的选用

各种传感器的变换原理、结构、使用目的、环境条件虽各不相同,但对它们的主要性能要求是一致的。传感器在选用的过程中,应满足:

(1)高精度、低成本。

(2)高灵敏度。应根据需要合理确定灵敏度和稳定性的关系。

(3)工作可靠。

(4)稳定性好。

(5)抗干扰能力强,抗腐蚀性好。

(6)动态特性良好,即动态测量应具有良好的动态响应和稳定性。

(7)结构简单、小巧,使用维护方便,通用性强,功耗低。

## 第二节　力与力矩测量传感器

力与力矩的测量方法有电阻式(包括电阻应变式、压阻式和电位器式)、电感式(自感式、互感式和压磁式)、磁电式、压电式、电容式、谐振式、力平衡式。

(1)电阻应变式传感器:其应用有两方面,一是作为敏感元件,直接用于被测物的应变测量;二是作为转换元件,通过弹性元件构成传感器,用以对任何能转变为弹性元件应变的其他物理量做间接测量。这种传感器的特点是功能和测量范围广;分辨率和灵敏度高,尤其是半导体应变计;结构轻小,对试件影响小,对复杂环境的适应性强,易于实施对环境干扰的隔离或补偿,从而可以在高(低)温、高压、高速、强磁场等特殊环境中使用;频率响应好;商品化、选购和使用都方便,也便于实现远距离、自动化的测量,故应用最为普遍。

(2)压阻式压力传感器:利用半导体材料的压阻效应和集成电路技术制成的传感器,具有灵敏度高、动态响应快、稳定性好、工作温度范围宽,易于小型化,能够进行批量生产和使用方便等特点。20 世纪 70 年代微电子集成技术的出现,解决了制造压阻式压力传感器的半导体硅,克服了半导体应变式压力传感器存在的问题,使压阻式压力传感器成为人们普遍重视的一种新型传感器。20 世纪 80 年代微电子高技术的发展,能在一块半导体硅上将传感器和计算处理电路集成在一起的智能型传感器,使压阻式压力传感器更为引人注目。

(3)电感式传感器:以电和磁力媒介,利用磁场的变化引起线圈的电感量或互感量的变化,把力、压力、力矩和扭矩转换为电量的装置。这类传感器的种类较多,主要有自感式、互感式和压磁式等。电感式传感器具有灵敏度高、分辨率高、线性较好和输出功率大等特点，其主要的缺点是频率响应较低。

(4)压电式(力/压力)传感器：压电式传感器是一种利用压电转换元件的压电效应(力或压力)使压电元件产生应变，从而输出电流。压电式传感器又可分为压电式力传感器和压电式压力传感器。压电式传感器是一种典型的有源传感器，具有良好的静态特性和动态特性。近年来，随着电子技术的飞速发展，与之配套的二次仪表及低噪声、小电容、高绝缘电阻电缆的出现，使压电式传感器获得广泛的应用。其主要缺点是无静态输出，要求有很高的电输出阻抗，需用低电容的电缆等。

(5)电容式压力传感器：电容式压力传感器是将被测的压力转换为自身电容量变化的一种传感器。可分为单电容式压力传感器和差动式压力传感器。电容式压力传感器具有结构简单、灵敏度高、动态响应好、价格便宜等特点，应用较广泛。其主要的缺点是初始电容小，电缆电容和电子线路的杂散电容构成的寄生电容影响大。另外，差动式压力传感器存在加工困难以及不能实现对被测气体或液体的密封等问题。

(6)力平衡式传感器：利用反馈技术构成闭环系统，将反馈力与输入力相平衡，其差值由位移传感器转换成电信号。这类传感器中应用最广泛的为电子秤。

除上述几种力和力矩的测量方法之外，还有霍尔式、光纤式、谐振式等方法。这里不再一一列举。

## 第三节　角度与位置测量传感器

角度和位置测量方法有：

(1)电感式位移传感器：根据衔铁的移动量(或传感器与被测件之间的距离)直接对位移测量；或利用电感式传感器构成测量装置或设备对位移进行测量。

(2)感应同步器：感应同步器的可动绕组和被测件固定在一起，当被测件的位移发生变化时，感应同步器的可动绕组和固定绕组之间的互感也发生变化。

(3)电涡流式位移传感器：一种建立在涡流效应原理基础上的传感器。可以对物体表面为金属导体的多种物理量实现非接触测量，具有结构简单、灵敏度高、测量线性范围大、抗干扰能力强等特点。

(4)磁电式位移传感器：通过磁力作用将位移转换为电信号。其中霍尔式传感器是生产量最大的一种。这种传感器的尺寸小，外围电路简单、动态特性好、使用寿命长，广泛用于测量、自动控制及信息处理等领域。

(5)变面积电容式位移传感器：测量杆受被测位移带动活动电极运动，从而改变活动电极与两个固定电极的相互遮盖面积，使电容发生变化。这种传感器具有线性的输入输出特性。

(6)光电式旋转角度传感器：为了进行测量，在轴上直接连接了两块圆光栅板，若光射入并通过该光栅，分别用两个感光面感光。由于两感光面具有 90°相角，使其输出具有 90°相差。利用加减计数器对输出计数，就可以以分度值来表示角度。

另外，角度与位移的测量方法还有：光栅式、光纤式、激光式、谐振式、微波式和射线式等。

角度和位置传感器常用的产品有:旋转编码器、倾角传感器、位移传感器、电位器等。

## 第四节 速度和加速度测量传感器

### 一、速度和加速度测量方法

速度和加速度测量技术主要有压阻式、压电式、电容式和光纤式。

(1)压阻式速度/加速度传感器:根据压阻效应,被测物做加速运动时,悬臂梁产生形变,粘贴于其上的电阻应变片的阻值发生变化。通过检测阻值的变化可测量被测物的加速度。

(2)压电式速度/加速度传感器:由质量块、压电元件和支座组成。支座与待测物刚性固定在一起。当待测物运动时,支座与待测物以同一加速度运动,压电元件上产生电压,当振动频率远低于传感器的固有共振频率时,传感器输出电压与作用力成正比,只要检测出电压的大小,就可以测量物体的加速度。

(3)电容式速度/加速度传感器:有两个固定极板,采用差动式结构,在两极板之间有一个用弹簧支撑的质量块,当传感器测量垂直方向振动时,由于质量块的惯性作用,两极板相对于质量块产生位移,电容发生变化。

(4)光纤式速度/加速度传感器:一定质量的物体在加速度的作用下产生惯性力,这惯性力可变为位移、转角或是形变等,通过对这些变量的测量,即可测量加速度。光纤式速度/加速度传感器具有灵敏度高、结构简单、体积小、耗电量少、耐腐蚀、绝缘性好、光路可弯曲以及便于实现遥测等特点,应用较广泛。

(5)电涡流式转速传感器:一种建立在涡流效应原理基础上的传感器。可以对物体表面为金属导体的多种物理量实现非接触测量,具有结构简单、灵敏度高、测量线性范围大、抗干扰能力强等特点。

### 二、速度和加速度传感器常用产品的种类与性能

压阻式加速度传感器:采用高级微型硅敏感元件,具有结构牢固、工作温度范围宽、输出信号大等特点。压阻式加速度传感器主要用于汽车安全气囊、防抱死系统、牵引控制系统等安全性能、运输试验、汽车碰撞研究、结构动力学研究、航空航天飞行试验和爆炸效应研究。

压电式加速度传感器:性能稳定,适用范围宽。压电式加速度传感器主要在工业上用来防止机器故障,使用这种传感器可以发现机器潜在的故障以达到自保护及避免对工人产生意外伤害。这种传感器具有用户尤其是质量行业的用户所追求的可重复性、稳定性和自主性。

电容式加速度传感器:采用了气体阻尼和内部过量程限制器,使微型硅敏感元件能承受高冲击和大加速度载荷的作用,温度变化对频率响应的影响小。电容式加速度传感器主要用于安全系统、磨损监测、惯性刹车灯、前灯水推测量、自动门锁和安全气囊。对于设计人员来说,电容式传感器是非常有吸引力的,因为它无须接触待测物,所以不必挤进狭窄的空间中。

集成加速度传感器:将测量电路和传感器集成在一起,具有结构牢固抗干扰能力强,性

能稳定等特点。

增量式旋转型编码器:可用于检测物体的旋转速度、加速度和位置。

## 第五节　编码器

编码器(Encoder,如图 2-1 所示)为传感器(Sensor)类的一种,主要用来侦测机械运动的速度、位置、角度、距离或计数,除了应用在产业机械外,许多的马达控制均需配备编码器以供马达控制器作为换相、速度及位置的检测,应用范围相当广泛。根据检测原理,编码器可分为光学式、磁式、感应式和电容式。根据其刻度方法及信号输出形式,分为增量式编码器和绝对式编码器。增量式编码器是将位移转换成周期性的电信号,再把这个电信号转变成计数脉冲,用脉冲的个数表示位移的大小;绝对式编码器的每一个位置对应一个确定的数字码,因此它的值只与测量的起始和终止位置有关,而与测量的中间过程无关。

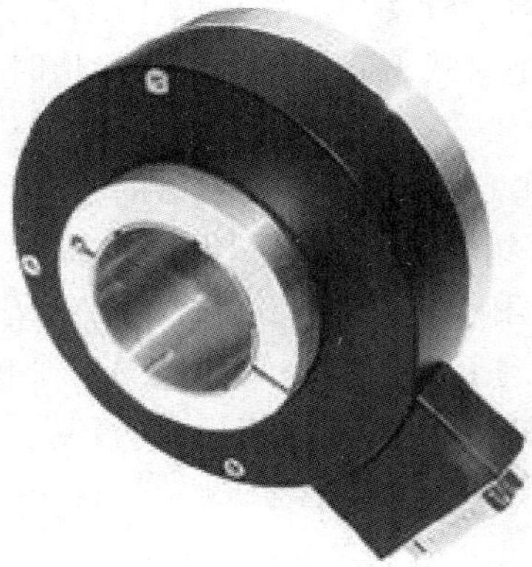

图 2-1　编码器外形图

光电编码器是一种通过光电转换将输出轴上的机械几何位移量转换成脉冲或数字量的传感器。光电编码器由光栅盘和光电检测装置组成。光栅盘是在一定直径的圆板上等分地开通若干个长方形孔。由于光电码盘与电动机同轴,电动机旋转时,光栅盘与电动机同速旋转,经发光二极管等电子元件组成的检测装置检测输出若干脉冲信号,其结构原理如图 2-2 所示;通过计算每秒光电编码器输出脉冲的个数就能反映当前电动机的转速。此外,为判断旋转方向,码盘还可提供相位相差 90°的两路脉冲信号。

旋转增量式编码器在转动时输出脉冲,通过计数设备来知道其位置,当编码器不动或停电时,依靠计数设备的内部记忆来记住位置。这样,当停电后,编码器不能有任何的移动。当来电工作时,在编码器输出脉冲过程中,也不能有干扰而丢失脉冲,否则计数设备记忆的零点就会偏移,而且这种偏移的量是无从知道的,只有错误的生产结果出现后才能知道。解决的方法是增加参考点,编码器每经过参考点,将参考位置修正进计数设备的记忆位置。

绝对编码器由机械位置决定的每个位置的唯一性,它无须记忆,无须找参考点,而且不用一直计数,什么时候需要知道位置,什么时候就去读取它的位置。这样,大大提高了编码器的抗干扰特性和数据的可靠性。

由于绝对式编码器在定位方面明显地优于增量式编码器,已经越来越多地被应用于工控定位中。绝对式编码器因其精度高,输出位数较多,如果采用并行输出方式,其每一位输

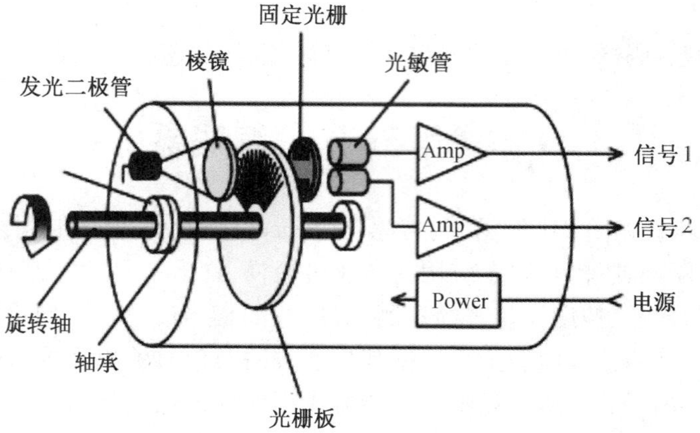


图 2-2　光电编码器结构图

出的信号必须要确保连接正常，对于较复杂工况还要求隔离，连接电缆芯数多，由此带来诸多不便和可靠性的降低。因此，绝对式编码器在多位数输出时，一般均选用串行输出或总线型输出方式。

多圈绝对式编码器是生产厂家运用钟表齿轮机械的原理，当中心码盘旋转时，通过齿轮转动另一组码盘（或多组齿轮、多组码盘），在单圈编码的基础上再增加圈数的编码，以扩大编码器的测量范围，这样的绝对编码器就称为多圈式绝对编码器。它同样是由机械位置确定编码，每个位置编码唯一，而无须记忆。多圈编码器另一个优点是由于测量范围大，实际使用往往富余较多，这样在安装时不必要费劲找零点，将某一中间位置作为起始点就可以了，从而大大简化了安装调试难度。多圈式绝对编码器在长度定位方面的优势明显，已经越来越多地被应用于工控定位中。

## 第六节　计量装置

计量是为了保证量值的统一和准确一致的一种测量，它的三个主要的特征是统一性、准确性和法制性。计量工作主要是把未知量与经过准确确定，并经国家计量部门认可的基准或标准相比较来加以测定，就是通过建立基准、标准进行量值传递。测量数据的准确可靠，要求计量予以保证，没有计量、测量将失去其价值。

### 一、电类物理量的计量（交、直流电流，交、直流电压，交流功率）

#### 1. 电类物理量的计量方法

电类物理量的计量方法有：

（1）直接测量：如用电流表测量电流，用电位差计测量电压，用电桥测量电阻。

（2）间接测量：只有当不能采用直接测量方法测量，或者采用直接测量方法达不到所要求的准确度时，才采用间接测量的方法。

（3）组合测量：在多次直接测量具有一定函数关系的某些量的基础上，通过联立各函数关系式来确定被测量大小的方法。

#### 2. 电类物理量的计量装置

电类物理量的计量装置有：电流表、电压表、万用表、数字万用表、交（直）流电桥、交

(直)流电位差计、交(直)流互感器、交流电度表、功率表等。

## 二、非电量的计量(温度、液位、压力)

### 1. 温度的计量

温度的计量和检测在工农业生产和国民经济部门有着十分重要的意义。

温度的计量装置有:干井式校验器、热电阻、热电偶、热敏电阻、PN 结电阻温度计、光纤温度计、辐射温度计、谐振型 NQR 温度计。

### 2. 液位的计量

接触测量方式的液位计:人工检尺、机械钢带式液位计。

智能化液位计:伺服式液位计是此类仪表的代表,这类仪表通过一个平衡浮子和重力敏感装置测量浮子的重量(在液面、液内、界面上有相应不同的浮力),并控制伺服电机动作升降浮子,跟踪液位变化,同时发出远传信号。

非接触测量方式的液位计:超声波、雷达、激光、Y 射线。

小型液位开关:较典型的是利用超声波穿透空气及液体时衰减率的显著差别来检测液面的超声液位开关和利用空气和液体对振动体的阻尼差别来检测液位的振动式液位开关以及利用空气和液体电导率的不同来检测液位的电导式液位开关。液位并关信号可现场显示,还能发出控制信号,有的还采用二线制,能直接和计算机接口。

### 3. 压力的计量

活塞式压力计、数字式压力计、压阻式压力传感器。

## 三、计量装置的选用原则

在选择计量装置时,并不是精度越高越好,量程越大越好,功能越多越好。应根据生产工艺的实际情况选用适宜的仪表,否则不仅会造成经济的浪费,还会使误差增大,得不偿失。

### 1. 仪表的功能应按工艺要求选择

选用仪表时,应本着既要满足生产要求又要注意节约开支的原则。如果用一台单一功能的仪表能满足生产需要,就不用两种以上功能的仪表,若用一块多功能的仪表或多点测量的仪表代替多块仪表,就尽量不用多块仪表。

### 2. 仪表精度选择要适当

仪表精度的选择,应视控制检测对象的工艺要求,要符合测量能力指数指标,既不能选得过低,也不宜选得过高。在满足工况要求的前提下,选用低精度的仪表要比高精度的仪表大大地节约开支。

### 3. 仪表量程选择要适宜

所选用仪表的量程应尽量接近被测量的最大值,即被测量的最大值应接在仪表满量程的 3/4 和 5/6 之间。

### 4. 仪表显示方式要视操作人员的习惯和工作场所而定

目前数字显式仪表以其显示直观、抗振性能好等特点。但其也有闪烁频繁、抗干扰性能差等弱点而受到使用的限制,故而不能盲目调换或应用。

# 第七节　其他安全保护装置

人们在生产和工作的过程中,安全始终应摆在第一位。为了防止在机器设备边工作人员受伤以致死亡事故的发生,必须采取适当的防护措施来保证人身和机器的安全。在港口码头,起重机械的主要安全装置有:起重量限制器、力矩限制器、起升高度限制器、幅度限制器、行走限制器、吊钩保险装置、防钢丝绳跳槽装置、安全器、限位开关、防松绳开关及门连锁装置等安全保险装置、防撞装置、超速保护开关、接近开关、光电开关、风速仪以及火灾报警器等。这里主要介绍防撞装置、起重量限制器、力矩限制器、风速仪以及火灾报警器等安全保护装置。

## 一、防撞装置

防撞装置的应用正日趋广泛,如桥式吊车防撞、汽车倒车防撞等。通常可以采用超声波、激光、微波等传感器进行距离检测,当两物体接近到一定的距离时,防撞装置动作,发出报警信号或控制信号,以防发生碰撞事故。为了保证起重机的安全运行,防止在起重机与起重机之间、起重机与其他物体之间的相互碰撞,需要安装运行限位装置。接近开关、限位开关和光电开关都可以作为起重机械运行时的防撞装置。另外,也可以用聚氨酯缓冲器。聚氨酯缓冲器是起重机、塔吊、装卸机、电梯、矿车运行至极限位置或发生碰撞所需的防撞装置,它能迅速地将冲击动能转化为弹性势能,具有硬度强、弹性好、恢复快、耐油、耐弱酸腐蚀、耐弱碱腐蚀等特点。适用于冶金、矿山、铁路、港口、船舶、汽车、衡器、大型机械、设备等领域。

## 二、起重量限制器

起重量限制器的应用能防止起重量超载而引起的人身设备事故,是国家强制性安装的一种安全保护装置,适用于各类桥式起重机、门式起重机、电动葫芦、臂架式和防爆等系列的起重设备上。

## 三、力矩限制器

力矩限制器的主要作用是限制起重机超力矩使用,避免力矩过大引起起重机倾覆,保证起重机的安全使用。其功能是限制起重机的倾翻力矩,防止起重机因超力矩而发生倾翻事故。由力的检测器、臂长和臂角检测器组成。当起重量超过额定值时,发出信号,并用红灯显示,进而停止工作。

## 四、风速仪

港口机械在运行的时候,风速、风向对其有一定的影响。及时得到环境中的风速、风向信息,可为机械的运行提供一定安全保障。风速、风向的信息可利用风速仪、风向仪来获得。

## 五、火灾报警器

火灾发生时,必然会伴随着产生烟雾、高温和火光,探测器对这些都很敏感。当有烟雾、高温、火光产生的时候,它就改变平时的正常状态,引起电流、电压或机械部分发生变化或位移,再通过放大、传输等过程,发出警报声,有的还能同时发出灯光信号,并显示发生火灾的部位、地点。

火灾探测器主要分感烟、感温、光辐射三大类:

**1. 感烟探测器**

一种是离子感烟探测器,它在内外电离室里面有放射源镅 241,电离产生的正、负离子,在电场的作用下各向正负电极移动。在正常的情况下,内外电离室的电流、电压都是稳定的。一旦有烟雾窜逃至电离室,干扰了带电粒子的正常运动,使电流、电压就有所改变,破坏了内外电离室之间的平衡,就会发出信号。还有一种叫光电感应探测器,它有一个发光元件和两个光敏元件组成,平常光源发出的光,通过透镜射到光敏元件上,电路维持正常,如果有烟雾从中阻隔,到达光敏元件上的光就显著减弱,于是光敏元件就把光强的变化变成电的变化,通过放大电路向人们报警。还有一种叫管道抽吸式感烟探测器,它的工作原理与光电感应探测器中另一种散射型相似,通过烟雾的反射或散射产生光敏电流,主要用在船舶上。近年来还出现了激光感烟探测器,它也是利用光电感应原理,不同的是光源改用激光束。这种探测器采用半导体器件,体积小、价格低、耐振动、寿命长,很有发展前途。

**2. 感温探测器**

一种是运用金属热胀冷缩的特性。正常的情况下,探测器的电路断开;当温度升到一定值时,由于金属膨胀、延伸,导体接通,于是发出了信号。一种是利用某些金属易熔的特性,在探测器里固定一块低熔点合金,当温度升到它的熔点(70~90 ℃)时,金属熔化,借助弹簧的作用力,使触头相碰,电路接通,发出信号。这两种探测器都属定温型。即当外界温度超过某一限值时就报警;还有一类是差温型,升温的速度超过特定值时,便会感应报警。如将两者结合起来,便成为差定温组合式。

**3. 光辐射探测器**

一种是红外光辐射探测器。物质在燃烧时,由化学反应产生闪烁的红外光辐射使硫化铅红外光敏元件感应,转变成电信号,经放大后,就能向人们报警。另一种是紫外光辐射探测器。是利用有机化合物燃烧时,火光中的紫外光,使紫外光敏管的电极激发出离子,通过继电器等,就能打开开关电路报警。

火灾报警器是重要的安全设备,一切重要的场所,如大型物资仓库、隧道、大型船舶、高层建筑都应该安装。它还可以与自动灭火设备一起组成自动报警、自动灭火的“自动消防队”。

# 第三章 港口机械电气传动基础

## 第一节 电气传动系统概述

在现代港口的装卸作业中,大量的港口机械是由电动机传动运转的。电动机的运行总是和其各个机构联系在一起的,电动机和工作机构两者之间的机械传动构成了一个机电运动的整体,称为电气传动系统。

### 一、电气传动系统的动力方程

图 3-1 所示为单轴电气传动系统,电动机 M 产生转矩 $T_M$,$T_L$ 为负载转矩,当这两个转矩平衡时,传动系统维持恒速转动,角速度 $\omega$ 不变,角加速度 $d\omega/dt = 0$,即 $T_M = T_L$ 时,$\omega$ = 常数,$d\omega/dt = 0$,当 $T_M \neq T_L$ 时,角速度 $\omega$ 就要变化,产生加速或减速,速度变化的大小与传动系统的转动惯量 $J$ 有关,由此得出,电气传动系统的基本动力方程式为:

$$T_M - T_L = J\frac{d\omega}{dt} \tag{3-1}$$

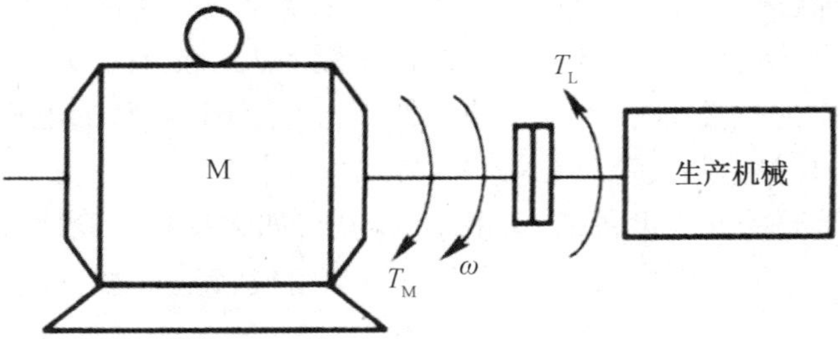


图 3-1 单轴电气传动系统

式中,$T_M$—— 电动机产生的转矩,N · m;

$T_L$—— 单轴传动系统的负载转矩,N · m;

$J$—— 单轴传动系统的转动惯量,kg · m²;

$\omega$—— 单轴传动系统的角速度,rad/s;

$t$—— 加减速时间,s。

在实际工程计算中,我们用转速 $n$ 代替角速度 $\omega$,用飞轮矩 $GD^2$ 代替转动惯量 $J$。

由此得出其电气传动系统基本动力方程式的实用形式为:

$$T_M - T_L = \frac{GD^2}{375} \cdot \frac{d\omega}{dt} \tag{3-2}$$

式中，$GD^2$—— 折算至电动机轴上的系统飞轮矩，$N \cdot m^2$；

$n$—— 电动机转速，r/min。

动力方程式是电气传动系统最基本的方程式，它决定着系统运动的特征。

当 $T_M > T_L$ 时，$dn/dt > 0$，系统为加速运动；

当 $T_M < T_L$ 时，$dn/dt < 0$，系统为减速运动；

当 $T_M = T_L$ 时，$dn/dt = 0$，系统为恒速运动或静态。

$T_M$、$T_L$ 正负符号的定义：

设电动机某一转动方向的转速 $n$ 为正，则定义电动机转矩 $T_M$ 与 $n$ 一致的方向为正向，负载转矩 $T_L$ 与 $n$ 相反的方向为负向。

若 $T_M$ 与 $n$ 符号相同（同为正或同为负），则表示 $T_M$ 的作用方向与 $n$ 相同，$T_M$ 为拖动转矩；若 $T_M$ 与 $n$ 符号相反，则表示 $T_M$ 的作用方向与 $n$ 相反，$T_M$ 为制动转矩。

若 $T_L$ 与 $n$ 符号相同，则表示 $T_L$ 的作用方向与 $n$ 相反，$T_L$ 为制动转矩；若 $T_L$ 与 $n$ 符号相反，则表示 $T_L$ 的作用方向与 $n$ 相同，$T_L$ 为拖动转矩。

## 二、功率、转矩和速度的关系

在回转运动系统中，转矩 $T_M$ 的单位为 $N \cdot m$，角速度 $\omega$ 的单位为 rad/s，则功率：

$$P = \frac{1}{1000} T_M \cdot \omega \quad (kW) \tag{3-3}$$

若转矩为 $T_M$（$kg \cdot m$），速度为 $n$（r/min），则功率：

$$P = 9.81 T_M \times \frac{2\pi}{60} \times \frac{1}{1000} = \frac{1}{975} T_M \cdot n \quad (kW) \tag{3-4}$$

## 三、静转矩的折算

折算依据的原则是能量守恒。

按照能量守恒定律，$n_1$ 轴上的负载功率应等于 $n_2$ 轴上，即负载功率再加上传动机构中的损耗。

$$T_1 = T_2 / \eta \cdot i \tag{3-5}$$

式中，$T_1$—— 转速为 $n_1$ 轴上的折算转矩，$N \cdot m$；

$T_2$—— 转速为 $n_2$ 轴上的转矩，$N \cdot m$；

$i$—— 传动机构的速比；

$\eta$—— 系统传动效率。

## 四、飞轮矩（$GD^2$）

同样按照能量守恒的原则，应有：

$$GD_1^2 = GD_2^2 / i^2 \tag{3-6}$$

式中，${GD_1}^2$—— 折算到转速 $n_1$ 轴上的飞轮矩，$N \cdot m^2$；

$GD_2^2$—— 转速为 $n_2$ 轴上的飞轮矩，$N \cdot m^2$；

$i$—— 传动机构的速比。

# 第二节　港口机械电气传动的特点

## 一、起重机械的负载性质和运行特性

起重机械最主要的工作是货物的垂直提升，因此位能负载是起重机械的典型特征。除起升机构的位能负载外，重要的是摩擦阻力矩和风阻力矩。摩擦阻力矩的分析与计算，同一般机械一样，而风阻力矩的分析则不容忽视，对于回转和平移机构，在某些情况下，要考虑风力的影响。

位能负载、摩擦阻力矩与风阻力矩，只是起重机上主要的三种负载，具体到每个拖动系统，必须合理地进行组合，所以有必要研究其负载特性。

起重机械机构的转速与对应的负载转矩 $T_L$ 的关系 $n=f(T_L)$ 称为负载机械特性，大体可归纳为以下几种典型的特性。

(1)位能负载特性

其静转矩由所提升的重物重量决定，一直保持其作用方向，而与运动方向及速度无关，其特性如图 3-2 中 1 所示。

(2)摩擦阻力矩特性

其负载所产生的转矩作用方向始终与运动方向相反，由于静摩擦力大于动摩擦力，因此启动阻力矩较大，其特性如图 3-2 中 2 所示。

(3)恒功率负载特性

其特点是负载转矩 $T_L$ 与转速 $n$ 成反比关系，其乘积(功率)保持不变，即 $T_L=K/n$ 这时 $P_L=T_L, \omega=$常数，其特性如图 3-3 所示。

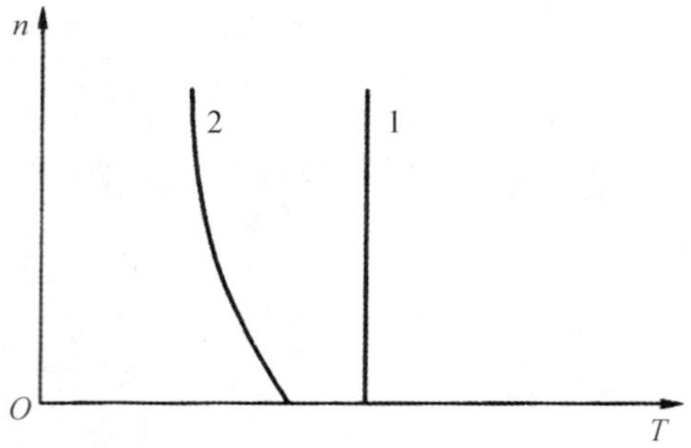


图 3-2　起重机械的负载特性

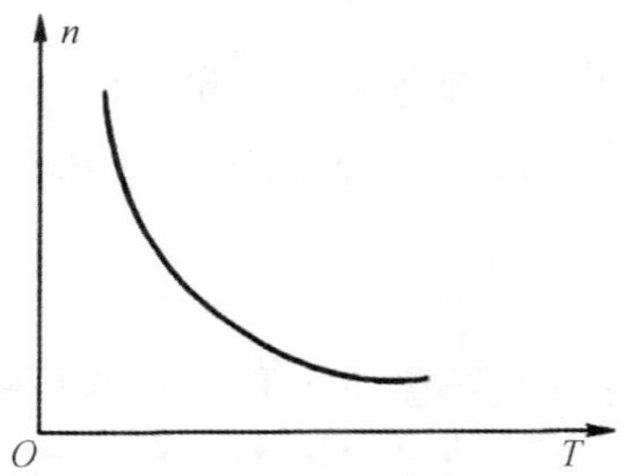


图 3-3　恒功率负载机械特性

## 二、起重运输机械对传动调速系统的要求

(1)起重机械的传动特点是速度高，操作频繁，电动机的启动、制动非常频繁，而且电动机的启动、电气制动与高速过程都处于带负载工作状态，所以要求启动、制动平稳。

(2)起重机械电动机的工作状态是可逆的，运行机构基本属于反应负载，起升机械属于位能负载，反应负载要求电动机具有以原点为对称的特性，电动机的工作状态基本是电动状态,位能负载要求电动机具有不对称性,电动机的工作状态是当提升或轻钩下降时为电动状态,重载下降时为制动(如反接制动、能耗制动、回馈制动等)状态。

(3)起重机械的大型化要求其传动具有调速范围宽,调速性能优良,以达到定位准确,提高生产率,改善劳动强度。

(4)起重机械工作任务繁重,工作期间要承受瞬时的过载、冲击和振动,因此要具有足够的过载能力。

(5)起重机械,特别是港口起重运输机械对电气传动系统的可靠性要求很高,要求其控制系统保护装置完善,而且要求操作及维修方便,这样才能满足港口的装卸要求。

## 第三节　笼型异步电机的启动换向控制

### 一、全压直接启动

所谓全压直接启动是指启动时电动机所加电压和正常工作时的电压相同,没有任何其他措施或附加装置的直接启动。

全压直接启动控制方法的优点是电器设备少、线路简单、维护修理工作量小、寿命较长。然而,并不是所有的异步电动机在任何情况下都可以采用全压直接启动。这是因为鼠笼式异步电动机直接启动时,在定子接通电源电压瞬间,转子由于惯性不能立即启动,此时感应电势和转子电流较大,因而定子电流也较大,这时,电动机工作特点和变压器原理一样,定子绕组相当于变压器的初级绕组,转子绕组相当于短路的次级绕组。因此,定子绕组中启动电流很大,为额定电流的5~8倍。但是由于启动时功率因数很低,启动转矩却不大。例如中小容量的鼠笼式电动机的启动转矩只有额定转矩的1~2倍。由于鼠笼式电动机的结构比较简单,工作可靠,转子比较(与直流电机相比)牢固,过载能力较强,从电动机本身来看一般允许全压直接启动。但是由于鼠笼式电动机直接启动时,启动电流大和功率因数低,对于容量较大的电动机将会引起较大的船舶电网电压跌落。船舶对电站的电压变化率和稳定时间都有一定的要求,所以在电站的各种运行工况下,启动功率最大的电动机时,不应引起正在运行中的电机失步、停转和自动开关的自行脱扣及机组的自行解列。因此,鼠笼式电动机能否全压直接启动,问题的关键所在是船舶电站的容量和调压器的性能是否能满足钢制海船建造规范的要求。

一般规定:电源容量在180 kV · A以上的,电动机的功率在10 kW以下的三相异步电动机可采用全电压直接启动。

判断一台交流电动机能否全压直接启动,还可以用下面的经验公式来确定:

$$\frac{3}{4}+\frac{S_{\mathrm{B}}}{4\times P_{\mathrm{N}}}\geqslant\frac{I_{\mathrm{st}}}{I_{\mathrm{N}}} \tag{3-7}$$

对于容量不大的交流电机启动转矩小,一般为额定转矩的0.8~1.3倍,适用于空载或轻载下启动,待转速上升后,就可以承担额定负载。此时,虽然启动电流很大,但启动时间很短,约在几分之一秒至数秒之间,对电动机和电网都不会有太大的影响,可以全压直接启动。这类需要不大的启动转矩和长期连续运行的电拖系统比较多,如电力拖动的离心泵、通风机等机械设备。

对于需要很大的启动转矩和长期连续运行的电拖系统或者重载下启动，虽然容量不大，但启动转矩不足成了主要矛盾，有时甚至启动转矩小于负载转矩，即使略大于负载转矩，当电网波动时就可能启动不起来。在这种情况下，可选用特殊电动机，如可采用双鼠笼式或深槽式电动机，其特点是启动转矩大、启动电流小，一般为额定电流的 3～4 倍，机械特性如图 3-4 所示。

对启动频繁而且需要大的启动转矩和重复短期运行的电拖系统，例如起货机、锚机等，除可用绕线式异步机电动机外，还可采用高转差率异步电动机，其转子为深槽式，它的特点是启动转矩大，启动电流较小，但额定转差率较大，效率低，具有较软的机械特性，如图 3-5 所示。图中 1 为负载的机械特性，2 为电动机的机械特性，3 为电流特性。

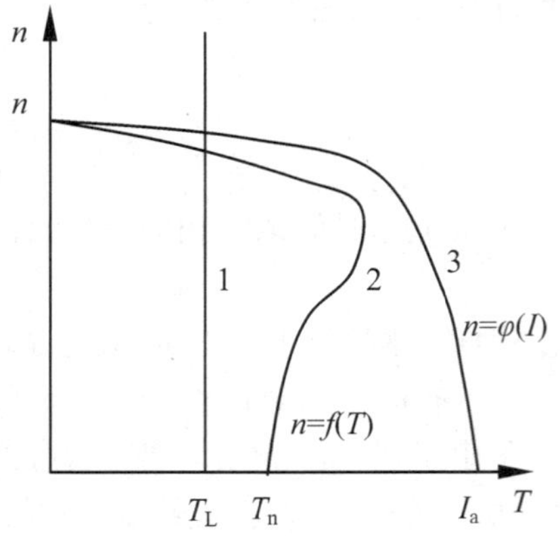


图 3-4　双笼异步电动机的特性

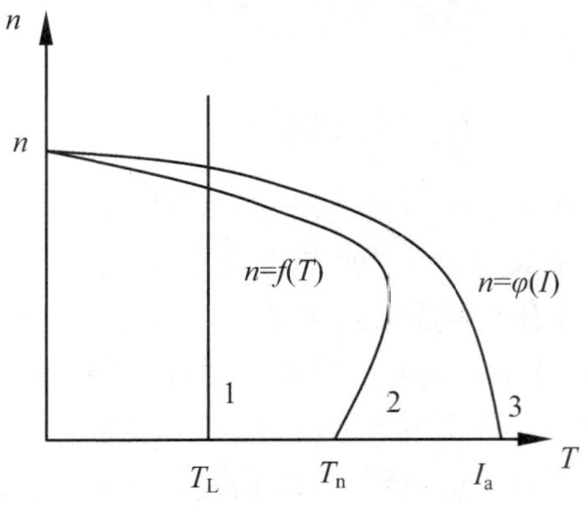


图 3-5　高转差率异步电动机的特性

以上分析可得到结论：容量不大的电动机，空载或轻载可以直接启动；启动频繁且需要大的启动转矩的拖动系统可选用特殊制造的电动机，也可直接全压启动；异步电动机能否直接启动，一般是从允许电压降落的角度观察确定的。所谓“容量不大”（单机功率）的数量界限，不仅取决于电动机本身，而且取决于电源容量的大小和供电线路的长短。

## 二、降压限流启动控制

所谓降压限流启动是利用启动控制设备将加在电动机定子绕组上的电压降低，以限制启动电流，待电动机转速升高后，再将电压升至额定值下运行。这种启动方式（方法）称为降压限流启动，是基于电流与电压成正比，利用降低电压可以减小启动电流，这是降压启动控制的根本目的。一般降压启动控制启动电流在额定电流的 2～3 倍左右。由于转矩与电压平方成正比，启动转矩大大降低，所以降压启动控制方式只适用于空载或轻载启动的场合。

常用的降压启动控制方法有：定子绕组串接电阻或电抗降压启动、自耦变压器降压启动、星形—三角形变换降压启动、延边三角形降压启动等方法，下面分别予以介绍。

### 1. 定子串接电阻或电抗启动控制

电动机启动时，在定子绕组上串接电阻或电抗，利用电阻或电抗压降，使加在电动机定子绕组上电压低于电源电压，待电机启动后将电阻（或电抗）短接，进入全电压下正常运行。这就是定子绕组串接电阻（或电抗器）降压启动的方法。时间继电器控制降压自动启动线路如图 3-6 所示。

由线路的控制电路可以看出:接触器 KM1 和 KM2 满足顺序控制条件。KM1 为线路接触器,它从启动到正常运行始终通电工作,在启动时为启动接触器。KM2 为运行接触器,又叫加速接触器,短接启动电阻(或电抗),SB1 为启动按钮,SB2 为停止按钮,KT 为时间继电器,FR 为热继电器,FU 为熔断器,QS 为开关。启动时只需按下启动按钮 SB1,由启动过程到全压运行便可自动完成。动作原理如下:先合上开关 QS,按 SB1 钮,KM1 线圈经 FR、SB1、SB2 得电并自锁,同时时间继电器 KT 得电,KM1 主触头闭合,电机串电阻启动。延时 $t$ 时间后,时间继电器常开触头闭合,接触器 KM2 得电并自锁,短路启动电阻 R,电动机进入正常工作状态。

停止时,按动 SB2 停止按钮即可实现。

因为电动机启动转矩与所加电压平方成正比,当串电阻或电抗降压至额定电压的 0. 5 倍时,启动转矩只有全压直接启动转矩的 0. 25 倍,因此可从定量角度进一步说明此方法仅适用启动转矩不大的空载或轻载的场合。

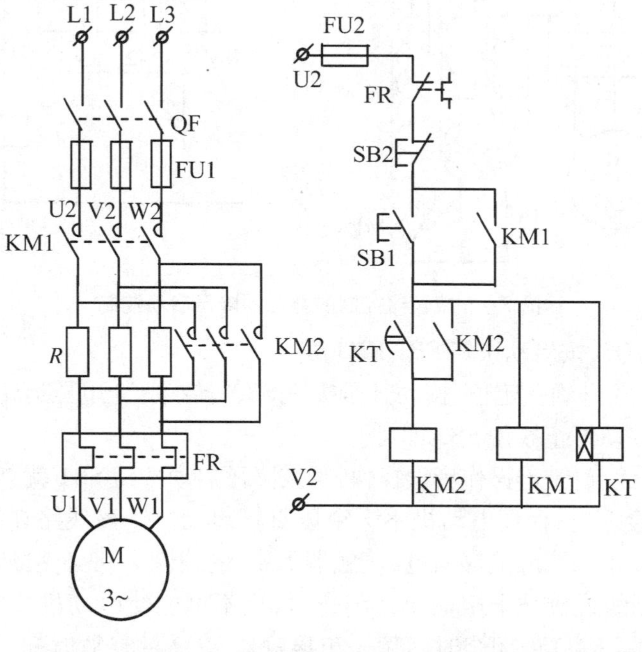


图 3-6　时间继电器控制定子串联电阻降压启动控制线路

三相异步电动机的启动电阻,一般采用阻值小、功率大,允许通过较大电流的铸铁电阻,如 ZX1、ZX2 系列电阻器组成,三相所串阻值相等。

由于降压启动电阻只在启动的短时间内有电流流过,为了缩小启动电阻的体积,实际选用的电阻功率可取计算功率值 $P_g$ 的 1/4 或 1/5 左右。

**2. 补偿器降压启动控制**

补偿器降压启动是指利用自耦变压器来降低启动电压,达到限制启动电流的目的。对额定电压为 220 V/380 V,容量较大的三相异步电动机可采用这种方法。

自耦变压器降压启动分手动控制与自动控制,手动控制的自耦变压器抽头电压分别是电源电压的 65%、80%;自动控制的自耦变压器抽头电压分别为电源电压的 40%、60% 和

80%,相应的变比 $K=W_1/W_2$ 分别为 2.5、1.67 和 1.25。

(1)接触器—继电器控制的补偿器降压启动控制线路

接触器—继电器控制的补偿器降压启动控制线路如图 3-7 所示。启动按钮 SB1,升压按钮 SB2、停止按钮 SB3 及热继电器 FR 等实现降压启动控制,其动作原理如下:

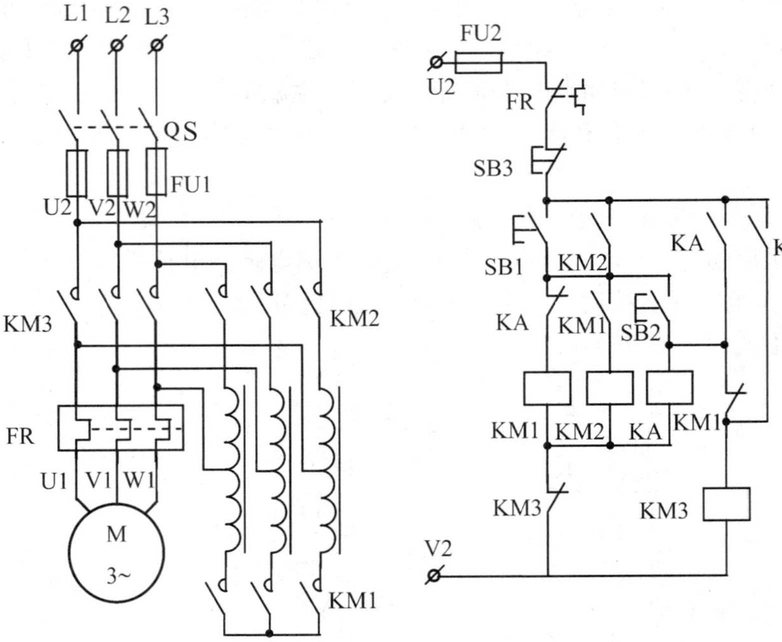


图 3-7 接触器控制的补偿器降压启动控制

合上电源开关 QS,按启动按钮 SB1-KM1 线。

待电动机 M 转速升到一定值,按动升压按钮 SB2,转换为全电压运转。

要停车,只需按动停止按钮 SB3 即可。

该控制线如下优点:①若操作者误操作,不按降压启动按钮 SB1 就直接按全压按钮 SB2 时,KM3 线圈也不会获电,保证电动机不会全压直接启动。②该线路在降压启动后再按下 SB2,只要接触器 KM1 的线圈能够断电,接触器 KM2 的线圈电路必然断开,所以,即使接触器 KM3 出现线圈断线或机械卡阻而无法闭合时,也不可能使电动机长时间运行于低电压下。③该线路接触器 KM3 的闭合时间领先于接触器 KM2 的释放时间,尽管这个时间差很短,但是这样就不会出现启动过程中电动机间隙断电,也就不会出现第二次启动冲击电流。该线路缺点是需两次按动按钮,而且每次间隔时间也不能准确掌握。若要改进,可采用下面所述时间继电器控制补偿器的降压启动控制的自动控制线路。

(2)时间继电器自动控制的补偿器降压启动控制

在许多需要自动控制的场合常采用这种办法,现以定型产品自动启动补偿器控制线路原理来说明。这种补偿器是由自耦变压器、交流接触器、中间继电器、热继电器、时间继电器、按钮、熔断器、指示灯及降压控制变压器组成。它可用于 14~300 kW 三相异步电动机降压启动。其自控线路如图 3-8 所示,图中可分为主电路、控制电路和指示电路三部分。主电路由自耦变压器 TM、接触器 KM1 的 3 副主触头、接触器 KM2 的 3 副主触头和 2 副辅助常闭触头、热继电器 FR 的热元件及电动机 M 组成。

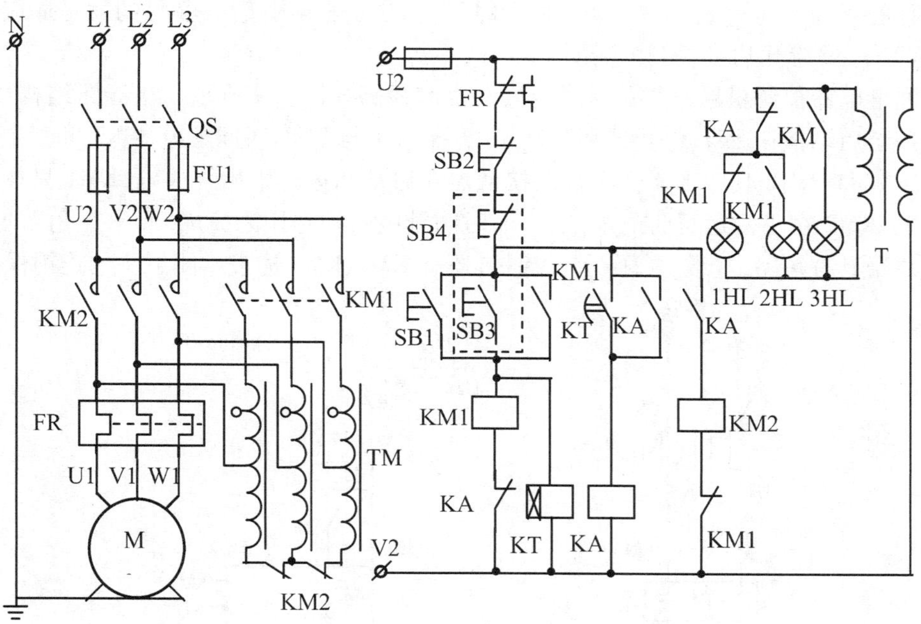


图 3-8　自动启动补偿器控制线路

控制电路包括两只熔断器 FU、热继电器 FR 的常闭触头、停止按钮 SB2(远地遥控停止按钮 SB4)、启动按钮 SB1(远地遥控启动按钮 SB3)、接触器 KM1 的线圈与常开、常闭辅助触头、接触器 KM2 线圈、时间继电器 KT 的线圈及其延时闭合的常开触头、中间继电器 KA 的线圈和 2 副常开触头、1 副常闭触头。

指示电路包括指示灯电源变压器 T,3 个指示灯,接触器 KM1 的常开、常闭辅助触头和 KM2 的常开辅助触头,中间继电器 KA 的常闭触头。

该线路在实际使用中存在一定隐患和不足之处。这里所说的隐患是指线路中的电气元器件处于完好状态时,线路工作正常;但当其中某个电器发生故障时,就有可能导致隐含的事故出现。例如时间继电器 KT 线圈与接触器 KM1 线圈的并联就存在此类问题,当接触器 KM1 的线圈在启动前已断线或接线松动脱落变成开路状态,则电动机会在按下启动按钮后全压直接启动,这是采用降压启动的该台设备所不允许的。其动作过程请自行分析,再查找一下该定型产品线路还存在的不足之处。

### 3. 星形—三角形降压启动控制

只有正常运转时定子绕组接成三角形接法的三相鼠笼式异步电动机,而且轻载或空载启动的设备才能采用此降压启动方法,以达到限制启动电流的目的。此法既简便又经济,故使用比较普遍。

电动机启动时,首先将定子绕组接成星形接法,待转速上升到一定程度时,再将定子绕组的接线由星形改接成三角形,电动机便全电压正常运行,这就是星形—三角形降压启动方法的基本原理。星形启动时,定子每相绕组所加电压为额定电压 $1/\sqrt{3}$ 倍,即由 380 V 可降为 220 V,此时启动电流为:$I'_{st}=I_{st}/3$,说明星形启动时的线电流比三角形直接启动时的线电流降低 3 倍,这正是降压启动要达到的目的。然而,由于启动转矩,正比于电压平方,则启动转矩只是全电压直接启动时的 1/3 倍。因此降压启动方法只适用于空载或轻载启动。全国统一设计的 Y 系列电动机,额定功率大于 4 kW 的均为三角形接法,其目的就是适应星形-—三角形(Y—△)降压启动控制的需要。

时间继电器控制星形—三角形降压启动控制线路如图 3-9 所示。从线路结构可知:线路中使用了启动按钮 SB1,停止按钮 SB2,熔断器 FU1 与 FU2,时间继电器 KT 和三个交流接触器 KM、KM1、KM2 其中 KM 作为线路接触器在启动和运行中始终通电,KM1 只在启动过程中通电,KM2 在正常运行时通电工作,而时间继电器则是用来完成“星—三角”的自动切换。本线路具有短路、过载、失压、欠压保护,还有 KM1、KM2 通过常闭触头的连锁保护。

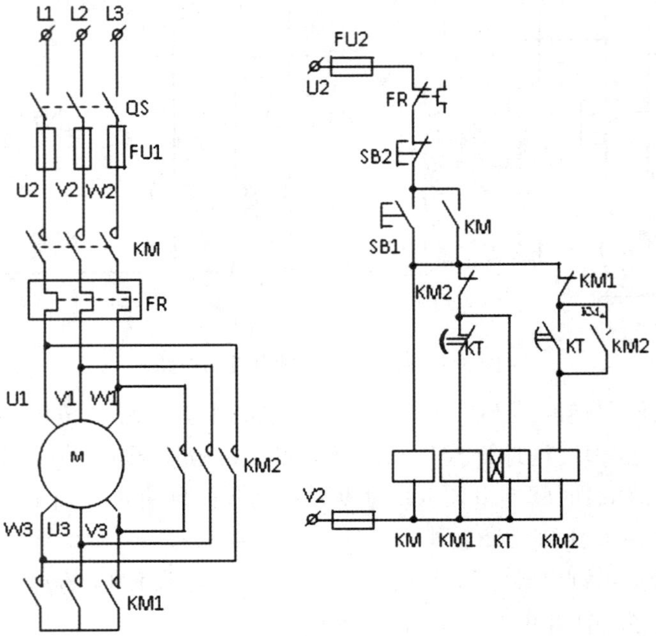


图 3-9 时间继电器控制 Y—△降压起动控制

与启动按钮 SB1 串联的接触器 KM2 的一副常闭触头可以防止两种意外事故的发生,使线路工作更为可靠:一种情况是在电动机启动并正常运行以后,接触器 KM1 已经断电释放,KM2 已获电吸合。若这时有人误按启动按钮 SB1,而 KM2 的常闭辅助触头已经断开,能防止接触器 KM1 的线圈通电动作,避免造成电源短路。另一种情况是在电动机停车以后,如果由于接触器 KM2 的主触头焊住或机械故障卡阻而没有断开,此时由于设置了接触器 KM2 的常闭触头,电动机就不可能第二次启动。

## 第四节　笼型异步电机的调速控制

异步电动机的转速表达式:

$$n = n_1(1 - s) = \frac{60f_1}{p}(1 - s) \tag{3-8}$$

由式(3-8)可知改变异步电动机的极对数,从而改变异步电动的同步转速,就可达到调速的目的。

## 一、变极原理

图 3-10 是电机 A 相绕组的示意图。在制造时,每相绕组由两个“半相绕组”组成,每半相绕组用一个绕组元件来表示。图(a)将两个“半相绕组”正向串联,此时绕组电流产生的磁场是四极的,即极对数 $p=2$,如将“半绕组”的始、末端改接,使每一瞬间的电流方向与正向串联时相反,用图(b)的反向串联或图(c)的反向并联。这两种接法绕组电流产生的磁场均是两极的,即 $p=1$。由此可知,改变接法可使极对数成倍减少,使同步转速成倍增加。这种调速方法只能是有级调速。虽只从一相绕组来说明变极原理,但三相绕组完全相同,其接法也都相同。

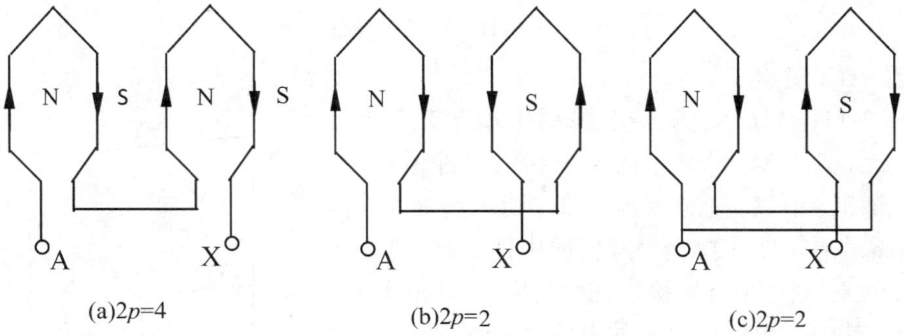


图 3-10　绕组变极原理图

## 二、变极调速绕组的接线方式及其机械特性

能够实现上述变极原理的线路很多。下面介绍 Y—YY 和△—YY 两种典型接法的变极线路,分析它们不同的机械特性和容许输出。

**1. Y—YY(双 Y)变换**

制造变极电动机时,在三相绕组中每一相绕组的中点都抽出一个头来,图 3-11(a)所示接法为 Y 形,端点 1、2、3 接电源,另外三个端点接在一起叫中性点 O。由图可知,Y 接时,每相的两个“半绕组”串联,相当于以上所说的四极接法,极对数 $p=2$。同步转速为 $n_1$。如果将端点 1、2、3 接在一起,并且和中性点 O 相连,把端点 4、5、6 接电源,线路图如图 3-11(b)所示,即接成双 Y。每相两个“半绕组”反向并联,相当于以上所说二极接法,或者一般说,极对数减半,$p=1$,则同步转速为 $2n_1$,比 Y 接时提高 1 倍。

在同样的电压下,YY 形接法时的输入功率比 Y 形接法时大 1 倍,因而输出功率也大 1 倍。同时由于转速也增大了 1 倍,即 $n_{YY}=2n_Y$。

而电动机的电磁转矩为:

$$T_{YY}=9.55\times10^3\frac{P_{YY}}{n_{YY}}=9.55\times10^3\frac{P_Y}{N_{YY}}=T_Y \tag{3-9}$$

因此,在 $I_N$ 下,电动机的输出转矩保持不变,属于恒转矩调速。这种调速方法在船舶锚机、泵和起货机中常遇到。

图 3-12 所示为 Y—YY 变极调速的机械特性。Y—YY 变极调速方法属于恒转矩调速方式。

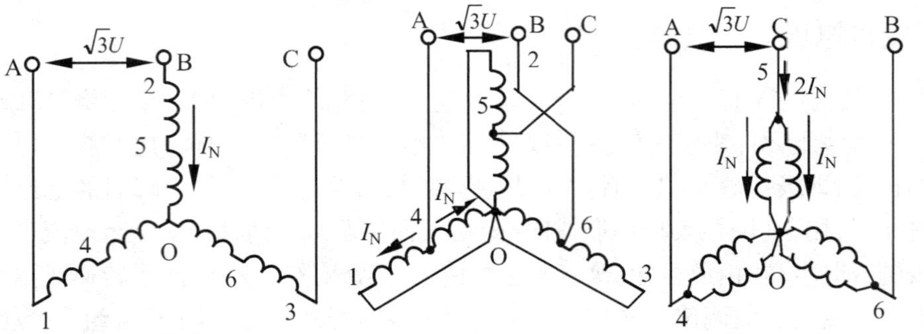


(a)Y 接法　　(b)YY 接法　　(c)YY 接法

图 3-11　Y—YY 接线

2. △—YY 变换

如图 3-13(a)所示，为△接法，图中端点 1、2、3 接电源，中点 4、5、6 空着，绕组的另一端依次首尾相接。两个“半绕组”串联，极对数等于 $2p$，同步转速为 $n_1$。在图中，将端点 1、2、3 接在一起构成中性点，而把端点 4、5、6 接电源，则构成 YY 接法，此时两个“半相绕组”反向并联，其中一半相绕组中的电流反向。因此，极对数等于 $p$，同步转速为 $2n_1$。

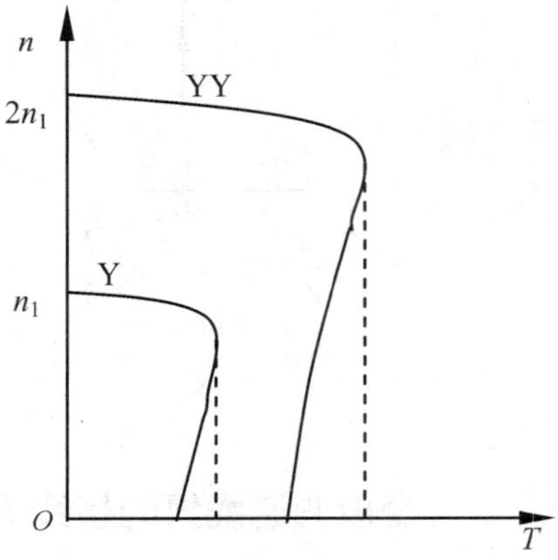


图 3-12　Y—YY 变极调速的机械特性

若外加电压为 $U_1$ 时，则△接法的输入功率为：

$$P_{\Delta} = 3U_1 I_N \cos\varphi_{\Delta}$$

而 YY 形接法的输入功率为：

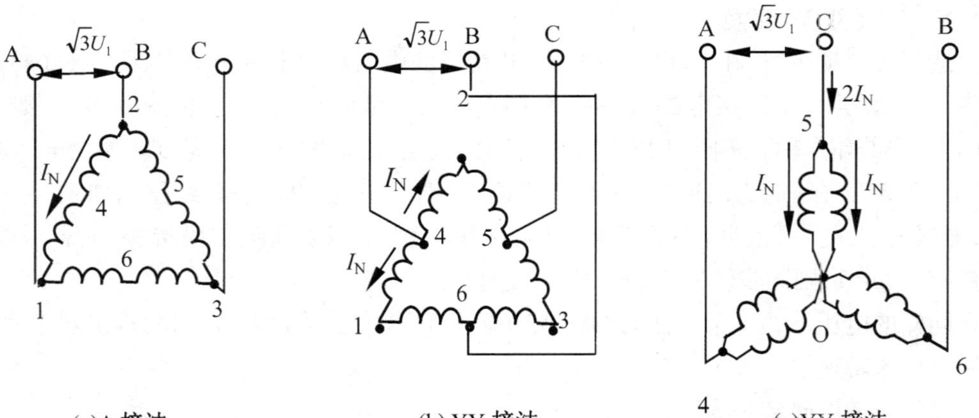


(a)Δ 接法　　(b) YY 接法　　(c)YY 接法

图 3-13　△—YY 接法

$$P_{YY} = 3\frac{U_1}{\sqrt{3}}(2I_n)\cos\varphi_{YY} = 2\sqrt{3}U_1 I_N \cos\varphi_{YY} = 3.46U_1 I_N \cos\varphi_{YY} \quad (3\text{-}10)$$

同样可近似认为：

$$P_{YY} = \frac{2}{\sqrt{3}}P_{\Delta} = 1.15P_{\Delta} \approx P_{\Delta} \tag{3-11}$$

即输入功率相差约 15%，可以近似认为相等。同样可认为电动机的输出功率也近似相等，因此属于恒功率调速。由于电动机由形变为 YY 形接法时同步转速提高 1 倍，而功率却近似不变，因此输出转矩就要减少一半。即：

$$P_{Y}Y = 975\frac{P_{YY}}{n_{YY}} \approx 975\frac{P_{\Delta}}{n_{\Delta}/2} = \frac{1}{2}T_{\Delta} \tag{3-12}$$

机械特性曲线如图 3-14 所示。对于恒功率负载，高速时负载转矩小，低速时负载转矩大，适用于轻载高速的场合。因为极数不同空间电角度的大小也不一样，例如两极电机极对数 $p=1$ 时，电角度与空间机械角度相等；若 A 相的空间位置为 0°，则 BC 相分别滞后 A 相 120°和 240°电角度。当换接成四极时，极对数 $p=2$，则电角度是 2 倍空间相械角度。同一套绕组，只是改变接法，A、B、C 三相的空间位置并没有改变。但从电角度讲，如仍以 A 相为 0°，则 B、C 相分别在 A 相之后的电角度变为 2×120° = 240°和 2×240° = 480°（相当于 120°），从而改变了原来的相序，电动机将反转，为使电动机不反转，必须在变极的同时倒换电源的相序。

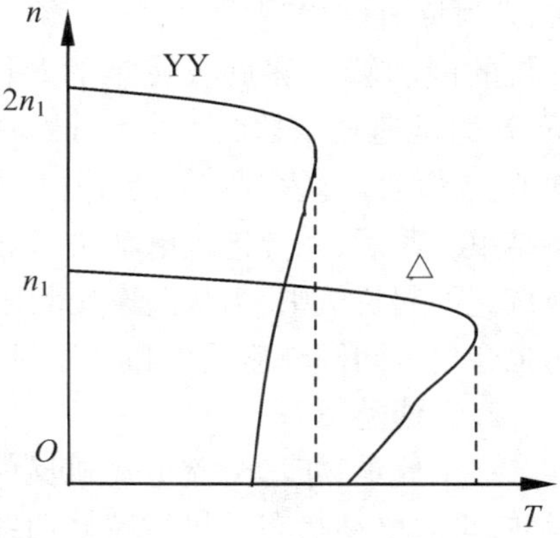

图 3-14　△—YY 变极调速的机械特性

由此可见，变极调速具有操作简便、机械特性硬、效率高等优点，可以获得恒转矩和恒功率调速。变极调速的电动机称为多速异步电动机。改变电子极对数除以上两种方法外，还可以在定子上装上一套独立绕组，各接成不同的极对数。如将两种方法配合，则可得更多的调速级数。但采用一套独立绕组的变极调速比较简单，应用较多。根据不同生产机械的要求，采用不同接法的多速异步电动机，如拖动中小机床的电机，一般采用△—YY 接法具有一套绕组的双速电动机，此时近似恒功率的调速方法用于恒功率性质的负载，配合较好。改变定子的极对数，通常用改变定子绕组的接法来实现。这方法适用于鼠笼式异步电动，因它的转子无固定的极对数，它的极对数随定子而定。而绕线式异步电动机要改变极对数必须定、转子同时改变接线，结线复杂，操作麻烦，故不宜采用变极调速。

## 第五节　笼型异步电机的制动控制

### 一、再生制动

与直流电动机相同，交流电动机运行状态同样是可逆的，既可以在电动状态下运行，也可以在发电状态下运行。在电动运行状态时，转子的转速总是低于同步转速，即 $n < n_1$。如果在外部条件作用下，使 $n > n_1$，异步电动机将从电动状态进入发电状态，把能量反馈给电网，此时电网输入无功功率供给励磁电流，交流电动机进入再生制动运行状态。

再生制动常用于加快减速或匀速落货的场合。

1. 加快减速

交流多速鼠笼式电动机用改变定子绕组接法，通过改变电动机极对数 $p$ 进行调速。改变极对数时再生制动机械特性如图 3-15 所示。电动机原运行于特性 1 的 A 点，当极对数突然增加 1 倍的机械特性为特性 2，运行点由 A 到 B 点，此时 $n_A = n_B$，$T$ 为负值则出现再生制动。系统在电动机的制动转矩和负载转矩的共同作用下，转速迅速地下降，此时运行点由 B 点向 C 点移动，到达 C 点（$n = n_1$）则再生制动结束。此后，系统进入电动状态下继续减速，直至 D 点时稳定运转。这种情况，在船上变极调速的起货机中，当从高速变低速时经常出现再生制动以加快减速过程。降低电源频率时也会出现同样减速过程和再生制动。

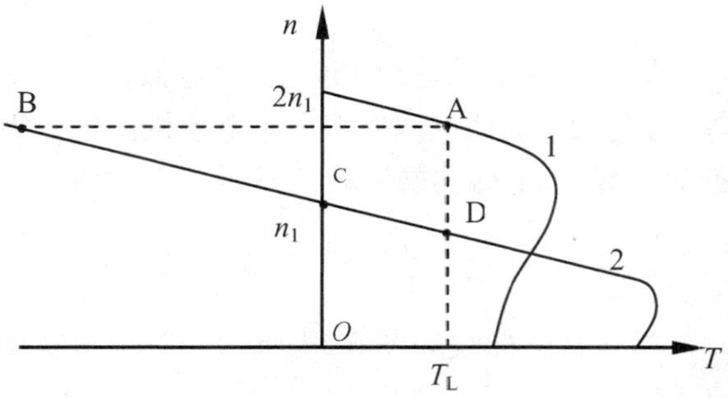


图 3-15　改变极对数时再生制动机械特性

2. 匀速落货

在下放重物时，交流电动机反向启动运转，反向电动状态下机械特性曲线应位于第三象限，如图 3-16 所示，系统在 $T$ 和 $T_L$ 共同作用下反向加速，当电机反向运动到 B 点（$n = -n_1, T = 0$）此时 $T_L > T$，而仍然加速到 C 点 $T_L = T$，系统从高于 $n_1$ 的转速 $n_C$ 匀速下放重物。电动机的转差率为：

$$S = \frac{-n_1 - n_c}{-n_1} < 0$$

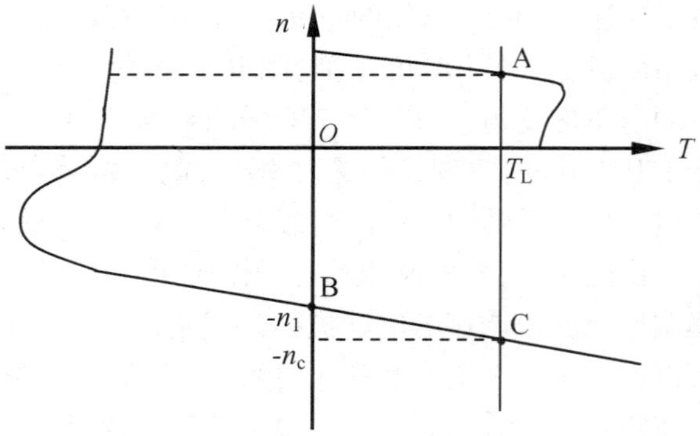


图 3-16　匀速落货时再生制动机械特性

可见 $S < 0$ 是再生制动的一个重要特点。另一特点是与直流电动机再生制动一样，不改变线路接线，也不增加设备，但必须 $n > n_1$ 才会出现制动，所以不能用于停车，致使限制它的使用范围。

从上面分析可以看出：加快减速时，电动机吸收动能，并转换成电能回送电网；匀速落货时，电动机吸收重物储存的势能，并转换成电能送回电网。两者都把电能回馈电网，故又称为回馈制动或发电制动。

## 二、能耗制动

直流电动机能耗制动时，电枢断开电源后，励磁仍接电源，此时电动机变成发电机运行，其电磁转矩起制动作用。交流异步机则不同，当定子绕组脱开电源后，磁通消失，不可能建立制动转矩。通常做法是在三相定子绕组与三相电源脱开后，在定子两相绕组中立即加入一个低压直流励磁电压。这时的电动机事实上成为一台定子励磁的隐极式发电机，负载为转子电阻。拖动系统的动能或位能变为电能，该电能在转子电路的电阻中发热损耗，故称为能耗制动。能耗制动有自励和他励两种形式。前述方法为他励方式，自励方式是将交流电动机接电容器,使其成为一台单独的异步发电机而产生制动转矩。这种方式是依靠转子剩磁和足够大的电容量取得自励励磁电压而工作在发电状态。

能耗制动时,流过定子绕组的直流电流在空间产生一静止磁场,转子由于惯性仍在旋转,转子在此磁场中旋转产生一交流电动势,在转子中产生电流。该转子电流与静止磁场相互作用产生电磁转矩,其大小与定子磁场强弱、转子电阻大小、电动机转速高低有关,其方向由左手定则确定,与转速 $n$ 旋转方向相反,为制动转矩。

其机械特性为通过原点的第二、四象限的曲线,如图 3-17 所示。特性曲线 1 与 3 是在同一转子电阻下,特性 3 是更大的直流励磁电流。特性 2 与 3 是在同一直流励磁下,特性 2 有更大的转子电阻,产生最大制动转矩 $T_{kz}$ 的临界转差率 $S_{kz}$ 与转子电阻成正比,而 $T_{kz}$ 与励磁电流的平方成正比。

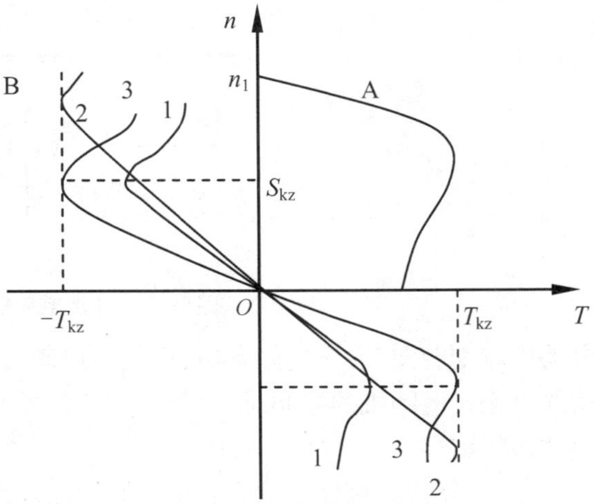

图 3-17　能耗制动机械特性

能耗制动时,定子二相绕组为得到所需要的直流励磁,必须加较低的直流电压,这是因为定子绕组电阻很小(只有欧姆级以内)。

对绕线式异步电动机,可通过改变转子回路电阻 R 调节制动转矩,如特性曲线 2 和 3;对鼠笼式异步电动机则可通过改变定子加上低压直流励磁电流大小来调节制动转矩,如特性曲线 1 和 3。

图 3-18 为典型的能耗制动电路。

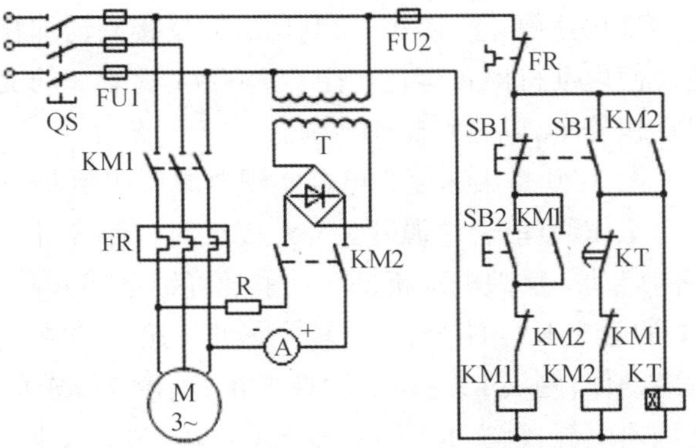

图 3-18　异步电动机的能耗制动

## 三、反接制动

交流异步电动机电力拖动系统电气制动的方法与直流电力拖动系统一样,除了反馈制动和能耗制动外,还有反接制动。反接制动包括电源反接制动和倒拉反接制动。

### 1. 电源反接制动控制

处于正向电动状态运行的三相异步电动机,当改变三相电源的相序时,电动机便进入了反接制动过程,如图 3-19 所示。

图中为拖动反抗性恒转矩负载,反接制动的同时转子回路串入较大电阻时的反接制动机械特性。电动机原来运行于电动状态 a 点,实现电源反接制动时,工作点由 a 点平移到 b 点,开始制动,直到 c 点制动结束。故此段为制动段。反接制动过程中,电动机电源相序为负序,因此同步转速 $n_1 < 0, n > 0$,相应的转差率为:

为了限制反接制动时的冲击电流,在绕绕式异步电动机进行反接制动时,在转子电路中必须接入限流电阻。对于普通鼠笼式异步电动机一般情况下应避免电源反接制动,当控制

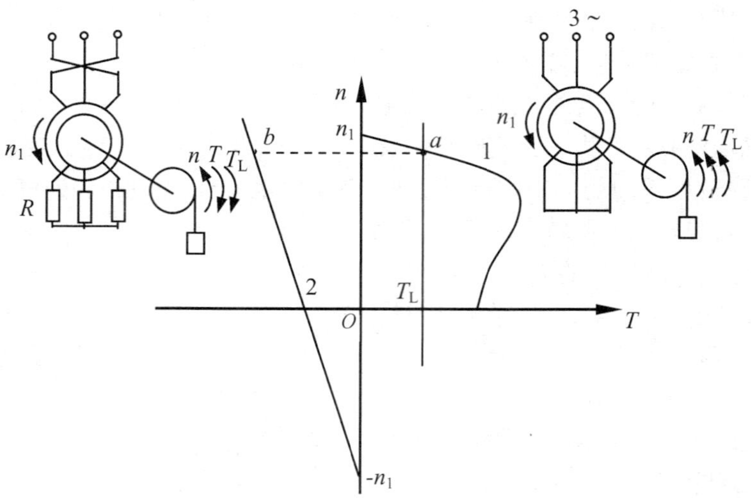


图 3-19　异步电动机的电源反接制动

电动机改变转向时，应先停车后，再反向启动，以减小冲击电流的影响。在采用电源反接制动的鼠笼式电动机的控制时，由于鼠笼式转子回路无法串电阻，因此电源反接制动不能过于频繁地使用。

必须指出，应该注意的是：如果进行电源反接制动停车，那么必须在转速降到 $n=0$ 时，切断电动机电源并停车，否则电动机将反向启动。

生产机械由异步电动机拖动时，可以采用按转速原则控制的反接制动的反接制动线路来实现快速停车。停车时，利用电源反接制动加快减速，当转速很低而接近零时，自动切断电源使电动机停止运行。国产 3 000 t 货船上的交流力矩电动舵机便采用反接制动控制舵机加快停车，以达到操舵准确。

图 3-20 是用速度继电器实现电源反接制动停车的可逆控制线路。

工作原理：合电源开关 QS，按正向启动按钮 SB1 时，正向接触器 KM1 通电动作，电动机正向启动。反映电动机轴转速的速度继电器 KV 采用国产 JY1 型感应式速度继电器。此时 KV 的触头 $KV_F$ 闭合，为正转停车的反接制动做准备。停车时，按按钮 SB3，中间继电器 KA 通电动作；触头 KA 打开，KM1 断电；而触头 KA 闭合使反向接触器 KM2 通电动作，电动机反接通电源；触头 KA 闭合使 KA 自锁，进入反接制动状态。当转速接近零时，$KV_F$ 触头打开，使 KM2 断电释放，电动机脱离电源停止运行。电动机反向运行时，利用启动按钮 SB2 控制反向接触器 KM2 启动运行，这时 KV 的触头 $KV_B$ 闭合，为反转停车的反接制动做准备，其工作原理完全相同。此控制线路中设有短路、过载、失压和正反向连锁保护环节。

**2. 倒拉反接制动运行**

交流电拖系统在下放重物时常出现倒拉反接，如图 3-21 所示。电动机以稳定的转速提升货物，运行在特性 1 的 a 点。当转子电路突然串接较大电阻（相对 $R_a$ 而言）$R$ 时，电动机的机械特性变成急陡的特性 2，运行点从 a 点过渡到 b 点。显然，此时 $T < T_L$，电动机减速运行，转速越来越慢（注意：这时还是提升货物）。当到达 c 点时，$n=0$，货物停在空中，但 $T_{st} < T_L$，在货物的重力作用下，把电动机拉向反转，拖动系统进入第四象限运行，即为倒拉反接制动运行。此时，$n$ 为负值，$T$ 仍然为正值，符合电磁制动的条件。

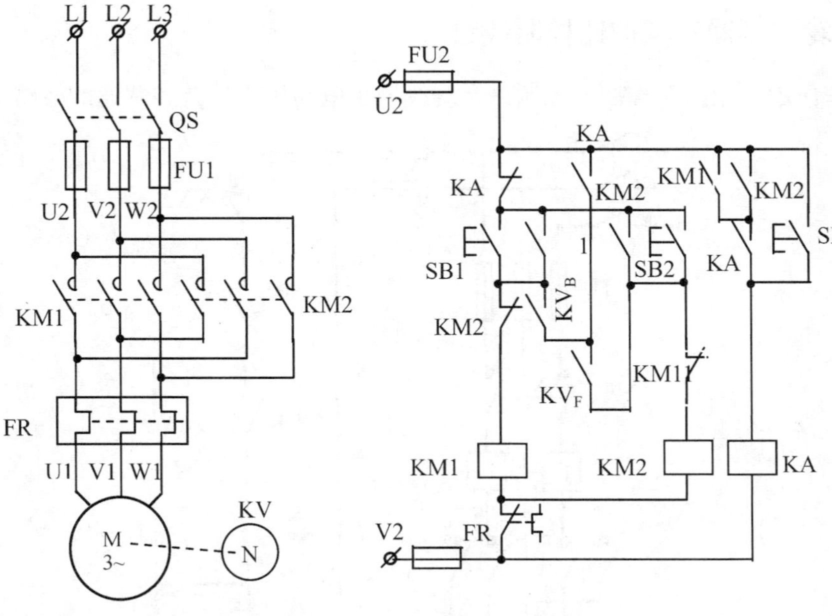


图 3-20　按转速原则控制的反接制动线路

在重物作用下加速运行，到达 d 点时 $T=T_L$，拖动系统以匀速下放重物。这时的制动状态称为倒拉反接制动。

位能性负载为了在下降货物时获得稳定转速将电动机接成重物提升线路。当转矩 $T_{st}<T_L$ 时，电动机被生产机械拖动反向运转，在反接制动状态下使货物等速下降。

电动机工作在反接制动状态时，它由轴上吸收机械能转变成电能，同时又吸收电网电能，这两部分电能一起消耗在转子电路的总电阻（$R_2+R$）中。可见，倒拉反接制动运行方法能量损耗很大，不经济。同时由于机械特性很陡，稳定性差。但容易实现，所以仍在应用。

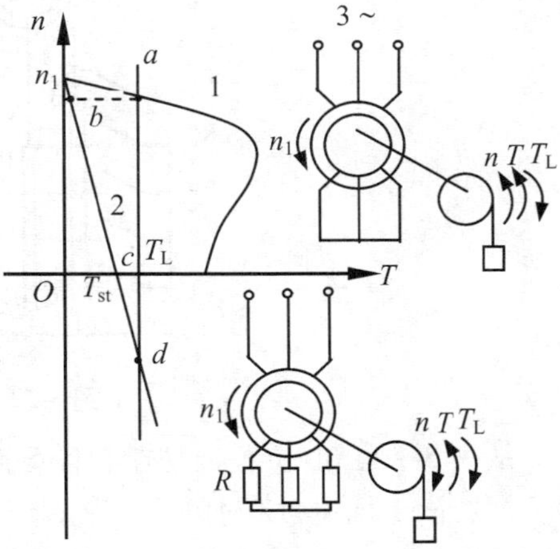


图 3-21　交流电拖系统倒拉反接制动特性

## 第六节　绕线转子异步电机的调速控制

绕线转子异步电动机的调速通常采用改变转差率方法来实现，而改变转差率可以用改变电源电压的方法，也可以用在转子绕组中引入附加电势的方法，但最为常用的还是在转子绕组中引入调速电阻的方法。通过改变转子绕组中串入电阻，使电动机在某一人为特性上运行，而实现调速。把按照调速要求选择启动电阻的容量，使启动电阻同时兼作调速的电阻称为启动—调速电阻。本节结合绕线转子异步电动机控制中普遍使用的凸轮控制器和主令控制器介绍绕线转子异步电动机的调速控制电路。

## 一、凸轮控制器实现调速控制线路

图 3-22 所示为用凸轮控制器控制一台绕线转子电动机正反转和调速的线路。

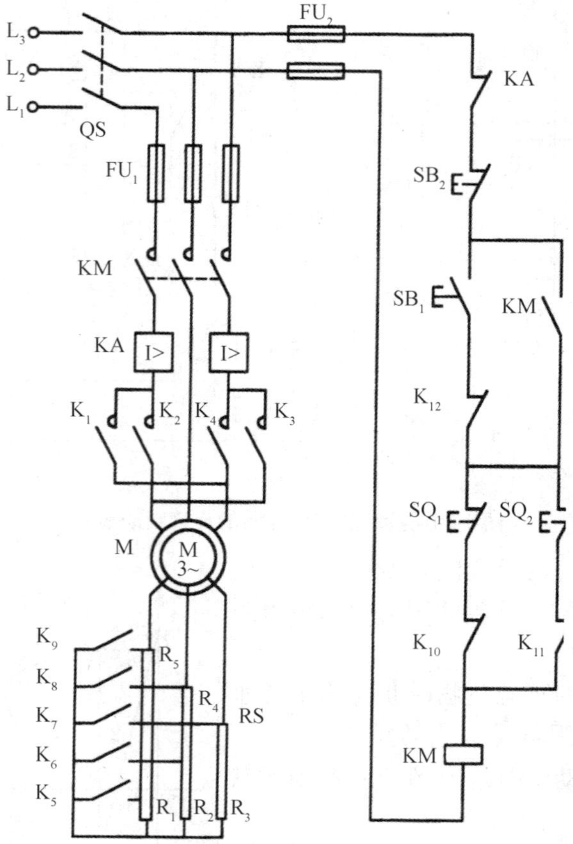


图 3-22　凸轮控制器控制线路

从表 3-1 可知:位置数是左右各 5 挡,对应电动机的正、反转各有 5 挡调速,中间为零位停止,共计 11 挡位,12 对触头。

在零位时,有 3 对常闭触头,其中 $K_{12}$ 仅在零位时闭合,以保证电动机 M 在启动时转子中串有全部电阻 R 启动,这种保护措施称为零位保护。可见采用零位保护后,要使电气控制部分工作,凸轮控制器必须从零位挡开始操作,以实现保护功能和操作的程序化。$K_{10}$ 和 $K_{11}$ 除在零位时闭合外,分别在正转和反转时接入极限开关 $SQ_1$ 或 $SQ_2$ 作极限保护,起着切换极限开关的作用。9 对常开触头又分 2 组:一组是换向控制由 $K_1$、$K_3$ 和 $K_2$、$K_4$ 分别控制送入电动机定子绕组的三相电源相序,实现电动机的正转或反转;另一组是调速控制由 $K_5$ ~ $K_9$ 等 5 个触头构成,与各挡串联的启动—调速电阻 $R_1$ ~ $R_5$ 并联,用来短接转子电路中的 5 段电阻实现调速。

线路的工作原理是:合上电源开关 QS,将凸轮控制器手柄放在零位,按下启动按钮 SB1,使接触器 KM 得电并自保,主触头将一相电压 L2 送入 V 相绕组,但电动机并不转动。当手柄从零位扳至正转(右侧)第一挡时,由于 $K_1$ 和 $K_3$ 接通,将另两相电压 $L_1$ 和 $L_3$ 分别送入 W 和 U 相绕组,定子绕组获得三相电源,这时 $K_5$ ~ $K_9$ 的 5 个触头均断开,转子电路串有全部电阻 RS 而正向启动，最低转速运转，由于 $K_{10}$ 的闭合将极限开关 $SQ_1$ 串在接触器 KM 线圈电路中，作正转极限保护。当手柄转向第二挡时，由于 $K_5$ 的闭合将电阻 $R_1$ 短接，转子中仅存有 4 挡电阻，电动机转速得到提高。当手柄扳向第三、四、五挡时，由于 $K_6$、$K_7$、$K_8$ 和 $K_9$ 的闭合而依次切除 $R_2$、$R_3$、$R_4$ 和 $R_5$，转速依次提高，直至额定状态下全速运转。

当手柄由零位扳到反转（左侧）各挡时，除因 $K_2$、$K_4$ 将 $L_1$、$L_3$ 分别送入 U、W 相绕组实现了三相电源的反序，同时 $K_{11}$ 将行程开关 $SQ_2$ 串入接触器 KM 线圈电路中作反转极限保护外，其余与正转各相应挡相似，故不再详述。

**表 3-1　凸轮控制器触头的关合次序表**

| 触头 | 反转（下降） | | | | | 零位 | 正转（上升） | | | | |
|---|---|---|---|---|---|---|---|---|---|---|---|
| | 5 | 4 | 3 | 2 | 1 | 0 | 1 | 2 | 3 | 4 | 5 |
| $K_1$ | | | | | | | × | × | × | × | × |
| $K_2$ | × | × | × | × | × | | | | | | |
| $K_3$ | | | | | | | × | × | × | × | × |
| $K_4$ | × | × | × | × | × | | | | | | |
| $K_5$ | × | × | × | × | | | | × | × | × | × |
| $K_6$ | × | × | × | | | | | | × | × | × |
| $K_7$ | × | × | | | | | | | | | × |
| $K_8$ | × | | | | | | | | | | × |
| $K_9$ | × | | | | | | | | | | × |
| $K_{10}$ | | | | | | × | × | × | × | × | × |
| $K_{11}$ | × | × | × | × | × | × | | | | | |
| $K_{12}$ | | | | | | × | | | | | |

按下停止按钮 $SB_2$，可使接触器 KM 失电而停车。

在电路中，除用 $K_{12}$ 触头作零位保护以保证转子中串入全部电阻方可启动和用 $K_{10}$、$K_{11}$；作正反转极限保护外，还用 $FU_1$、$FU_2$ 作主电路和控制电路的短路保护，用过电流继电器 KA 作电动机的过流保护，接触器 KM 线圈本身具有欠压、失压保护功能。值得注意的是，在图中为了减少触头的数量，而采用了不均匀切换电阻的方法，只要适当地选配电阻及合理分段，并交替轮流切换，还是可以获得较满意调速性能的。

用凸轮控制器实现对绕线转子异步电动机的启动与调速控制，线路简单，且可逆对称，使用的元件少，维护方便，使用安全可靠。所以目前仍被广泛用来控制中小型起重机的平移机构和小型港口起重设备起升机构的绕线转子电动机。

## 二、用主令控制器实现调速控制线路

图 3-23 为主令控制器实现调速控制线路。

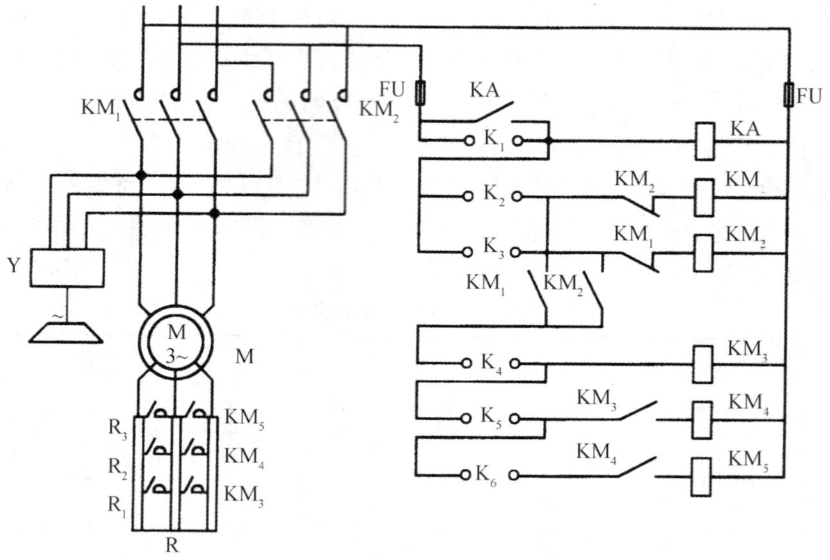


图 3-23　主令控制器实现调速控制电路

表 3-2　主令控制器触头关合表

| 触头 | 反转 | | | | 零位 | 正转 | | | |
|---|---|---|---|---|---|---|---|---|---|
| | 4 | 3 | 2 | 1 | | 1 | 2 | 3 | 4 |
| $K_1$ | | | | | × | | | | |
| $K_2$ | | | | | | × | × | × | × |
| $K_3$ | × | × | × | × | | | | | |
| $K_4$ | × | × | × | | | | × | × | × |
| $K_5$ | × | × | | | | | | × | × |
| $K_6$ | × | | | | | | | | × |

表 3-2 为主令控制器触头关合表。在主电路中接触器 $KM_1$、$KM_2$ 用于改变电源相序实现电机正反转，转子中串有星形接法的 3 段对称电阻 R，用加速接触器 $KM_3$ ~ $KM_5$ 短接，加速接触器的触头是 V 形接法，制动电磁铁线圈 Y 与定子绕组并联，实现机械制动。

当主令控制器的手柄在零位时，触头 $K_1$ 接通，电压继电器 KA 得电并自锁，给其他电器提供控制电源，实现零位保护。将手柄拨到正转第一挡时，仅 $K_2$ 触头闭合，使 $KM_1$ 得电，电磁抱闸 Y 打开，同时电动机在转子串入全部电阻状态下启动，$KM_1$ 的常开触头闭合为加速接触器得电准备了条件，常闭辅助触头打开对反向接触器 $KM_2$ 实现电气互锁。当手柄扳到正转第二挡时，主令控制器增加了 $K_4$ 触头接通，使加速接触器 $KM_3$ 得电，将第一级电阻 $R_1$ 短接，电动机第一次加速运行，它的常开触头闭合，为 $KM_4$ 得电做好了准备。当手柄转到正转第三挡时，除 $K_2$、$K_4$ 接通外，$K_5$ 也接通，使 $KM_4$ 接触器得电，短接了第二段电阻 $R_2$，电动机第二次加速，$K_4$ 的常开辅助触头闭合为 $KM_5$ 得电做好准备。当主令控制器手柄拨到正转第四挡时，再将 $K_6$ 接通，$KM_5$ 使接触器得电，切除了最后一段电阻 $R_3$，电动机加速到额定转速运行。

主令控制器控制反转运行时，与正转相比仅是用触头 $K_3$ 替换了 $K_2$，从而改变了电源的相序，其余各挡工作过程相同。

用主令控制器来控制电机虽然必须要有一套相应的继电器—接触器系统配合工作，但是控制对象的容量不会受到主令控制器的限制。现代港口电气设备中，主令控制器不仅有触头信号输出，同时还有数字输出，因此被广泛使用。

应该指出，在图3-22和图3-23这两个控制电路中，虽然都具有零位保护，但一旦经过零位后，向正转或反转的其他调速挡转换的时间间隔将取决于操作者，尤其在启动时，将主令控制器或凸轮控制器操作手柄从零位快速推到高速挡时，就会造成电动机的启动电流过大。为了克服操作随意性，常常用按某种原则的控制方法来切短电阻。图3-24是按时间原则控制切短电阻电路。这种电路就保证换挡的时间间隔，防止操作随意性所导致的电路过流现象。其工作原理请读者自行分析。

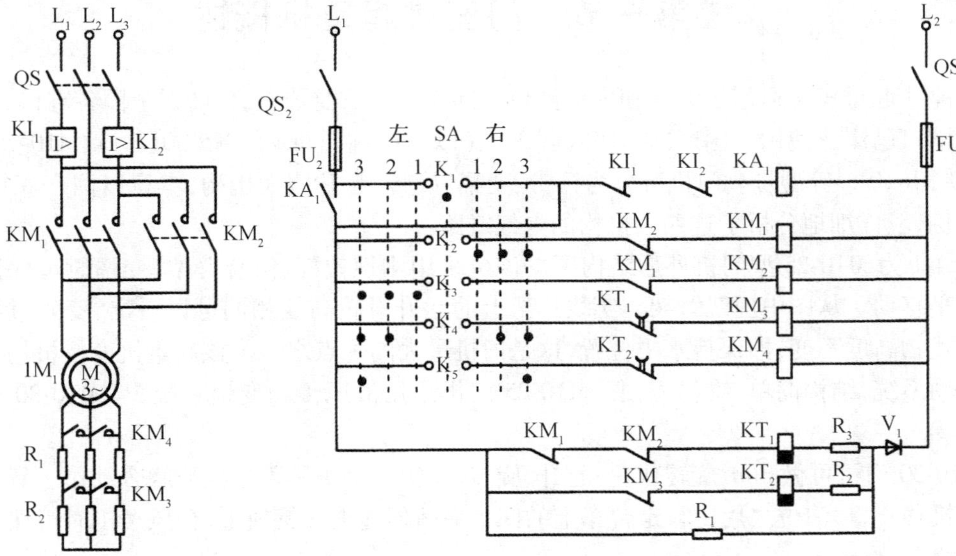


图3-24　按时间原则控制切短电对阻电路

# 第四章 门座式起重机的电气控制

## 第一节　门座式起重机概述

门座式起重机是适用于海港和内河港口装卸作业的重要器械,目前在全国各港口,特别是沿海港口已广泛使用。国产的门座式起重机(以下简称门机)有 M5-30(5 t)、M10-25(10 t)、M10-30(10 t)等型号。门机可分为行走、变幅、旋转、起升四大机构,本章以国产 M10-30 门机为例,较详细地分析了这四大机构的电气线路。

图 4-1 为 M10-25 型门机外形结构图。该机采用刚性拉杆、组合臂架,变幅时可保证货物沿水平移动。从图中虚线臂架与实线臂架上的起升滑轮高度相同可以看出,变幅过程中吊装的货物高度不变,即保持水平位置,这是门机最大的优点之一。该起重机变幅机构采用齿条传动系统,结构简单、维修方便。M10-25 门机采用液压传动变幅系统,与 M10-30 门机不同。

M10-30 门机可做 360°旋转作业,起升、旋转、变幅三个机构可单独或联合动作。行走机构供门机移仓口、泊位之用。行走台车上的四个夹轨器能夹在钢轨上,台风袭击时可保证门机的安全。

M10-30 门机的起升高度,在轨道面以上用吊钩作业时是 25 m,用抓斗作业时是 16 m,在轨道面以下的下降最大距离都是 15 m。门机总高为 45 m 左右,轨距为 10.5 m,可以通过两列火车。

该门机的起升速度是 60 m/min,变幅速度平均 52 m/min,行走速度为 26 m/min,旋转速度为 1.48 r/min。起升机构的电气设备中设有能耗限速下降装置,在装卸贵重及易碎物品时,下降速度可降低到 13.7 m/min。用起升主令控制器的下降第二挡或第三挡降落空抓斗时,电动机可以超同步运转,降落速度超过 60 m/min。

该门机有较完善的电力拖动控制系统和安全装置。各机构的拖动电机共 9 台,制动用电动机(配电力液压推动器)共 8 台,各种电器约 140 件。

传统的门机电控系统采用继电器—接触器控制方式,现代门机多采用 PLC—变频器控制方式,在下面各节中,我们将从两种控制方式中对门机的供电、行走、旋转、变幅、起升等几个方面对电气线路进行分析。

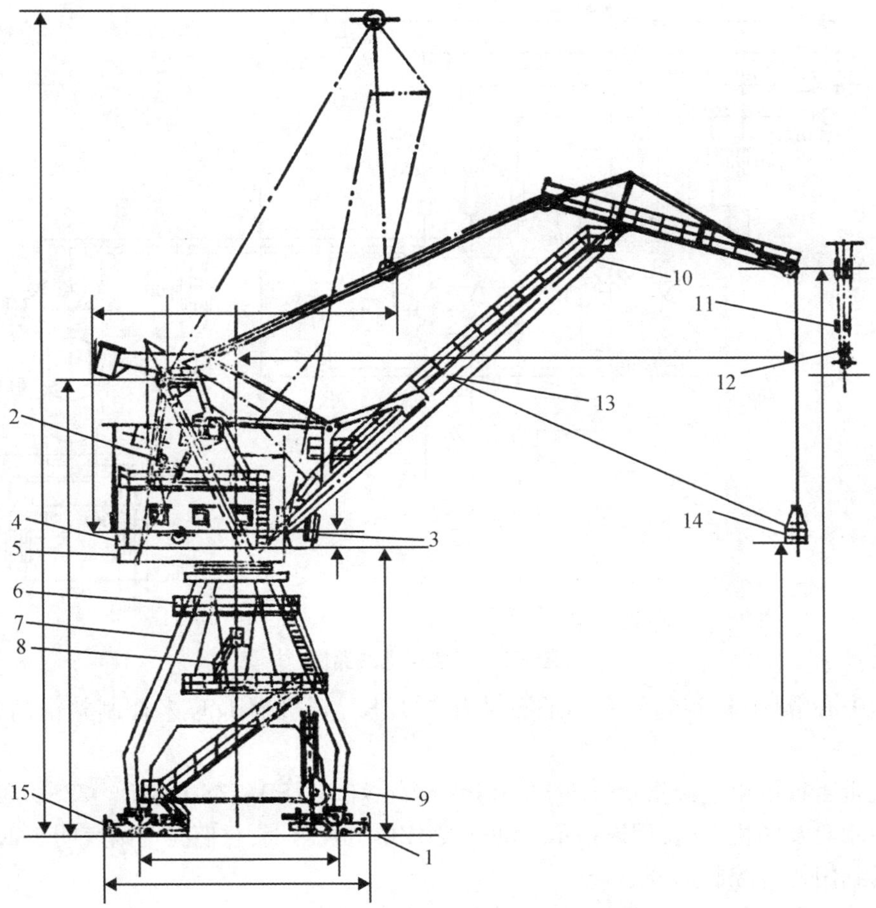


**图 4-1　门机的外形结构图**

1—行走机构;2—超负荷限制器;3—驾驶室;4—机器房;5—转盘;6—梯子平台;7—门架;8—转柱;9—电缆卷筒装置;10—起重臂系统及人字架;11—防转装置;12—吊钩;13—抓斗稳定器;14—抓斗;15—夹轨器

## 第二节　门机的继电器—接触器电控系统

### 一、门机的供电电路

门机供电有电缆沟式铲板滑触供电、电缆卷筒供电等方式。电缆沟式铲板滑触供电用在缓慢行走的巨型门机上,电缆卷筒供电方式的工程量小,只要码头上有足够容量的电源供电箱,便可接上电源,所以这种供电方式用得最多,它的缺点是供电线路长,电压降落大。M10-30 门机采用电缆卷筒供电,供电部分的电气线路如图 4-2 所示。

门机的电源是交流三相四线制 380 V/220 V,由码头电网上的电缆插座箱供给。缠绕在电缆卷筒上的四芯橡套软电缆,一端接于码头电缆插座,一端接于电缆卷筒的滑环 DLH 上(导线经过转动与不转动交接处时,要用滑环进行衔接),从 DLH 用电缆经过中心受电器

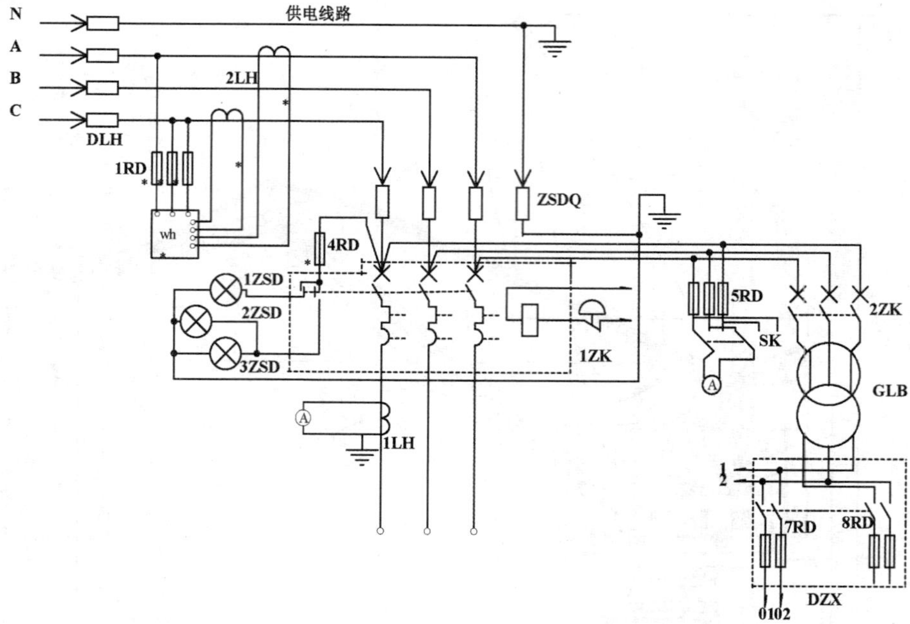


图 4-2　门机供电线路图

ZSDQ(即中心滑环)接到驾驶室内的自动开关 1ZK。司机用 1ZK 来控制整个门机的动力电源。

门机是否得电由电源指示灯 1ZSD 和运行指示灯 2ZYSD、3ZSD 显示。2ZSD、3ZSD 分别安装在控制箱及司机室内,用以指示自动开关 1ZK 是否合上,它们亮了则表明 1ZK 已合上,电源已送到门机各控制部分。

缠绕在电缆卷筒上的电缆,在门机行走时,利用门机的前进力将它拉出来(即放缆),收缆利用配重装置的位能或采用力矩马达将电缆卷绕在卷筒上。

在发生意外故障或事故时,可按下紧急停止按钮 JTA,切断整个门机电源。

门机的控制电源(~220 V)、照明用电,由专设的 4 000 VA 隔离变压器 GLB 供给,自动开关 1ZK 的失压脱扣器控制电源也由此变压器供给,2ZK 是照明总开关,照明控制开关箱 DZX 里面备有多路照明开关。

电流互感器 1LH 和电流表 A 指示门机的总电流用。电压转换开关 SK 和电压表 V 相配合,可测量电源中三相的线电压,看是否平衡。电流互感器 2LH 与三相电度表 wh 配合测量整个门机的用电量。

## 二、门机行走机构电气线路分析

门机每条门腿都有驱动小车和从动小车各一台,通过平衡梁与门腿相连。M10-30 门机上的四条门腿由四台电动机同时驱动。M10-30 门机行走机构主电路,见图 4-3。

三相闸刀开关 5DK 是隔电设备,5ZC、5FC 是电动机 5M1 ~ 5M4 的正、反转接触器,电流继电器 5LJ 作过流保护用。ZSDQ 是受电器,因为 5ZC、5FC、5DK、5LJ 都安装在会转动的机房内,而四台电动机安装在门腿上,所以它们之间的连接导线必须经过滑环。5YM1 ~ 5YM4 是电力液压推动器的油泵电动机。5RJ1 ~ 5RJ4 是电动机的一般过载保护用热继电器。为

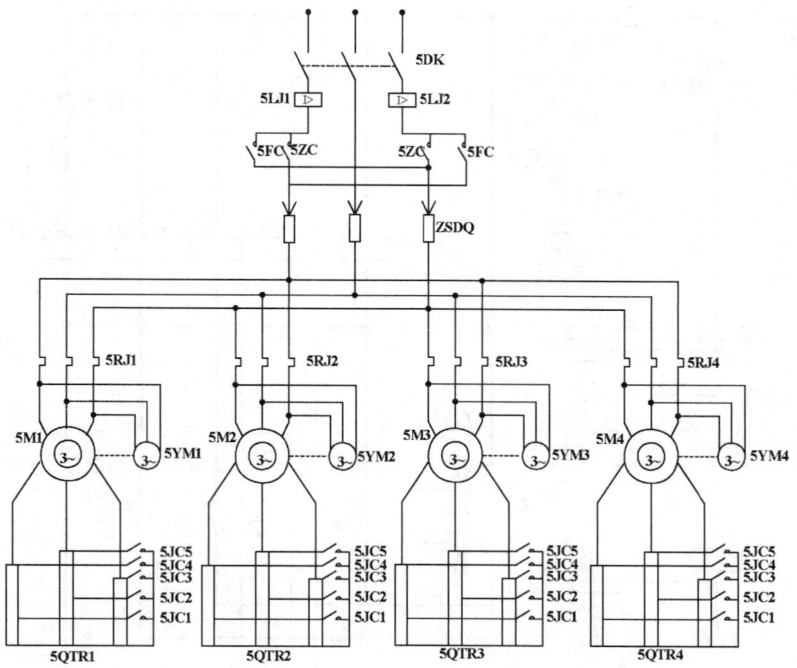


图 4-3　门机行走机构主电路

了限制行走电动机的启动电流,四台行走电动机的转子中分别接有三相不对称电阻 5QTR1～5QTR4,由 4 极的交流接触器 5JC1～5JC5 分五次短接。行走电动机的控制线路如图 4-4 所示。

行走机构用主令控制器 5LK 操纵。5LK 手柄置向前 3 位,5ZC 得电吸合,电动机 5M1～5M4 转子接全电阻启动,5ZC 的常开辅助触头闭合,重复延时时间继电器 5SJ 得电,到整定时间,一个 SCR(晶闸管)导通,5JC1 得电吸合,短接一段启动电阻,四台电动机都加速一次。5JC1 的常开辅助触头中,一对闭合自锁,另一对闭合为 5JC2 得电做好准备。待 5SJ 的又一个整定时间到了,另一个 SCR 导通,5JC2 得电吸合,短接第二段启动电阻,四台电动机又加速一次。5JC2 的常开辅助触头中,一对闭合自锁,另一对闭合为 5JC3 得电做好准备。5JC2 的常闭触头断开,避免形成寄生回路。由于 5SJ 重复延时继电器中的两个 SCR 交替导通,所以使得 5JC3、5JC4 和 5JC5 依次得电(5JC4、5JC5 同时得电),四台电动机获得第三、第四次加速,进入全速运行。5JC5 的一对常闭辅助触头断开,5SJ 停止工作。要停止前进,5LK 手柄回零,5ZC 失电释放,电动机 5M1～5M4 失电,操作制动器的油泵电动机 5YM1～5YM4 同时失电,抱闸制动,停止行走。

门机后退控制,5LK 手柄置向后 3 位,反转接触器 5FC 及各加速接触器 5JC1～5JC5 的得电过程与向前相同。停车过程也与向前一样。

为了防止主电路电源短路,5ZC、5FC 之间既有电气连锁保护,又有机械连锁保护。5LJ1、5LJ2 是线路短路保护的电流继电器触头,5RJ1～5RJ4 是电动机 5M1～5M4 的一般过载保护热继电器常闭触头。

DLK 是行程限位开关,起防止电缆被拉断的作用。当电缆放完时,它的常闭触头断开,切断控制电路。如果要反向行走,需将 5LK 手柄置反向位置,同时按下强迫收缆按钮 DLA,

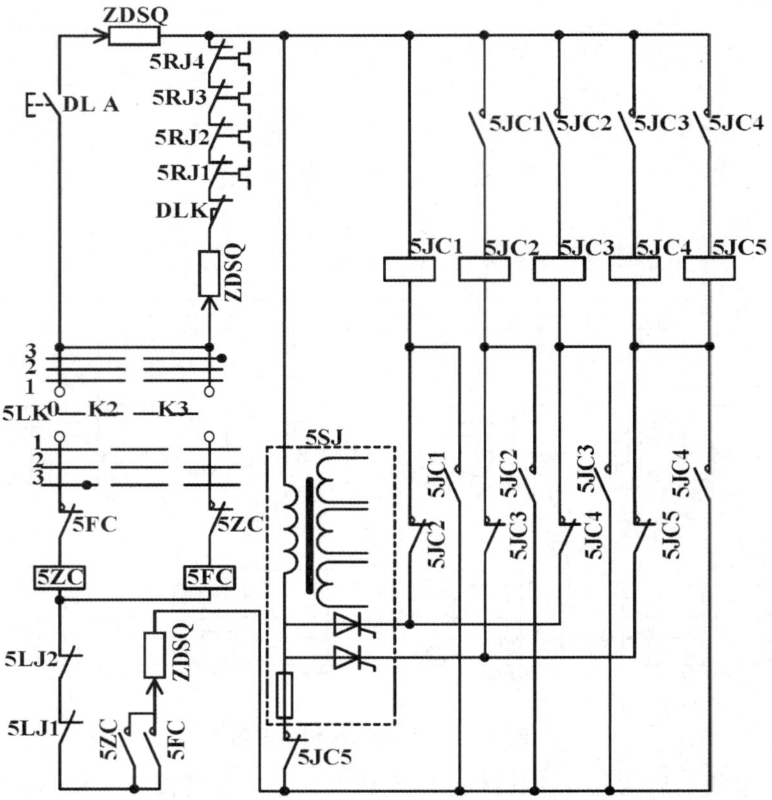


图 4-4 门机行走机构控制电路

使反向接触器得电,电动机反转,门机后退。待门机一后退,DLK 的常闭触头复原,控制电路就恢复到正常状态。

5LK、DLA、5ZC、5FC 及 5LJ1、5LJ2 均安装在可转动的司机室或机器房控制箱内,DLK、5SJ、5JC1~5JC6 及 5RJ1~5RJ4 均安装在门机支腿的上方或行走台车上的控制箱内,所以它们之间的连接导线要经过中心受电器 ZSDQ。

## 三、门机旋转机构电气线路分析

M10-30 门机旋转机构由两台电动机拖动,每台电动机的功率为 17 kW,它们是两台立式安装的电动机,分别安装在机房内两侧,同时拖动。为了使两台电动机同步,共用一套接触器。M10-30 门机旋转机构主电路,见图 4-5。

电动机的正、反转接触器是 4ZC、4FC。电动机 4M1、4M2 转子中串接有四级启动电阻,由加速接触器 4JC1~4JC4 依次短接。上述接触器都是四极的,一个接触器同时控制两台电动机。4LJ1~4LJ4 是过电流继电器,作过电流保护用。

图中没有绘出机构的制动器,因为旋转机构不是用电气制动。它采用脚踏液压开式制动器来制动,司机脚踏力量的大小,可控制旋转机构制动的快慢。

M10-30 门机旋转机构控制电路,见图 4-6。

旋转机构用主令控制器 4LK 操纵 3LK(变幅机构主令控制器)、4LK 的零位触头 K1 相串联,只有它们的手柄都在零位时才能接通控制电源,这也说明 3LK、4LK 是由同一个手柄来操作的。为了方便,以主令控制器 4LK 动作为中心,以门机的右旋为例进行线路分析。

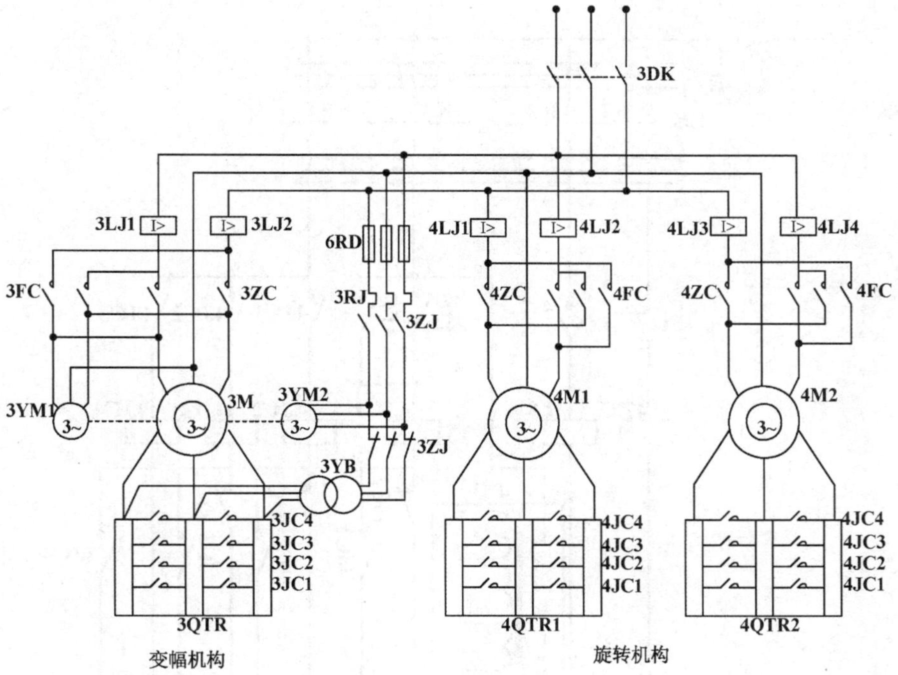


图 4-5　变幅、旋转机构主电路

操纵手柄在“零位”时,3LK、4LK 的 K1 触头闭合,电压继电器 3YJ 吸合并自锁。

4LK 的手柄从“零位”转到“右 1”位时,K2 触头闭合,接触器 4ZC 吸合,电动机 4M1、4M2 转子接全电阻启动,门机右转。4ZC 的常开辅助触头闭合,为 4JC1 的吸合做好准备。

当 4LK 的手柄从“右 1”位转到“右 2”时,K4 触头闭合,4SJ 得电开始工作,待整定时间一到,4JC1 线圈得电而吸合,两台电动机的第一级启动电阻被短接。同时,4JC1 的常开辅助触头闭合,一对为 4JC2 的吸合做好准备,一对自锁自身线圈回路。

当 4LK 的手柄从“右 2”位转到“右 3”位时,K5 触头闭合,4SJ 重复延时继电器的又一整定时间到达时,4JC2 得电吸合,4M1、4M2 的第二级启动电阻被短接。4JC2 的常开辅助触头闭合,一对为 4JC3 的吸合做好准备,一对自锁自身线圈回路。它的一对常闭触头断开,切断 4JC1 线圈与 4SJ 之间的电路,避免产生寄生回路。

加速接触器 4JC3、4JC4 在 4SJ 的控制下,相间 4SJ 的重复延时整定时间,依次得电吸合,短接两电动机 4M1、4M2 的第三级、第四级电阻,电动机进入全速运转状态。与此同时,4JC4 的常闭辅助触头断开 4SJ 电源回路,4SJ 停止工作。

由上述可知,短接电动机的第一、第二级启动电阻是由手动操作与时间继电器 4SJ 相结合来控制的,而第三、第四级启动电阻的短接是由 4SJ 控制自动完成的。

要使门机停止转动,可将主令控制器 4LK 的手柄转到零位,此时 4ZC 及 4JC1～4JC4 全部释放,电动机 4M1、4M2 失电,在液压开式制动器的制动下停转,电阻 4QTR1、4QTR2 又全部接入电动机转子中。

欲使门机左转,可将 4LK 的手柄从“零位”向“左”转动,电动机 4M1、4M2 的启动、加速、运转、停止等过程与右转相似。

旋转机构的保护措施。STK 是一个脚踏开关,在旋转刹车脚踏板的下面,在 4M1、4M2

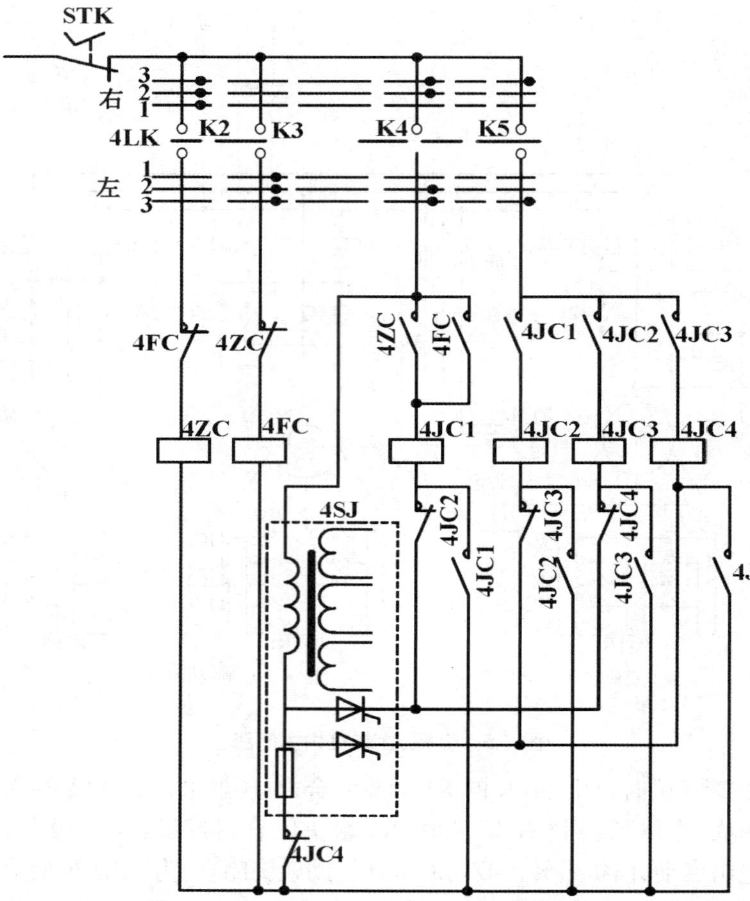


图 4-6　门机旋转机构控制电路

运转过程中,踩下旋转制动刹车脚踏板,便脚踏杠杆顶总泵活塞,将油通过导管压至制动器油缸,使制动臂收紧闸瓦,实现制动。当司机踏得轻时,电动机受到较小的制动力而减慢转速。当司机踏得过猛时,踏脚板压在开关 STK 上,使 STK 的常闭触头断开,切断整个控制电路,使两台电动机立即失电停转,这是为了避免电动机在受到较大制动力短时堵转而烧毁。此外,4LJ1、4LJ2 作过电流保护用,3YJ 作零压保护用,主令控制器的 K1 触头作零位保护用。4ZC、4FC 之间还有电气连锁保护。

## 四、门机变幅机构电气线路分析

变幅机构由吊臂系统、平衡系统和传动系统构成。

传动系统由一个封闭式三级圆柱减速箱和一级单齿条组成,为了消除和减少启动、制动时发生的冲击力和振动,齿条头部装有 10 个橡胶块和钢盘组成的橡胶缓冲装置。制动器由电力液压推杆操纵。

门机变幅是由电动机 3M 带动减速箱和单齿条传动机构来实现的。变幅机构的主电路如图 4-5 所示。

变幅用电动机 3M,经由三相闸刀 3DK,正、反转接触器 3ZC、3FC 从电网获得电能,其中两相电源线上串有过电流继电器 3LJ 的线圈,作为 3M 的过电流保护之用。3M 是

YZR250MA-8 型电动机，22 kW 电动机转子中接有 3QTR 启动电阻。3JC1-3JC4 是加速接触器。

3YM1、3YM2 是电力液压推杆上的油泵电动机，它们得电后制动闸瓦松开，3M 可以自由转动。为什么要两个液压推杆呢？因为齿条传动变幅是由齿轮减速箱的齿轮与齿条密切啮合完成的。由于惯性大，并且是钢质结构，如果制动太快，冲击力就很大。用两个制动器分两级先后制动，在第一级制动时，制动转矩较小，允许有一些转动，第二级制动时才完全停止，这样做使制动平稳。3ZJ 是控制 3YM 的中间继电器。3YB 是反馈变压器，它将电动机 3M 转子中的电能反馈给第二级制动器的控制油泵电动机 3YM2，使得 3YM2 在 3ZJ 失电切断电网电源的同时，接通了 3M 转子感生电流，3YM2 不会立即失电而彻底制动，而是从反馈变压器短期获得电能，3YM2 有一定的转速，抱闸仍可松开。随着时间的延长，转子感生电势降低，到不足以推动 3YM2 松开闸瓦制动器时，3M 被彻底制动。整个过程是连续的，过渡是自动的，制动是平稳的。6RD 是第二级制动器电气设备的短路保护熔断器，3RJ 是电动机 3YM2 的一般过载保护用热继电器。

变幅机构的控制电路如图 4-7 所示。

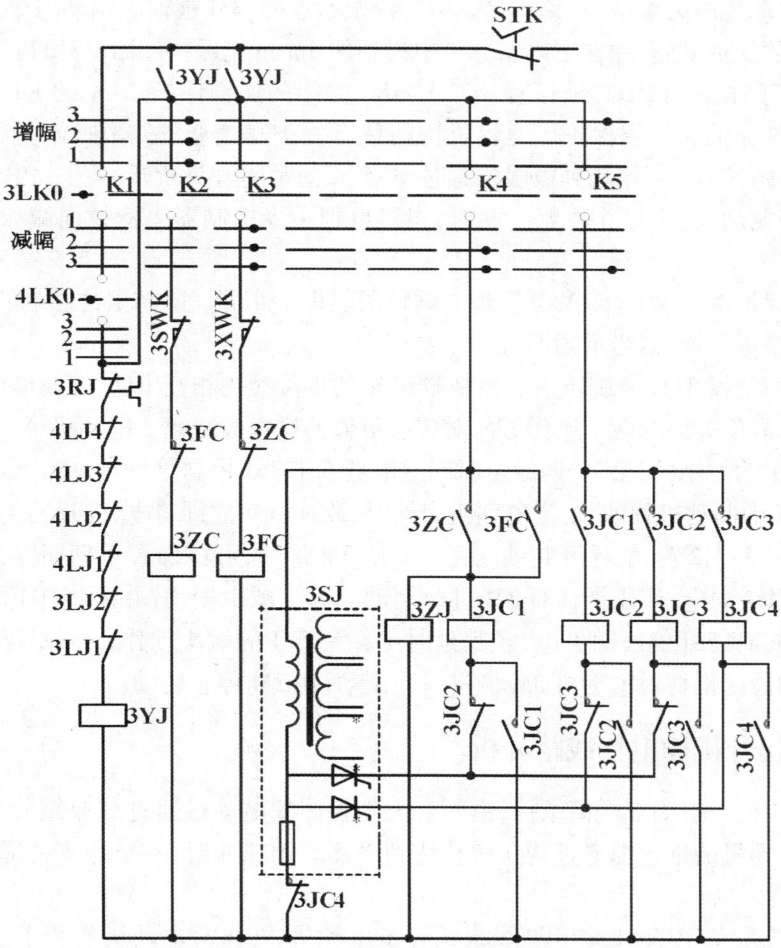


图 4-7　变幅机构控制电路

变幅机构主令控制器3LK与旋转机构主令控制器4LK的零位触头相互串联，电压继电器3YJ作零电压保护用。3LK手柄的两个操作方向对应起重臂的增幅或减幅。电动机3M的第一、二级启动电阻由手动操作3LK与重复延时继电器3SJ相结合来控制，使3JC1、3JC2得电吸合来短接的，第三、第四级启动电阻的短接，完全由3SJ控制，使3JC3、3JC4相间一段时间，依次得电吸合，自动完成。3M的启动、加速过程与旋转动机4M的相似，不再叙述。

电动机3M的制动过程如下：当电动机3M启动时，3YM1与3M同时得电松闸，3YM2在3ZC或3FC得电吸合后，电动机启动，转子中较高的感生电势经反馈变压器3YB，中间继电器3ZJ常开触头，立即得电松闸，电动机3M自由转动。在3LK手柄置增幅或减幅“第2位”时，K4触头闭合，3SJ得电，控制短接电阻。3ZJ得电，常闭触头断开，切断反馈变压器在电机3M得电期间始终松闸。需电机3M失电停车时，3LK手柄回零，3ZC或3FC失电，电动机3M、3YM1同时立即失电，3YM1操纵的闸瓦制动器对3M进行抱闸制动，为了减少振动，并未将3M制动到停转程度。与此同时，3ZJ失电，常开触头复原而断开，3YM2脱离电网电源，但3ZJ的常闭触头复原闭合，接通了3YM2与反馈变压器3YB电路，3YM2没有失电，它所操纵的制动器仍然处于松闸状态。随着3M转速的下降，转子感生电势降低，3YM2转速也下降，它产生的松闸力矩减小，到不足以维持松闸状态时，3M被彻底制动停车。

变幅机构的保护措施，除在主电路分析中提到的3M过流保护(3LJ1、3LJ2)，3YM2的热保护(3RJ)及短路保护(6RD)外，还有3ZC与3FC之间的连锁保护，3LK的K1触头与3YJ配合完成的零位保护和失压保护。变幅机构的特有保护是增幅、减幅限位保护。XWK与3SWK是变幅限位开关，当增幅到极限位置时，3XWK的常闭触头断开，3FC失电而释放，3M失电，进行分级制动，直至停止增幅。此时，司机可把主令控制器手柄拉向减幅位置，适当减幅。

减幅限位保护由3SWK承担，其原理与增幅限位保护相同。除超限位影响的方法，是将3LK手柄推向增幅位置，适当增幅即可。

变幅主令控制器3LK与旋转主令控制器4LK的零位触头相互串联，电压继电器3YJ作零电压保护用，3LK等柄的两个操作方向对应起重臂的增幅或减幅。电动机第一、二级启动电阻的短接是手动控制的，第三、四级由时间继电器6SJ、7SJ控制，自动短接。

电动机3M的制动过程如下：当电动机启动时，3ZJ1、5SJ立即得电，3ZJ2也立即得电，油泵电动机3YM1、3YM2转动，松开制动闸瓦。欲使3M停转，可将3LK手柄回零，3ZJ1释放，油泵电动机3YM1失电，液压推杆对3M进行制动。为了减少振动，并未将3M制动到停转的程度。与此同时，5SJ的线圈失电，经其延时1 s后，5SJ的触头动作，使3ZJ2释放，3YM2也失电，相应的液压推杆对电动机3M做进一步制动，使3M停止转动。

## 五、门机起升机构电气线路分析

门机起升机构一般为双卷筒结构，由两台大小相同的电动机通过减速箱分别拖动。用吊钩时，两台卷扬机的钢丝绳通过钩头滑轮达到平衡。用抓斗时，一个是支持绳卷筒，一个是闭合绳卷筒。

起升电动机是YZR-335LA-10型线绕式异步电动机，70 kW电动机的转子回路中串有启动—调速电阻。为满足装卸贵重易碎物品时需低速下降的要求，采用了能耗制动。电动机停车时由电力液压推杆制动。

起升机构主电路如图 4-8 所示。

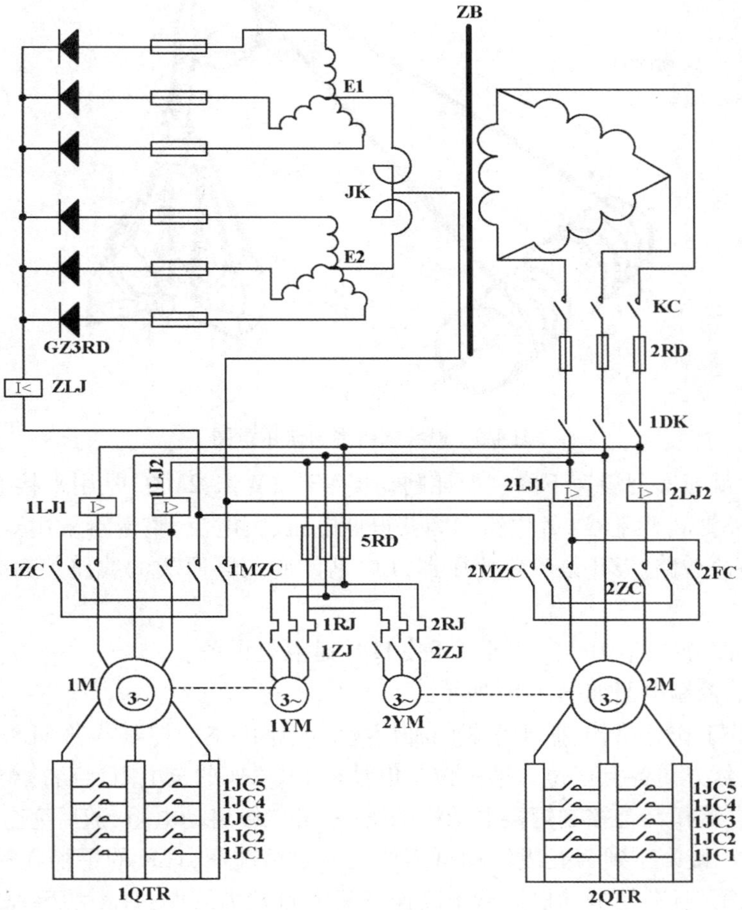


图 4-8　起升机构主电路

电动机的正、反转部分电动机 1M、2M 分别由 1ZC、1FC、2ZC、2FC 四个接触器进行正、反转控制。1LJ1、1LJ2、2LJ1、2LJ2 作过电流保护用。

启动电阻的短接:1M、2M 转子中串有五级启动电阻(不包括软化极),由四极接触器 1JC1～1JC5 进行短接,电动机最后带着软化级电阻运转,这能使两台电动机之间的负载分配比较平均。两个电动机的启动电阻分级由同一接触器短接,以利于同步加速。

电动机的制动:1YM、2YM 是电力液压推动器的油泵电动机,它们与 1M、2M 是向时得电与失电的。

在用抓斗时,由 1M、M 的分动来实现抓斗的开口和闭口。抓斗的钢丝绳连法如图 4-9 所示。

当拖动卷筒 A 的电动机按起升方向转动,拖动卷筒 B 的电动机不转时,抓斗闭口;当拖动卷筒 A 的电动机按下降方向转动,卷筒 B 不动时,抓斗开口。抓货物时,为了抓满,拖动 B 卷筒的电动机虽然不转,但它的抱闸应松开(即 1ZJ、2ZJ 都吸合),在抓斗开口放落货物时,对拖动 B 卷筒的电动机必须实行抱闸制动,否则抓斗会坠落。

能耗限速:在下降贵重易碎物品时,为减少冲击力,下降速度要慢,这由能耗限速装置来完成。在 1M、2M 电动机的交流电源被切断后,立即在定子中通以直流电流,使电动机处在

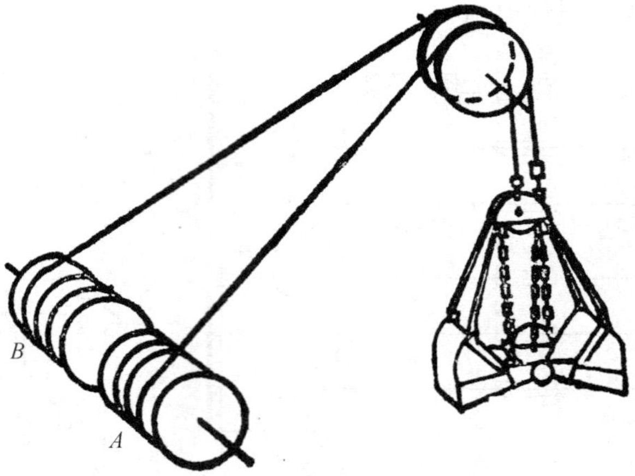


图 4-9 抓斗钢丝绳连法示意图

能耗制动状态,就能实现慢速下降。能耗制动接触器 1MZC、2MZC 是用来接通直流电源的。直流电源由二极管硅整流器 GZ 供给。为获得低电压、大电流,整流器采用双反星形带平衡电抗器 JK 的整流线路。ZB 是整流变压器,KC 是该变压器原边的线路接触器,ZLJ 是直流过电流继电器。

此外,起升部分线路中的三相闸刀开关 1DK 是隔电设备。

起升机构的控制电路如图 4-10 所示。

起升机构的工作分吊钩、抓斗作业两种情况。线路由主令控制器通 1LK 操作。1LK 的手柄位置在升、降方向各有三位。第一位是电动机 1M、2M 的全电阻启动,第二位、第三位是手动与时间继电器相结合控制短接电动机的第一、第二级启动电阻,随后完全由重复延时继电器 1SJ 控制,短接第三到第五级启动电阻。在通常情况下,1LK 的手柄在第一、二位稍停后,应立即推到第三位,使电动机运行于高速。只有特殊需要时,1LK 的手抓在第一位或第二位短时停留,使电动机短时间低速运转,达到调速目的。下面分吊钩作业和抓斗作业两种情况进行分析:

**1. 用吊钩作业时线路的工作原理**

使用吊钩时,选择开关 1HK 应转至“吊钩”侧。1LK 的手柄在零位时,K1 触头闭合,1YJ 吸合并自锁,接通控制电源。一时间继电器 1SJ1 的线圈得电,它的延时断开常开触头瞬时闭合,为 1ZC、2ZC 的吸合做好准备。

(1)电动机的启动:1LK 手柄从“零位”拉到上升第一位时,K2、K3 触头闭合,1ZC、2ZC 吸合,电动机 1M、2M 得电。与此同时,1ZC、2ZC 吸合而使 1ZJ、2ZJ 也得电吸合,1YM、2YM 得电,松开抱闸。电动机 1M、2M 转子接全电阻启动并带动吊钩上升。

(2)短接启动—调速电阻。将 1LK 的手柄拉到第二位时,K5 闭合,1SJ3 得电开始工作,待整定时间到达时,1JC1 得电吸合,1M、2M 的第一级电阻同时被短接。若 1LK 的手柄暂停于此,电阻不再被短接,电动机低速运行。若 1LK 手柄拉至第三位,K6 触头闭合,在 1SJ3 整定时间到达时,1JC2 得电吸合,短接第二级 1M、2M 转子外接电阻。随后便在 1SJ3 的控制下,周期性的重复延时,依次使 1JC3、1JC4、1JC5 吸合,1M、2M 的启动电阻中的第三、四、五级,相距间隔同样长短的时间逐步被短接,手动和自动相结合的短接电阻过程完毕,电动机进行全速运转。1JC5 的常闭触头断开,1SJ3 失电而停止工作。

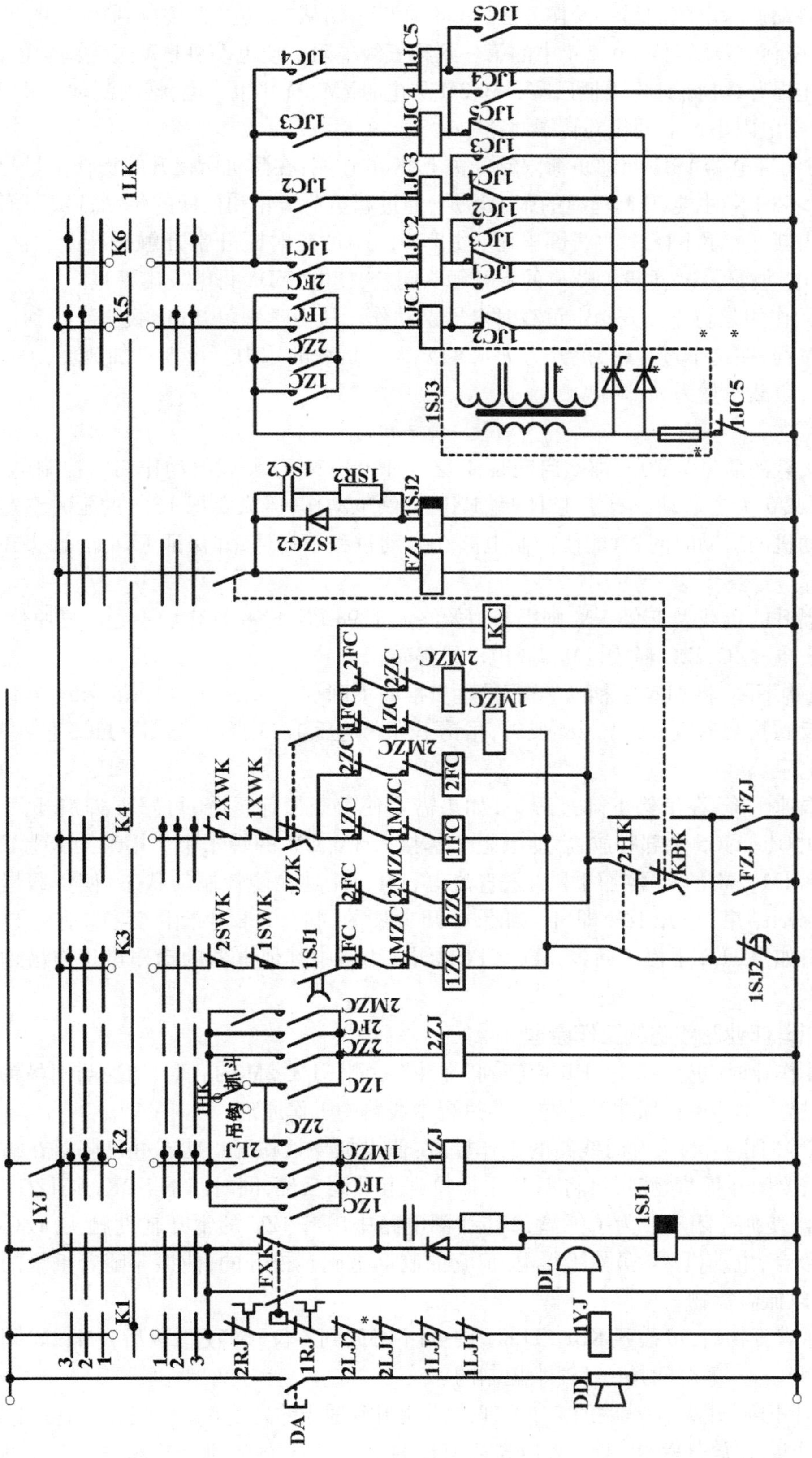

图4-10　起升机构控制电路

短接启动调速电阻的另一操作方法，是将 1LK 手柄从“零位”直接拉到第三位，此时完全由 1SJ3 控制，自动短接 1M、2M 中的第一到第五级电阻。使电动机自动过渡到全速运转。

要停止提升，可将 1LK 手柄回零，1M、2M 失电，1YM、2YM 也失电，抱闸制动，1M、2M 停转，全部启动电阻串入电动机的转子回路中。

(3)时间继电器 1SJ1 与超负荷限制开关 FXK 的作用：在门机所提升的货物重量超过允许值，如 $P>98$ kN 时，起升钢丝绳的张力增加，通过超负荷滑轮和杠杆的传动，FXK 动作，它的常闭触头断开，切断 1SJ1 的线圈电源，过 3 s，1SJ1 的延时断开常开触头断开。使 1ZC、2ZC 释放，电动机停转。同时，FXK 的常开触头闭合，使电铃 DL 得电发出警报。

1SJ1 的作用是防止提升额定负载时电器误动作。从力学中可知，负载从静止到运动是一个加速过程，在这个过程中，提升力 $F$ 必然要大于负载的重力。设上升加速度为 $a$，负载重力为 $mg$，负载质量为 $m$，则：

$$F = mg + ma$$

如果负载的质量为 10 t，那么启动时，F 必大于 98 kN，FXK 就要动作切断控制电路；使电动机 1M、2M 无法启动。有了 1SJ1 后，FXK 虽然也动作，但只要把 1SJ1 的延时整定时间稍大于电动机的启动时间，就能使控制电路在启动过程中畅通，并保证 FXK 的触头在这段时间内复原。

如果提升的负载大于 98 kN，则提升力始终大于 98 kN，FXK 动作后不会恢复原位，1SJ1 线圈始终失电，1ZC、2ZC 释放，1M、2M 电动机停转。

(4)吊钩下降：将 1LK 手柄从“零位”逐步推向下降一、二、三位，K4、K5、K6 先后闭合，1FC、2FC 反转接触器吸合，1M、2M 反转，吊钩下降。随后 1SJ3 得电，1JC1～1JC5 依次吸合，短接启动电阻。

能耗限速下降：在吊钩下降过程中，如果需要使负载慢速下降，可踩下脚踏开关 JZK，1FC、2FC、1JC1～1JC5 全部释放，启动电阻全部接入 1M、2M 的转子中。接触器 KC、1MZC、2MZC 吸合，1M、2M 的定子绕组中通入直流电，1M、2M 处在能耗制动状态，使负载慢速下降。能耗制动结束，松开 JZK 即可。如果松开 JZK 的同时，1LK 手柄回零，电动机 1M、2M 停转、制动；如果 1LK 手柄不回零，1FC、2FC 得电，线路中其他电器的动作过程与吊钩下降时间相同。

**2. 用抓斗作业时线路的工作原理**

用抓斗作业时，选择开关 1HK 应转到“抓斗”一侧。1M、2M 的启动、加速与用吊钩作业时一样，这里主要分析在抓斗开斗与闭斗过程中线路的工作原理。

(1)抓斗“闭斗”与上升时线路的工作原理：假设抓斗处在开口状态并已降落在被抓货物的上面。要闭斗抓货物时，可将 1LK 手柄拉到上升第三位，同时踩下 KBK，则 1ZC 吸合，2ZC 不吸合，使抓斗闭斗。为了抓满，2ZJ 线圈电路中串有 1ZC 的常开辅助触头，1ZC 吸合后，2ZJ 也吸合，电动机 2M 虽然不得电，但它的制动抱闸是松开的，使抓斗随着重量的增加自动下沉，以抓满货物。

抓斗抓满货物后，可松开 KBK(1LK 的手柄不必回到零位)，经过 1 s 后，1M、2M 同时启动，抓斗上升。1 s 的时间是由 1SJ 来控制的。

(2)抓斗下降“开斗”时线路的工作原理：抓斗上升到适当的高度并旋转到放落地的上空时，就要下降“开斗”以放落货物。操作者应先把 1LK 的手柄回零，再推到下降第二位，电动机 1M、

2M 按下降方向运转，抓斗下降到适当位置时，操作者可踏下 KBK，2FC 释放（2HK 处在图 4-10 中所示的状态），2M 停转并制动，使抓斗停止在空中，1M 继续运转，抓斗“开斗”，放下货物。

从上述可知，脚踏开关 KBK 是为了实现 1M、2M 的分动而设置的。2HK 是电动机 1M、2M 分动的转换开关，操作者根据抓斗钢丝绳的连接方法，利用 2HK 可以从 1M、2M 中选择一台作为开、闭斗电动机。

（3）时间继电器 1SJ2 和 FZJ 起分动继电器的作用：它们两者相互配合，可以保证电动机 1M、2M 在抓斗“开斗”或“闭斗”过程中，两电动机分动后重新启动时同步若需要 1M、2M 两电动机分动时，踏下 KBK 后，1SJ2 和 FZJ 线圈同时得电，FZJ 常开触头闭合，1SJ2 延时闭合常闭触头瞬时断开，1ZC 或 1FC 仍可得电吸合，1M 与 2M 分动。松开 KBK 后，1SJ2、FZJ 立即失电，FZJ 常开触头瞬时断开，1SJ2 的常闭触头延时闭合，未闭合前 1ZC 或 1FC 也失电，待 1SJ2 的整定时间 1 s 到时，触头闭合，IZC、2ZC 或 1FC、2FC 同时得电，电动机 1M、2M 得电同步启动。

**3. 线路中的保护措施**

线路中除了过电流、零压、连锁保护外，还设有超负荷、限位保护。超负荷保护的原理已在起升机构的工作原理中详细分析过，这里仅对限位保护做说明。

起升钢丝绳的卷筒有左右两个。在左卷筒的左侧和右卷筒的右侧，都装有上升限位开关 1SWK、2SWK，它们的常闭触头串联在 1ZC、2ZC 的线圈电路中，在左卷筒的右侧和右卷筒的左侧，都装有下降限位开关 1XWK、2XWK，它们的常闭触头串联在 1FC、2FC 的线圈电路中。当吊钩或抓斗运行到极限位置时，钢丝绳推动滑杆，使相应的限位开关动作，切断控制电路，从而停止上升或下降。

## 第三节　门机的交流变频调速系统

### 一、门机交流变频调速系统简介

从电气上分，全变频门座式起重机由以下几部分组成：

**1. 主传动电路**

向各传动装置输出电能的电路和器件，如电源断路器、熔断器、交流接触器、进线电抗器、变频器、热继电器等。

**2. 控制电路**

为实现主电路预定的控制顺序而传递指令，实现连锁保护并执行切换控制的电器和器件，习惯上称为二次回路，例如各种主令电器、行程开关、接近开关、PLC 装置等。

**3. 指示及信号电路**

为控制过程和连锁、报警需要提供各种指示信号的电路和电器，如指示灯、电笛、音响器、监控系统等。

从机构上来分，可由起升机构、变幅机构、回转机构、行走机构等部分组成。全变频门式起重机主要是指这四大机构的传动是由变频调速来完成的。

变频调速组成的系统分为单传动和多传动。单传动指三相电源经变频器接至电动机；多传动指三相电源经整流（或整流/回馈）装置将电源变为直流电，通过接在直流母线上的逆变器,向各个电动机供电。

在门座式起重机上有采用全变频调速的,也有部分机构采用变频调速的,各机构变频调速的方法类似,只有起升机构控制较为复杂。

门座式起重机起升机构的控制特点是,每一台起升电动机通常要配置独立的变频器来实现控制。据调速精度的要求,可采用闭环矢量或开环矢量控制,采用闭环控制,需要用光电旋转编码器。矢量速度控制范围在 1 : 100 以上,速度控制精度±0.2%,启动转矩 1 Hz 时 150%,控制方式根据需要可采用频率控制或转矩控制。50 Hz 以下实现恒转矩调速,50 Hz 以上实现恒功率调速。恒功率调速方法有两种:一种是通过变频器内部计算负荷大小,在变频器内部编制程序来实现;另一种是通过对变频器输出电流大小进行检测,在 PLC 内进行演算,再对变频器进行控制来实现。

对于抓斗门座式起重机,控制系统还有下述特殊要求:

(1)速度和转矩平衡

为保持起升和开闭机构同步运行,系统需设置速度平衡和转矩平衡环节,在抓斗上升或下降时,采用频率控制、转矩补偿方法来实现同速、同转矩。

(2)自动开闭斗控制

通常的继电器控制系统,控制开闭斗和起升的时机完全靠司机的估计和熟练程度,一般说来,开闭电动机易造成过载,利用光电编码器的位置检测的绳差信号输入 PLC 装置,可以实现开闭斗的自动控制。为了动作可靠,门座式起重机上电后,先要模拟操作一次,用手动标定开关标定一次开斗和闭斗起升的绳差,并储存于 PLC 中,以后正常作业就由 PLC 根据模拟标定的绳差行程控制开闭斗和起升的全过程。在设定过程中,可以在开斗和闭斗实测脉冲数之前,设定一个开闭斗减速预定范围,使开闭斗在终点前可以先自动减速,减小冲击振动,保持操作平稳,减少机械损伤。

## 二、门机变频调速系统原理分析

图 4-11 是某门机调速系统的网络拓扑结构图。系统主要由 1 套 PLC、4 台变频器、1 台

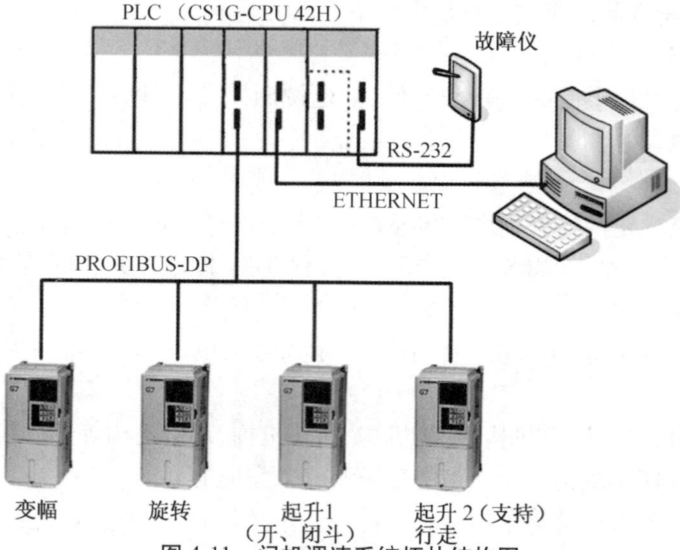


图 4-11 门机调速系统拓扑结构图

工控机、联动台和1台故障仪组成。其中PLC选自OMRON的CS1G系列，CPU采用了CPU42H，PLC选用了两个通信模块，一块为以太网模块（CS1W-ETN21），可与互联网相连；另一块为PROFIBUS模块（CS1W-PRM21），同4台变频器相连，PLC为PROFIBUS主站，4台变频器为从站，数字量输入模块6块，数字量输出模块2块，均为16点；变频器选用安川的VS G7系列，门机的变幅、旋转机构各自独立使用1台变频器，起升机构按照吊钩和抓斗两种工况设计要求由两台变频器控制，其中作为起升支持变频器和行走机构共用；PLC的CPU上的RS-232串口同现场的故障仪相连，故障仪监视整个系统的运行状况。

**1. 控制系统的主电路**

图4-12为电控系统主电路原理图，主要由电压、电流检测电路、辅助电源控制电路及四个机构的交流变频调速系统构成。

现以起升1/行走机构为例说明调速系统工作原理。变频器外围接线的说明：

图中H1Q1为调试系统总开关，控制变频器、电动机风机、电动机抱刹的电源；变频器端子S5、S6分别为控制起升/行走切换、速度/力矩切换的开关量输入点（也可通过PROFIBUS现场总线控制）；SI-P为PROFIBUS现场总线输入卡；B1/B2为变频器外接能耗电阻；PG-B2为编码器信号输入端，作为速度反馈；M1/M1为变频器运行的指示（开关量）；MA/MC为变频器故障指示（开关量）；变频器的输出电压通过交流接触器的切换分别控制起升、行走电机。

调速系统用的是基于PROFIBUS-DP现场总线的变频器，PROFIBUS-DP现场总线是一种全数字化、双向、多站的通信系统，用于分散外设的高速数据传输，其特点是最小化的响应时间和高抗干扰性。按照PROFI-BUS总线协议完成通信功能，各站点之间只需一根RS-485双绞电缆连接，传输波特率为9.6~12 000 kb/s，传送距离长，能连接多个用户。基于PROFIBUS现场总线的变频器可以很方便地在PLC、各机构调速系统及工控机之间实现互联，可以完全实行数字化控制，同时二次控制回路设计简洁，可靠性大大提高。本系统选用的OMRON PLC和安川VS G7变频器在目前国内港口应用较为广泛，两者在传动控制系统中的合理组合，是一种较好的选择。安川变频器和其他厂家生产的变频器一样，不能直接接入OMRON PLC的PROFIBUS-DP网络，而必须通过专用的接口卡并需要相应的配置软件。安川VS G7变频器配置的用于PROFIBUS-DP网络通信的SI-P1接口卡已是安川公司推出的第二代产品，SI-P1卡可用于安川变频器的G5、F7和G7三个系列。当用于VS G7系列时，将其插入变频器的2CN插槽中，并用DP总线电缆和总线连接器与PROFIBUS-DP的主站（这里为OMRON PLC的CS1W-PRM21模块）的DP口相连接。

PROFIBUS-DP的应用，主要目的是在主站（PLC）和从站（变频器）之间进行数据通信，通过主站可监视变频器的运行状态，也可设置和改变其内部参数。

在进行PROFIBUS通信调试前，必须做好以下设置：

（1）PROFIBUS-DP从站地址设置：4台变频器作为从站，每个从站必须有一个唯一地址，从站地址在SI-P1卡上设置，SI-P1卡有两个地址开关，分别设置地址的个位和十位，旋转这两个地址开关，就可确定该从站地址，PROFIBUS通信建立后，PLC自动获取该地址。

（2）设定通信速率：当在PROFIBUS-DP网的主站（PLC的CPU）上设置了通信速率后，网络上的各SI-P1卡的通信速率也就自动设置了。通信速率可在9.6 kb/s~12 Mb/s之间设置，通常设置为1.5 Mb/s。

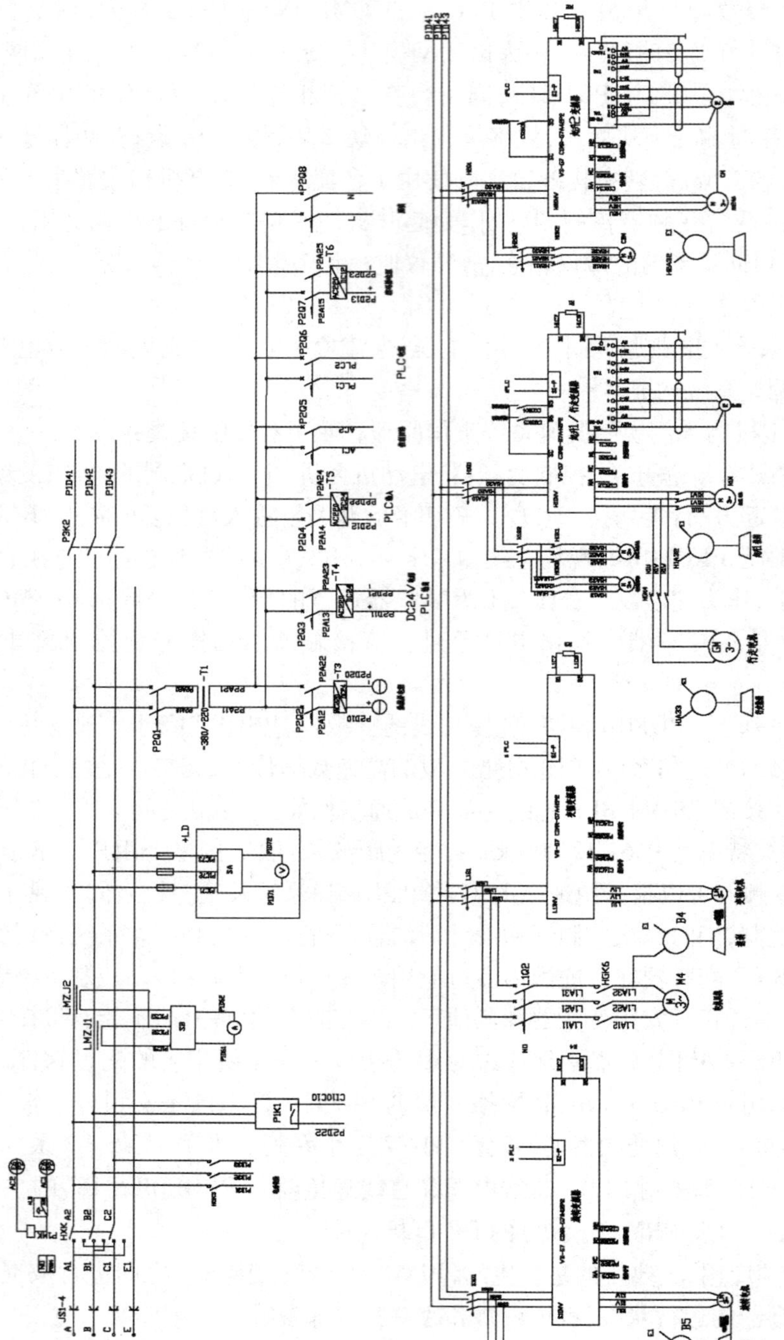


图4-12 控制系统的主电路

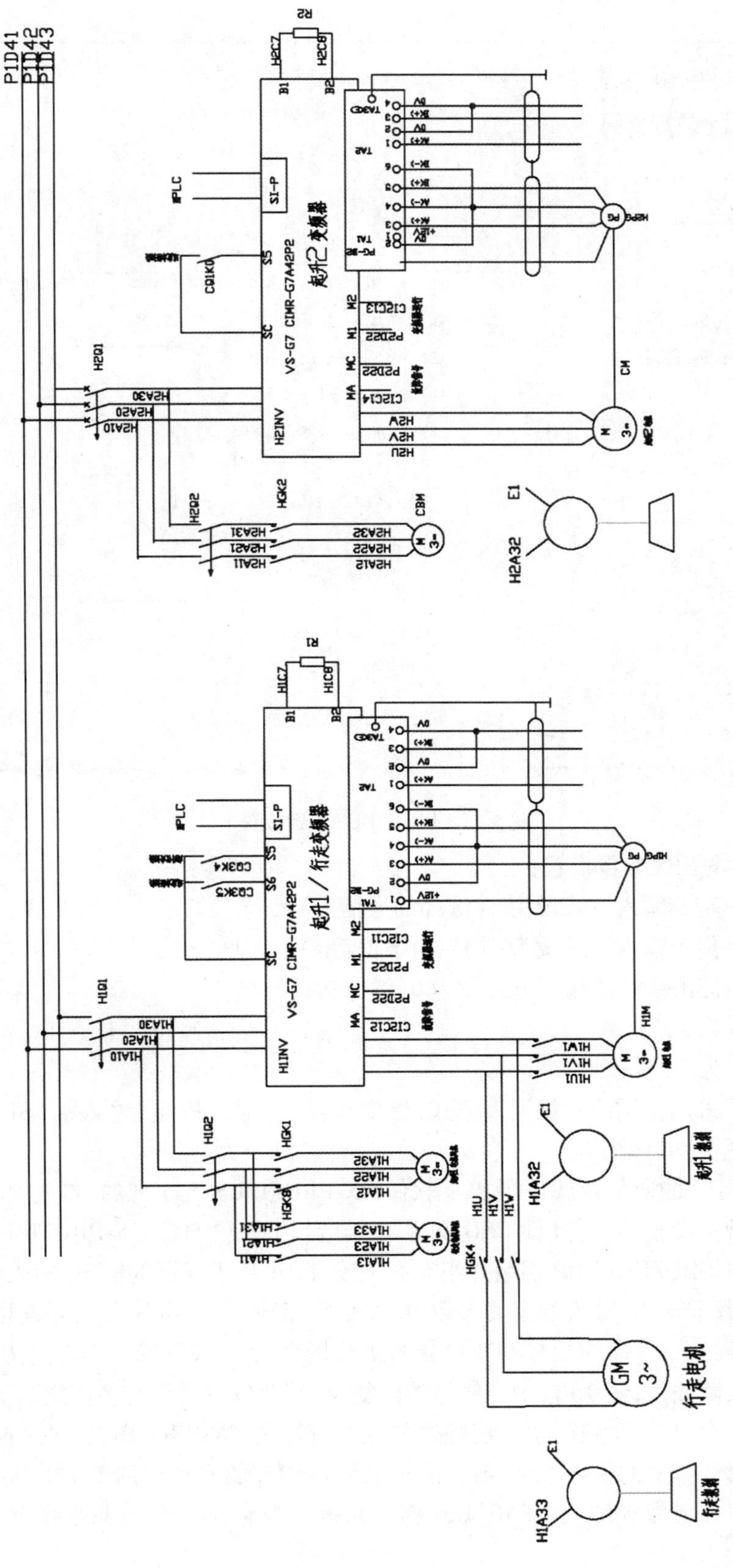


图4-13　起升机构主电路

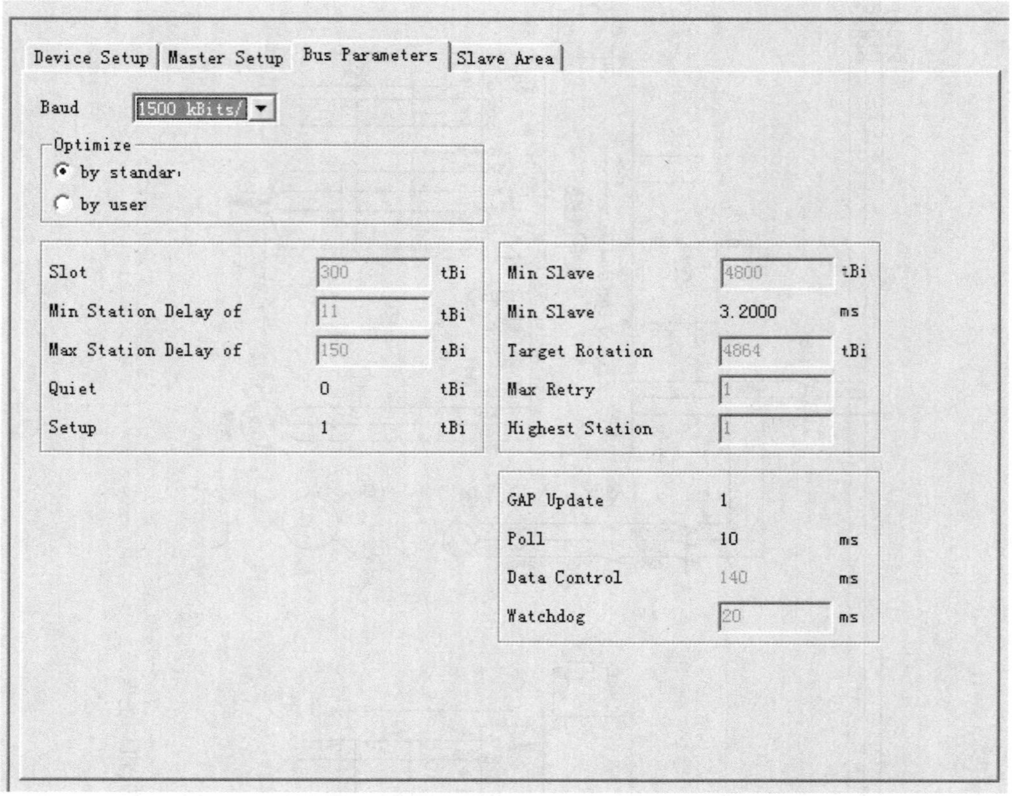


**图 4-14　PROFIBUS 参数设置**

(3)变频器的相关参数设置:

B1-01:频率基准输入方式设为 3(选择的通信卡);

B1-02:运行指令输入方式设为 3(选择的通信卡);

F6-01:当通信出错时的输入方式设为 0(继续运行);

F6-02:设置为 1;

F6-03:设置为 3。

虽然主设置采用了网络数据通信方式,但变频器的“非常停止”输入端(S12)在任何运行指令输入方式下均有效。

PROFIBUS-DP 的通信调试是在 PLC 软件 CX-PROFIBUS 上实现的,首先要将变频器厂家提供的通用数据源描述文件(即 GSD 文件)下载到 PLC,再通过 CX-PROFIBUS 软件的硬件配置功能配置 PROFIBUS-DP 网络并组态有关硬件,并对变频器的输出/输入数据地址进行分配。G7 变频器输出/输入的有关参数由 16 个字组成,每个字的含义可查相关手册,常用的是前两个字,第一个字主要控制变频器的执行指令,其中第 1、2 位控制电机运行方向,第 9 位为外部故障输入,第 10 位为变频器故障复位,其余位主要是对多功能端子的定义;第二个字为频率指令,控制电机转速。变频器的数据可通过 CX-PROFIBUS 软件查看,图 4-15 为本系统调试时变频器的输入数据,数据的首地址为 PLC 的 CIO 区的 1 000,从表中可以看出第 1、2 字数据分别为 0002 和 0FA0(Hex 格式),表示当前电机反转,频率指令为 40 Hz(速度设置分辨率为 1/0.01 Hz)。

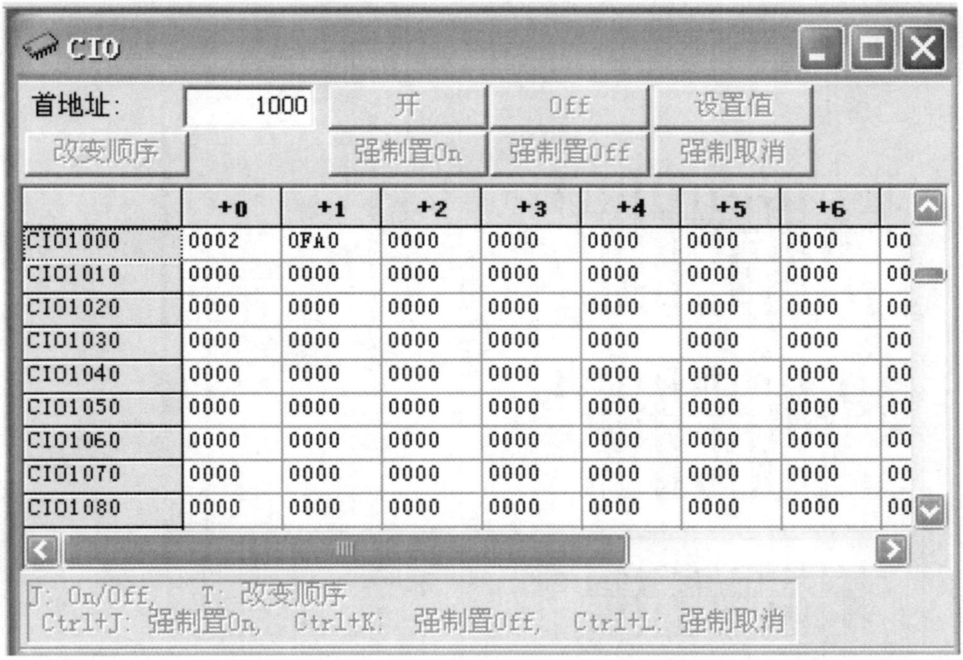


图 4-15　变频器输入数据区

**2. 系统控制电路**

图 4-16 为系统的控制电路原理图，主要包括 PLC 的 I/O 接口电路和二次控制回路，PLC 的输入模块有 6 块，其输入由限位、按钮、开关、辅助触头、主令等数字开关量组成，输出模块有 2 块，主要控制接触器、继电器、指示灯等；二次控制回路主要控制主电源及大功率接触器。

**3. PLC 软件的设计**

变频器的控制是由 PLC 实现的，下面以变幅机构为例，说明 PLC 软件的编制方法。

通过 SI-P1 通信卡设置的变幅机构的变频器从站地址为 2，输入数据的地址范围为 CIO1000～CIO1015，输出数据的地址范围为 CIO3000～CIO3015，根据 G7 变频器 PROFIBUS-DP 手册中的定义，电机运行状态由 CIO1000 字控制，频率指令由 CIO1001 控制。控制变频器的主要指令见图 4-17 和图 4-18。

**4. 全变频调速系统特点**

变频系统与直流传动方案相比，可以不用结构复杂、价格昂贵和难以维护的直流电动机，而选用方便、节能、经济的交流电动机。

变频系统与常规电气控制方案相比，省去了正、反转交流接触器和加速接触器。

电动机加、减速时间可调整，可实现系统的软启动、软停止、速度变化平滑、运行平稳、低速性能稳定。

满足起升机械对调速硬度，低频转矩特性及四象限运行的要求。调速精度高，调速范围大。

能实现多种控制方式：频率（速度）控制、转矩控制、PID 控制、零伺服控制。采用矢量控制闭环方式，0 Hz 时起升电动机也能以额定转矩输出，实现零速抱闸，可以减少制动器闭合时的振动及抱闸磨损。

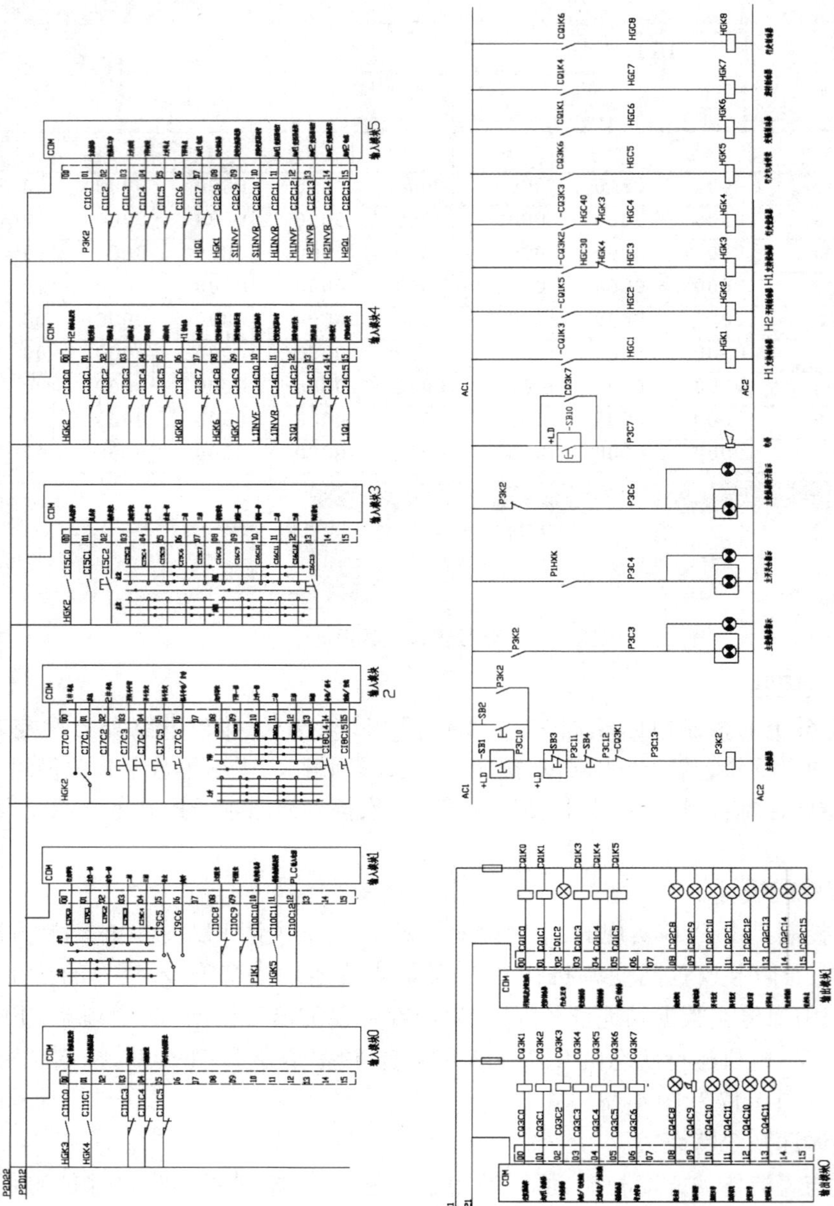

图4-16 门机控制电路

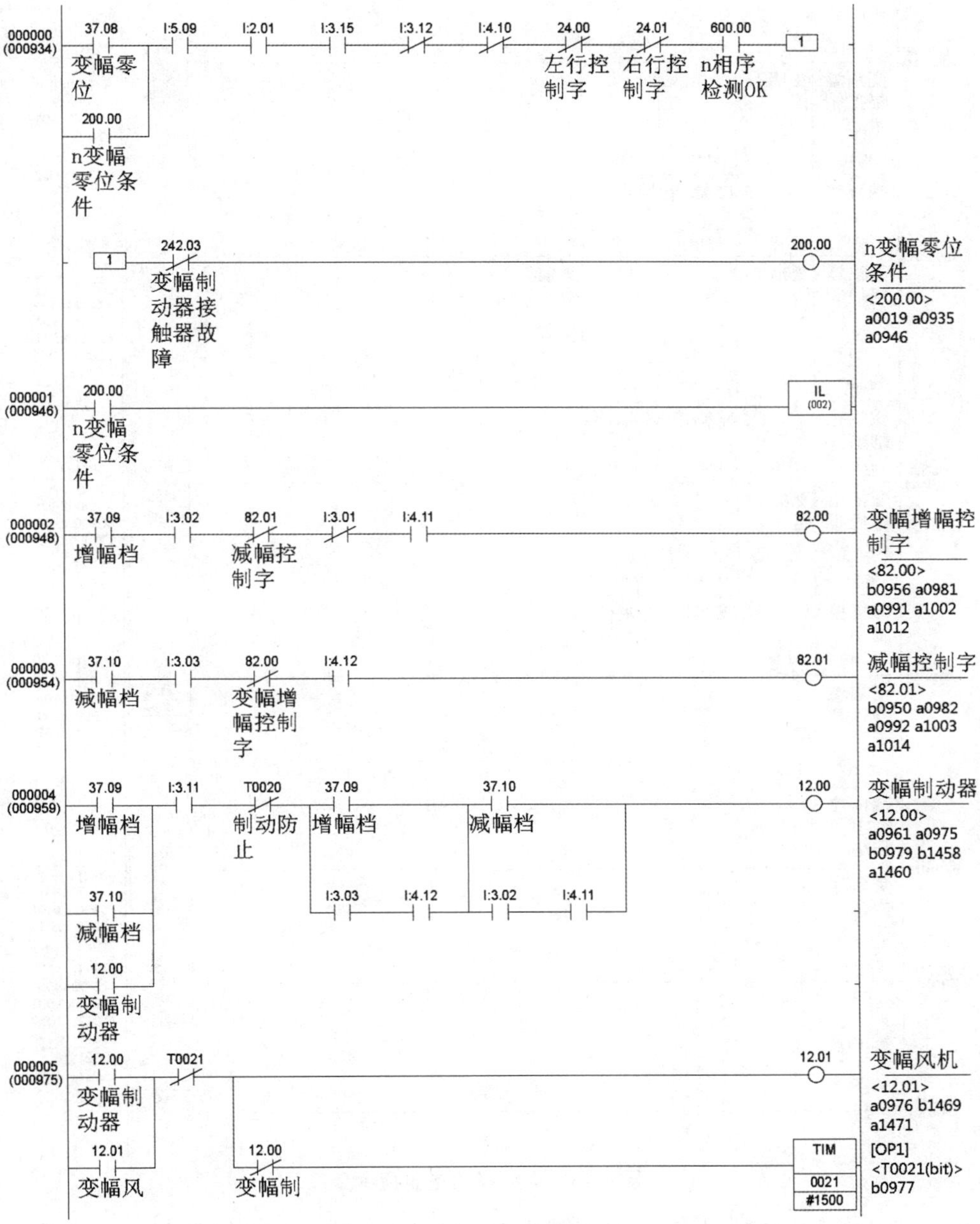


图 4-17　变频器的主要指令 1

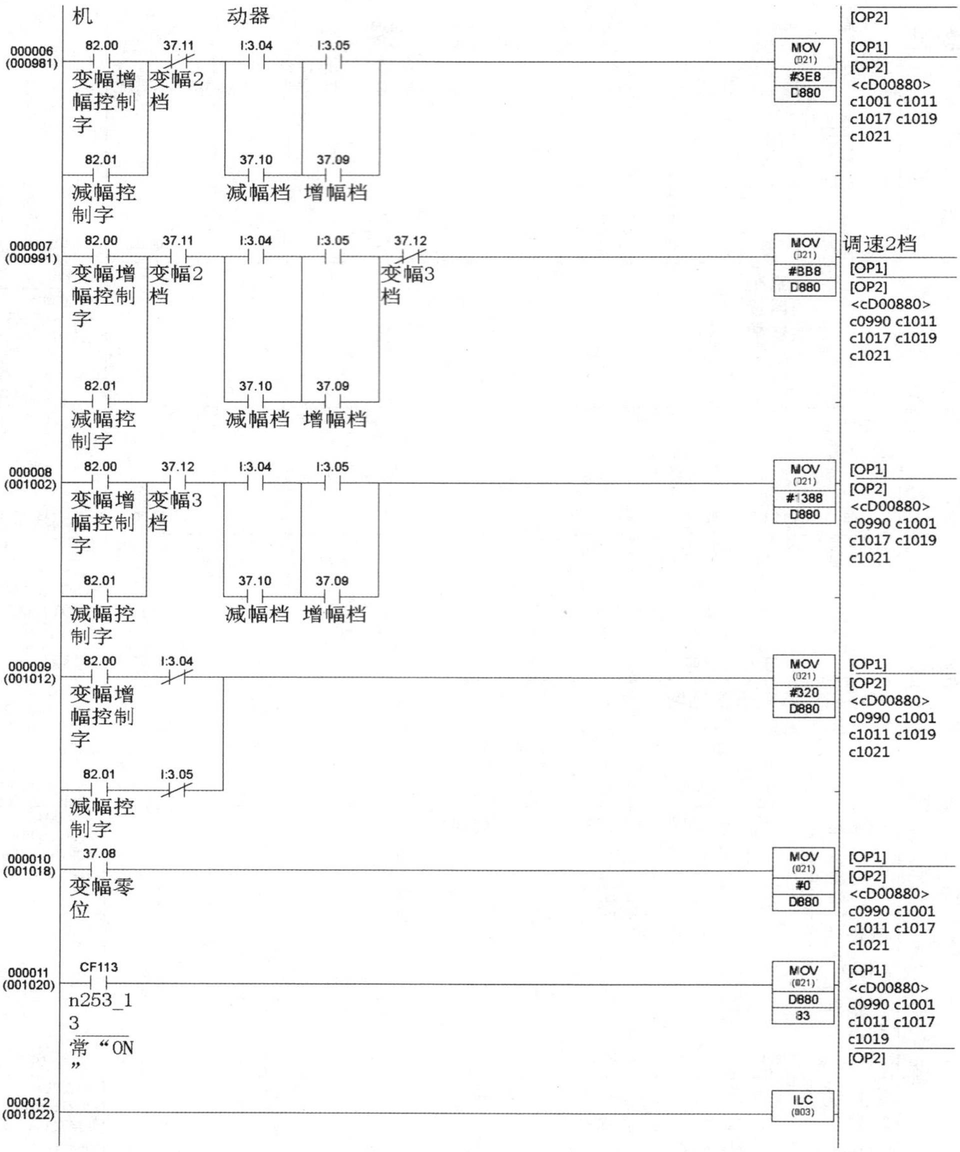


**图 4-18 变频器的主要指令 2**

无须采用机械变速装置，利用变频调速 50 Hz 以上恒功率调速方式，即可将空钩及轻载工况的起升速度提高 1 倍，类似于直流电动机的弱磁升速方式，可大大提高生产率。

配用 PLC 后，控制柜体积大为减小、元件减少，若 PLC 与变频器之间采用通信方式，则 PLC 的 I/O 接口模块及外接线电缆大为减少。

系统监视功能强：可监视频率指令、输出频率、输出电流、电动机速度、输出电压指令、主回路直流电压输出功率、转矩指令、输入输出端子的状态、运行状态、PID 反馈量、故障发生时状态、故障记录等。

**5. 具有回馈系统的变频调速系统**

在变频调速传动系统中，当电动机减速或者所传动的位能负载下放时，异步电动机将处于再生制动状态。传动系统中所储存的机械能经异步电动机转换成电能。

在变频器中,对再生能量的处理方式有三种:(1)耗散到直流回路中人为设置的与电容器并联的"制动电阻"中,变频器通过制动单元(分外置、内置两种)将再生制动能量消耗在制动电阻上;(2)由并联在直回路上的其他传动系统吸收;(3)使之回馈到电网。如果属于前两种工作状态,称为能耗制动状态;如果属于后一种工作状态,则称为回馈(再生)制动状态。图 4-19 为某能量回馈(再生)系统的原理图。

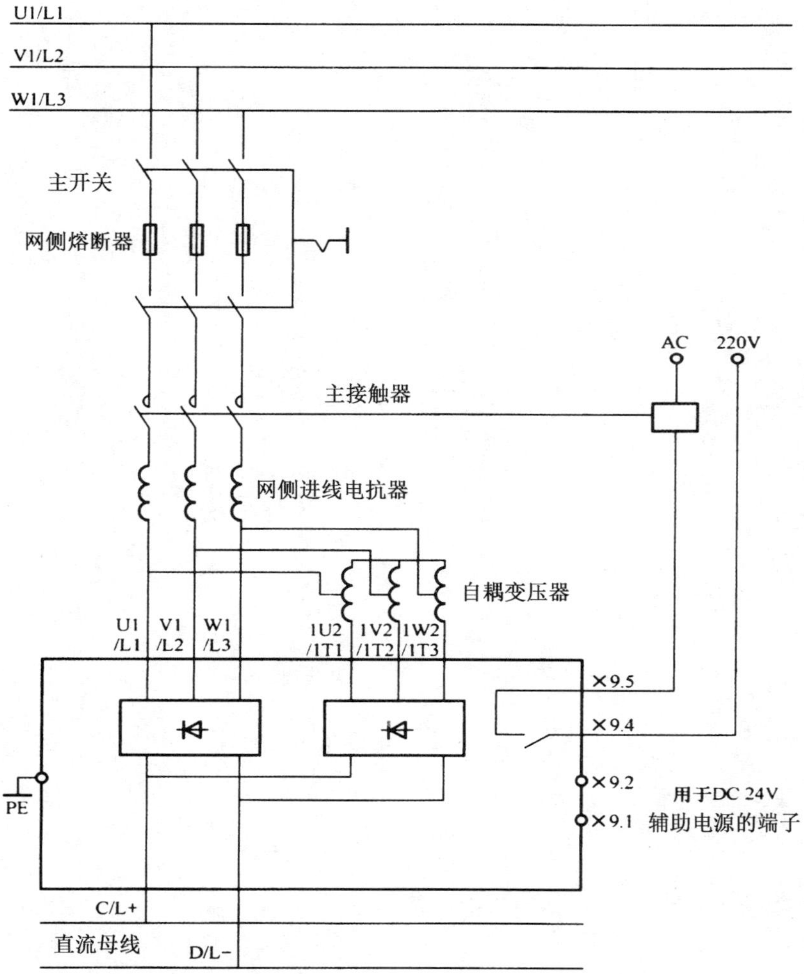


图 4-19　能量回馈系统原理图

系统由主断路器、主接触器、熔断器、整流/回馈单元、逆变器单元等组成。根据容量的不同回馈单元允许多个并联运行,但最多不超过三台,并联时由一台主动装置和两台从动装置组成。为了功率的平衡,必须采用最小相对短路压降 2% $U_k$ 网侧进线电抗器,此时,额定电流必须减少 10%。

整流/回馈单元的网侧,至少需要相对阻抗压降 5%,这可通过一台进线电抗器或一台合适的变压器来实现,电抗器实现供电网隔离和限制其对电网的反作用,为使整流/回馈单元在电气上与电网隔离,需要装设一台主开关或功率隔离开关。

主接触器能够在工作时,将装置投入或退出电网且在故障时保护所连接的装置。按标准,主接触器由电子板控制,当主接触器在回馈工作绕过装置电子板吸合后,由于整流器颠覆而使在装置中的熔断器或晶闸管损坏。紧急停车装置应这样动作:首先给电子板以停车指令,然后在无电流情况下断开主接触器。在经一段延时后,主接触器的电源从紧急停止装置断开。另外整流到回馈状态快速转换时,有 15 ms 的死时。

# 第五章 集装箱装卸机械电气控制

## 第一节　集装箱岸桥及电控系统简介

集装箱运输是一种安全、快捷的货物运输方式，国际国内的运输量在不断上升，运输的船舶在不断扩大，集装箱码头要求装卸设备不断提高装卸性能，以适应高速高效及安全的货运需要。岸边集装箱起重机是港口集装箱码头前沿的关键装卸设备，主要作为岸边对集装箱船舶、车辆进行装卸作业的起重机。

岸边集装箱起重机的分类有多种方式，按单次起吊集装箱数目分，有单箱式岸边集装箱起重机和双箱式岸边集装箱起重机；按起重机门架形式分，有 H 型门架岸边集装箱起重机和 A 型门架岸边集装箱起重机。图 5-1 为 A 型，它是由前后两片门框和拉杆组成的门架，沿着与岸线平行的轨道行走，桥架支承在门架上，行走小车沿着桥架上的轨道吊运集装箱，进行装船和卸船作业。为了便于船舶靠离码头，桥架伸出码头外面的部分可以俯仰。

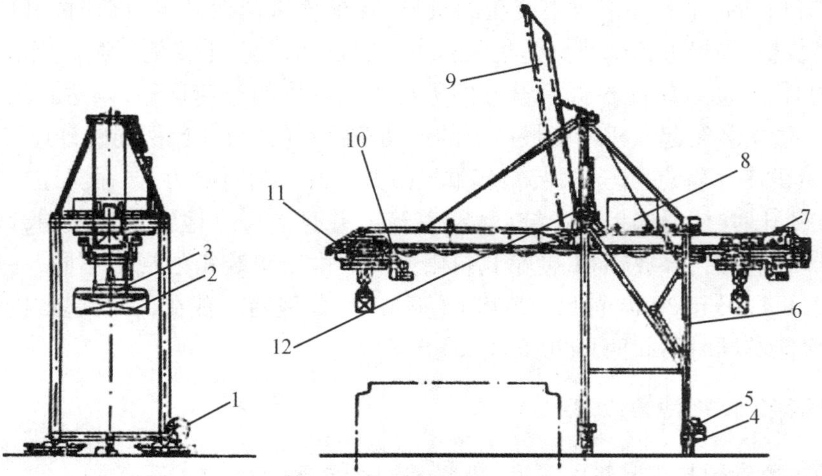


图 5-1　集装箱岸桥外形图

1—电缆卷筒；2—集装箱；3—吊具；4—行走机构；5—载人升降机；6—金属构架（门腿）；7—小车横行机构；8—机器房；9—臂架；10—驾驶室；11—起升机构；12—臂架操纵室

集装箱岸桥按其动作特点可分为起升机构、臂架俯仰机构、大车行走机构、小车横行机构等。除此以外还有许多辅助机构及设施，如吊具装置、减摇系统、夹轨装置、换绳装置、照明通信、载人电梯等。

## 一、岸桥工况分析

岸边集装箱起重机是岸边大型起重设备，担负着集装箱的装船和卸船工作。它必须带有集装箱专用吊具，能方便地挂脱集装箱。工艺路线明确，卸船为由船到车，装船为由车到船。小车沿大梁直线行驶，便于实现启动化。因此，要求岸边集装箱起重机具有许多独特的工艺要求。

(1)岸边集装箱起重机必须能够在支承轨道上独立行走，使岸边集装箱起重机能正确地对准将要装卸的集装箱。由于集装箱上有用于装卸的锁孔，因此大车行走机构必须有平稳的低速运行工况，便于操作司机正确定位起重机的位置。

(2)俯仰机构是前大梁收放的传动机构。由于集装箱船舶宽度较大，集装箱分布于船体的各个位置，因此要求岸边集装箱起重机能有足够跨度的大梁，吊起船上的每个集装箱。由于起重机大梁跨度大，船舶靠近岸边时，如果不把前部伸出岸线的大梁收起，很容易碰到船上的设备，因此岸边集装箱起重机上设计了俯仰机构，可以根据需要收起或放平前大梁。考虑到前大梁结构件很重，必须平稳地放平或收起，因此需要具有较好的调速性能，减小大梁放平时，轨道连接处产生的撞击。由于俯仰机构是非工作性机构，动作次数很少，一般速度要求不高，以运行可靠为主。

(3)小车机构是将集装箱吊具从海侧到陆侧及反向运行的平移性机构，该机构是工作性机构，直接决定装卸效率。根据岸边集装箱起重机型式的不同，一般有绳索牵引小车和自行小车两种，在传动设计中需要充分考虑小车传动的加速度和牵引绳索的张紧装置。由于小车的运行速度不断提高，在系统中一般考虑一级减速和二级减速区域，使系统运行更安全。

(4)起升机构是吊起和下放集装箱的机构，要求该机构在额定负荷时能以额定速度提起或放下集装箱，当接近顶部或到达集装箱车时能自动减速，平稳地着箱。当起吊比额定负荷轻的重物时，传动系统能根据重量不同进行不同程度的升速运行，以达到最高的运行效率，这就是岸边集装箱起重机用得最广泛的恒功率控制(按负荷比例弱磁升速)运行特性。

(5)吊具的工作特点：岸边集装箱起重机吊具控制均为有线方式，吊具主要完成其在集装箱上对准锁孔时，能通知控制系统已经“着箱”，并且能可靠地锁住集装箱，以便于起吊，也能在放回车船上后，释放锁扣，使吊具自由升降。由于集装箱的规格不同，一般吊具均具有伸缩功能，可以吊起 20 ft(英尺)或 40 ft(英尺)的集装箱。现在，有些起重机可采用双箱吊具，即一次能够同时吊起两只 20 ft 集装箱。

## 二、岸桥的主要技术参数

岸桥的主要参数与集装箱的箱型、船型、码头结构和装卸要求等有关。

### 1. 起重量

根据国家标准(GB 6974.12—1986)和水运行业标准(JT 5008)对起重机参数定义的规定，额定起重量包括吊具和起升货物的重量。据统计，世界上现有的各种岸桥 70%以上的起重量在 40.5 t 或 37.5 t。

### 2. 尺寸参数

包括起升高度、外伸距、内伸距、轨距、基距、门架净空高度等。

起升高度应根据船舶型深、吃水、潮差和船上集装箱的装载情况来定，要求在轻载高水位时，能装卸三层集装箱并能堆高到四层；在满载低水位时，能吊到舱底最下一层集装箱。

外伸距是指岸桥海侧轨道中心线向外至吊具铅垂中心线之间的最大水平距离。

内伸距是指岸桥陆侧轨道中心线向内至吊具铅垂中心线之间的最大水平距离。

轨距的确定应使岸桥具有足够的稳定性和考虑到由于轨距变化给岸桥轮压带来的影响。同时，要考虑码头前沿的装卸工艺要求。

门架净空高度取决于门架下通过的流动搬运机械的外形高度，并留出一定的安全间隙。

基距是指同一轨道上两个主支承中心线之间的距离。门框内的空间应能通过 40 ft 集装箱、大型舱盖板（14×14 m）并考虑到集装箱在装卸过程中可能产生的摆动，两边须留有一定的间隙，则门框内的有效宽度应约为 16 m。

**3. 工作速度**

岸桥各机构的工作速度应满足装卸生产率的要求。提高升降和小车运行速度对缩短装卸工作循环时间意义较大，但在速度分配时还要尽量使之与电动机的容量规格相配合，并尽可能使机电设备配件通用化，以便于维修更换。

（1）起升速度。通常设计满载和空载两种速度，而且空载起升速度高于满载速度 1 倍以上。例如普通型岸桥满载起升速度为 50～90 m/min，高速型满载起升速度为 100～120 m/min，空载为 120～220 m/min。

（2）小车运行进度。岸桥的小车行走距离一般都在 40 m 左右，小车行走时间约占整个工作循环时间的 25%左右。因此，提高小车行走速度对缩短工作循环时间、提高生产率是很有意义的，目前小车的运行速度最大达 200～300 m/min，但是小车行走速度的提高将会增加吊具的摇摆和司机的疲劳，因此必须具有效果良好的减摇装置。根据实际使用情况，小车行走速度在 140 m/min 以上须装有吊具减摇装置。

（3）大车行走速度。移动大车的目的是调整作业位置，因此对大车行走速度并不要求很快，一般最大速度在 45～50 m/min 即可。

（4）臂架俯仰时间。臂架俯仰属于非工作件操作，在集装箱船停靠码头和装卸完毕离开码头时，岸桥需将臂架仰起来，让船通过。一般一个俯仰工作循环，即臂架起升和放下，时间为 10～13 min。目前，很多用户只为移舱作业时，前大梁仰至 45°位置，时间为 3～4 min。

（5）吊具倾转的角度范围和速度。吊具倾转是吊具左右倾、前后倾和平面回转的总称。前后倾（或称横倾）的角度范围理论上一般不超过±5°，左右倾（或称纵倾）不超过±3°。全倾转行程要求在 10～30 s 内完成。

**4. 电气参数**

（1）供电电源的形式、电压和频率

电源形式：岸桥的电源大多是使用市电网——高压交流电，少数岸桥的电源使用自身配备的柴油发电机组。

电压：用高压交流电供电时，由于各国电制不同，差别很大。常见的有 3.3 kV、4.16 kV、6 kV、6.3 kV、10 kV、11 kV、12 kV、13.2 kV、15 kV 等。国内大多采用 10 kV。

频率：不管是高压交流电还是发电机组供电，频率只有 50 Hz 和 60 Hz 两种，国内采用 50 Hz。

（2）设备总功率和装机容量

装机容量:是指岸桥所有电气设备额定功率的总和,是表示岸桥所装备的用电设备额定总容量的值。

设备总功率:是指岸桥上同时使用的用电设备瞬时(启、制动)消耗的最大功率,是动态值的极限。

设备总功率用来确定变压器容量或柴油发电机组容量的大小,是码头输配电设计施工的重要参数。

## 三、运行机构对控制系统的要求

### 1. 电气传动系统

当代的岸边集装箱起重机,只有两种传动方案,或为直流,或为交流。辅助传动多为交流电动机。有些起重机是起升、小车、俯仰机构用直流电机,大车运行采用交流电机,但为数不多。

在变频技术日渐完善的当今,应优先采用全交流方案。因为,全交流方案初期投资不高且电网公害较小。

全变频系统有多种方式,其中有电阻能耗制动方式,有采用公用直流母线方式,它们均有完善的控制性能,满足岸边集装箱起重机的工艺需求,但经济性不同。在后面介绍的交流系统中会进一步阐述。

不管采用什么系统,辅助机构和高压供电系统基本相同。

根据岸边集装箱起重机的工艺需求,对电气传动系统控制有如下要求:

(1)起升机构恒功率控制调速,调速器为回馈型,能工作在四象限内。

(2)利于起重机对箱作业,要有较宽的调速范围及良好的低速运行性能。

(3)小车运行与大车运行机构系多电动机传动,传动电动机能同步运行。

(4)所有传动机构的加速度在全速或某一速度区段为一确定值,即有梯形速度特性。

(5)集装箱吊具的控制与显示必须同时放在司机室内。旋锁的开、闭状态确保与起升机构连锁,以免损坏集装箱。

(6)有集装箱防挂舱保护。当该保护动作时,起升机构不能起升。

(7)起升电动机与俯仰电动机应有超速保护。

(8)俯仰钢丝绳有松绳保护,防止前大梁到位后,钢丝绳继续放松。

(9)电动机等电气设备的常规保护。

(10)保证各机构运行中有足够的安全行程,进行限位保护。

(11)紧急事故停机按钮。

(12)具备辅助保护用的风速仪、称重装置、航空灯等。

(13)确保集装箱吊具的快速更换,吊具电缆要用快速接头连接。

(14)为提高装卸效率,减少对箱作业辅助时间,某些地方要求提供集装箱吊具防摇控制,但不是必备功能。因为当前防摇控制常与人机协调不够和谐,而且司机无法忍受剧烈的摇摆,因此很多港口目前不采用。

(15)控制管理系统,包括营运作业管理与机械运转状态管理。如作业的起止时间、各设备结构的运行状态、作业量、日报表、月报表、机械故障停机时间、故障记录、排除时间,并可与码头中央控制室计算机进行通信。

**2. 岸边集装箱起重机基本电气要求**

(1)供电电源

①主电源

岸边集装箱起重机由于电动机功率大，码头输配电线路长，如果采用低压供电，线路损耗大，因此一般采用高压供电。典型的主供电电源为交流，10 kV(6 kV) 50 Hz，三相四线制，采用高压耐油橡套三相屏蔽型挠性电缆，经电缆卷筒向机上供电。电缆为整根导线，其长度从地面接电箱算起，总长度按大车向左右行驶的距离与现场决定。由于岸边集装箱起重机的大车行走速度指标提高，一般电缆卷筒需采用变频传动型或采用磁滞型电缆卷筒。电缆卷筒装置由电缆卷盘、传动装置、带张力限位的导缆架、带高压滑环的集电器、转数限位开关等组成。电缆卷筒工作时，传动电动机始终发出收缆方向转矩。可根据实际工况要求调节输出转矩，实现理想的卷取特性。电缆卷筒应设电缆终点限位保护开关，保证在任何情况下，电缆卷筒上至少留有三圈备用电缆。在高压滑环箱内应该装有去湿加热器。

电缆卷筒布置在起重机靠海侧一边或装在较高的横梁上。当装在横梁上时，由于电缆悬挂的高度较高，通常电缆卷筒无法提供足够的转矩，需加装助力电缆卷筒。

②机上电源配置

起重机高压电源进线经高压开关连接至动力变压器。

高压开关柜为独立装置，其防护等级不低于 IP4X。与一般的地面变电站高压柜不同，要求采用坚固、专用型结构的高压柜，主要满足起重机环境中抗振、防潮等要求，高压柜柜体与一般的地面高压配电房内的不同，因为岸边集装箱起重机是处于振动的环境中。高压变压器及配电装置独立安装在机房有遮栏的隔离区内，并有高压标志。

③通信电缆

在现代高要求的高压供电电缆中，还配有光纤通信电缆，光纤制造在高压电缆中，一般的高压电缆中有 6 路光纤，光纤采用 BFOC(Bayonet Fiber Optic Connector)卡销式连接端子与电缆卷筒的光纤连接器连接，可以通过光纤将岸边集装箱起重机的传动装置状态和整机的运行工况等信号传送到码头中央控制室。

(2)电气控制系统的安全连锁和保护

起重机安全装置及连锁保护环节的完善并经常处于正常状态，是保证安全生产的关键之一，是提高机械设备完好率，提高经济效益，降低消耗的有力保证。现代岸边集装箱起重机，除机械方面设置必要的防护装置外，电气控制方面的安全保护盒连锁环节也十分完善，同时具有必要的故障显示和报警系统，便于维修人员寻找故障部位及排除故障。

(3)辅助机构的电气传动和控制

岸边集装箱起重机典型的辅助机构是电气传动单线系统，其系统图见图 5-2。

辅助电源应设专门的辅助变压器供电。为便于调试、检修和日常维护保养，辅助传动和控制分别由两只自动开关控制。当照明电源与辅助电源共享一只电源变压器时，控制电源可以和照明电源共享一只总的自动控制开关。

辅助电源供给的范围，随主传动系统形式的不同而有差别。对于 G-M 机组系统，直流电动机和各机构传动电动机的磁场电源亦由辅助变压器供给。而在晶闸管供电系统中，上述电源可由主整流变压器提供。如果大车行走机构、俯仰机构采用交流传动方式，为减少安装位置及省去高压控制柜，节省初投资和后期维护保养工作量，宜与辅助电源合用一台电源

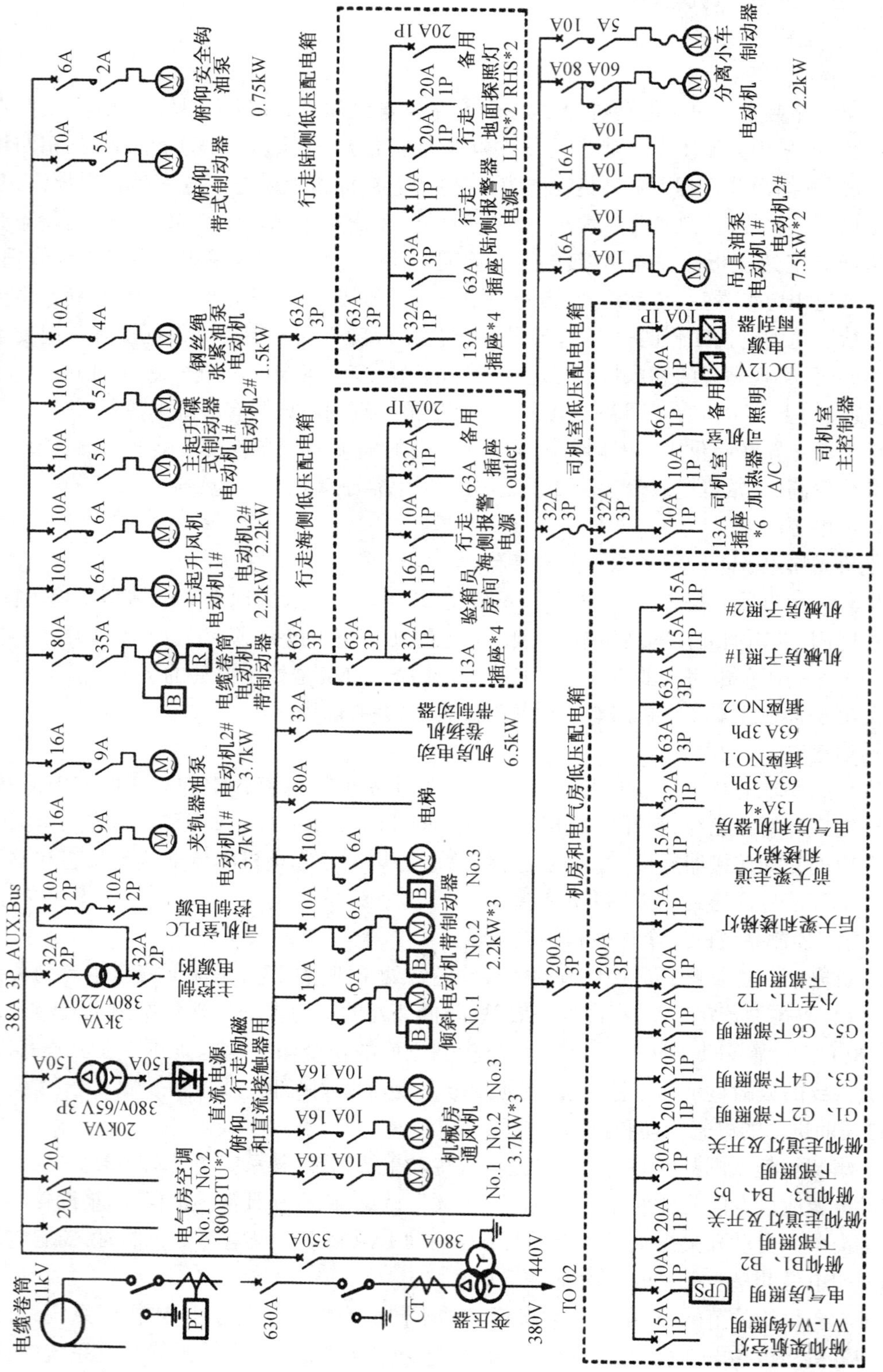

图5-2 辅助机构电气传动系统单线图

变压器，而在低压侧设置各自的自动开关。

在配电选择变压器的容量时，考虑到所有辅助机构不可能同时运行，有一些辅助装置甚至只做短时运行，因此可以参照需要系数法进行容量计算，并考虑10%的裕度。

参照国内外现有各种岸边集装箱起重机，一般在不设专用照明变压器时，辅助变压器的容量约250 kVA左右。当另设专用照明变压器时，则为150 kVA左右即可。当兼作机构交流传动电源时，则应根据机构驱动功率另行计算和选择。

另外一些有特殊要求的岸边集装箱起重机，其起升机构设在运行小车上，可连同吊具和集装箱做回转；还有的只要求可回转90°的旋转式吊具。这样，就必须在辅助传动系统图加入相应的传动和控制环节。

## 第二节　岸桥PLC控制的交流变频调速系统

变频器作为现代新型调速装置已广泛地运用在各行各业，对于集装箱起重行业，变频器的应用也在不断推广和扩大。在20世纪90年代，变频器已开始逐步在我国港口起重机械上应用，岸边集装箱起重机由于起升速度快、载荷重、电动机功率大而且对变频器的可靠性要求高，到90年代后期，大容量变频器已逐步推出并已进入稳定的商业应用期。国内岸边集装箱起重机上运用的变频器多为进口产品。

### 一、系统性能分析

变频器用在岸边集装箱起重机上按照其回馈能量的释放方式，可以分为两种：

**1. 电阻能耗方式**

电阻能耗方式一般多见于轻型岸边集装箱起重机或码头装卸量较小的简易岸边集装箱起重机系统，该系统线路如图5-3所示。

该方式中各传动装置上均有相应的制动单元和制动电阻，当传动装置处于能量回馈工作方式时，电动机的机械能通过逆变器的IGBT返回到直流母线，使直流母线上电容器两端电压升高。当电压达到制动单元允许释放电能的阈值时，制动单元导通，将电能消耗到无电感的制动电阻上。

这种方式的传动系统在结构上一般可以采用将传动装置之间的直流母线相连接的方式或单独工作的方式，它们之间各有利弊。当采用起升/大车变频器与俯仰/小车变频器进行母线互连时：

(1)可以提高能量利用率

当起升机构处于下降工作时，能量由电动机回馈到直流母线，使变频器电容上能量增加。此时如果小车处于电动状态，小车传动器需要的能量就可以直接从直流母线上获得，而不需要从电网上通过整流得到电能。同时起升机构变频器的回馈能量也不需要通过制动电阻消耗掉，而是全部或部分地被转化为小车机构的动能。

(2)抗电压跌落的能力

由于两套变频器的直流母线相连，相应的电容器相互并联使用，使电容量增大，当单机构运行时(起升单独工作或小车单独工作)，由于直流储能量大，若电网出现瞬间掉电时，母线上的贮能可以减少电网跌落造成的影响；当双机同时运行时，如果出现电压跌落情况，将

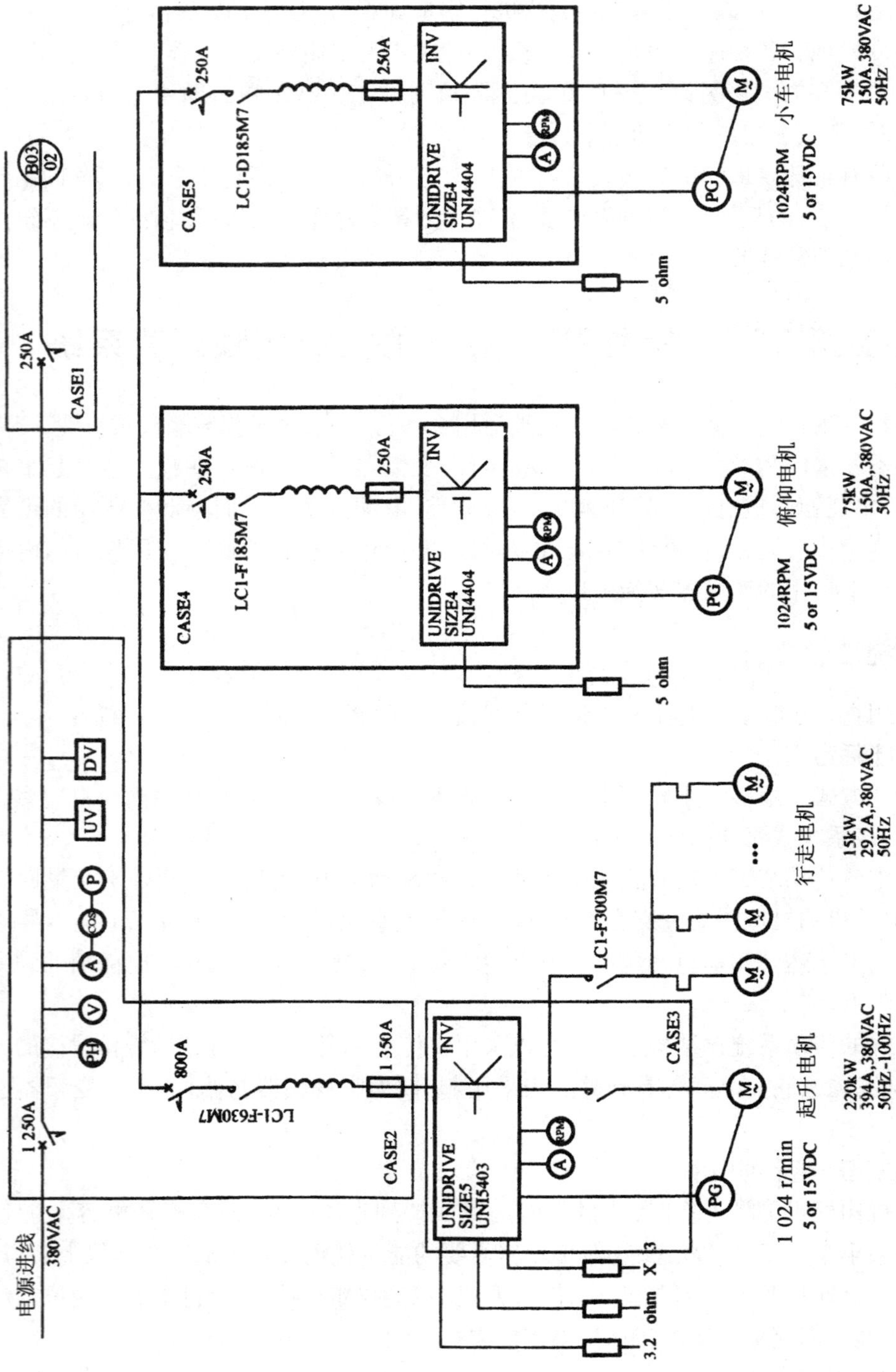


图5-3 电阻能耗制动方式系统线路图

与不采用直流母线的系统情况相同。

(3)充分利用制动单元及制动电阻

由于两套变频器母线相连,制动单元可以直接连接在直流母线上,这里制动单元的容量配置应考虑两工作机构同时制动的情况。当电容器两端电压过高时,公用的制动单元可以比单套变频器工作时提供更大的能量释放能力,也就是在下降工作制动时能提供更大的制动转矩或者使减速时间更短。

(4)故障发生时检查比较困难

如果故障发生在与直流母线相关的器件上,必须把各变频器的直流母线分开,隔离故障源,逐个排除故障。

(5)根据变频器不同,对变频器整流部分的要求提高

有些公司的变频器在上电后采用二极管的整流线路和限流电阻给变频器内的电容器充电,当电容电压达到预定值时将充电限流电阻短路,使变频器工作时效率更高。这种变频器采用母线互连方式,例如英国 CT 公司的 UNIDRIVE 系列变频器,这种类型的变频器由于不需要充电限流电阻及相应的直流接触器,因此体积较小。这类变频器用在公共直流母线的系统中时,由于互连后的电容增加,初始上电时,对晶闸管的冲击电流会增加。特别是起升变频器与小车变频器容量相差较大时,应特别注意小车变频器的初始启动保护。

综上所述,电阻能耗方式的变频系统是把回馈的能量按需要消耗到电阻上,采用不同的连接方式只是对消耗能量方式的选择有差异,但最终的结果是不管采用何种连接,能量的传输总是单向式的,只能从电源流入到传动系统,再由传动装置到电阻。即使在起升机构下降载荷时,能量只是消耗,不可能回馈到供电电网。

**2. 能量回馈方式**

变频系统的发展逐步解决了四象限工作的能量转换方式,在大型岸边集装箱起重机上电气系统已逐步被能量回馈方式的变频系统占领,并且已得到广大用户的支持和赞同。各公司制造的能量回馈方式产品有不同的结构,通过整流单元和逆变单元的组合,已能使岸边集装箱起重机电气系统达到有效回馈电网的目的。能量回馈方式系统线路图如图 5-4 所示。

根据回馈电网装置的结构可以分两类:

(1)采用晶闸管可逆整流器作为回馈电网的装置

对于传动电动机的变频器的能量供给方式一般有两种:一种是通过三相交流电源直接接入变频器,由变频器内部的整流单元输出直流电压到电容器及母线上,再由变频器内部的逆变器根据控制要求对变频电动机进行传动;另一种方式是给变频器直流母线上直接送入电源,使变频器内部的直流母线及电容器上具备额定的电压,再通过变频器内部的逆变器根据控制要求传动到单机。在回馈电网的系统中,目前的控制系统均采用逆变装置给直流母线供电的方式。因此,对于传动电动机的变频器,在回馈型岸边集装箱起重机控制系统中人们仅利用了它的逆变器部分,其前面三相交流电源的整流部分已不使用。为了避免变频器内前部整流部分的浪费,某公司专门设计了只有逆变部分的变频器,用于直流供电系统。当然其他大多数公司的变频器就需要浪费整流部分多余的电子元器件了。

由于一般电压型变频器内部结构的限制,整流回路是单向整流,无法实现能量回馈,为了使供电部分具有回馈功能,有些系统中采用晶闸管可逆整流器上作为回馈系统的供电装

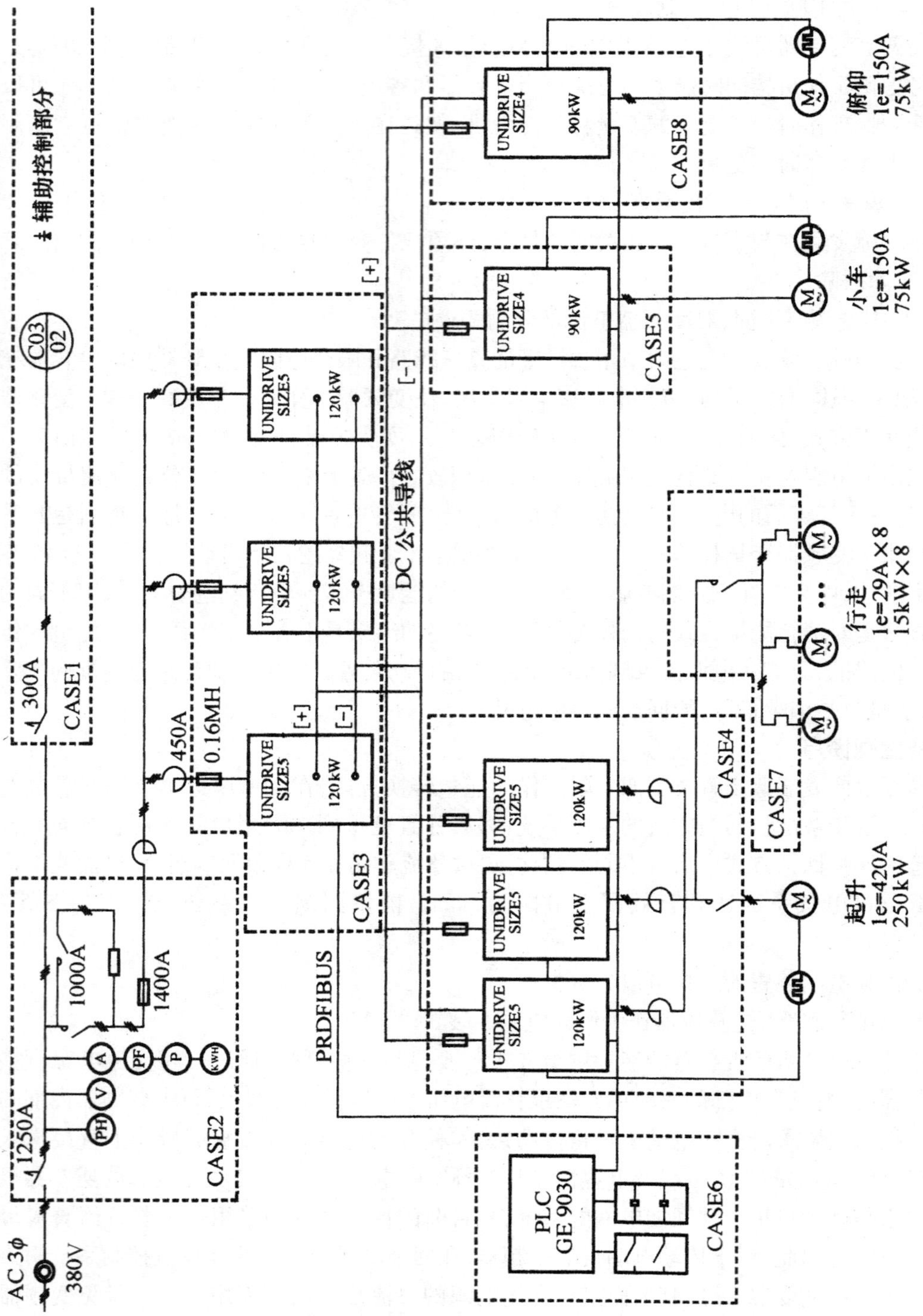


图5-4 能量回馈方式系统线路图

置,可以维持直流母线上的电压不变。当电动工作状态时,晶闸管整流部分产生需要的直流电压供给公共直流母线,使逆变器有足够的工作能量。当逆变器处于回馈状态时,直流母线电压会升高,此时晶闸管可逆整流器通过反向桥工作,工作在逆变状态一,把直流母线上的能量由晶闸管返送到电网。这种逆变方式装置简单,只需采用晶闸管可逆整流器与直流母线相连就可以构成回馈型变频系统。这种系统由于仍采用晶闸管逆变作为回馈方式,谐波大、功率因数低,与原直流系统相比在对电网的污染等方面没有改善。因此该方案在岸边集装箱起重机上只有少量应用,采用该方式主要为了减少一次投入成本,该方式的逆变系统某些公司均有应用。

(2)采用 PWM 整流器作为回馈电网的装置

对回馈的电能采用直流电源调制处理成交流正弦波的方式。采用 IGBT 元器件通过 PWM 调制处理,使回馈到直流母线的电能处理成需要的波形。装置连接于交流电源电网与直流母线之间,当直流母线上需要能量供给电动机时,回馈装置通过整流器将交流电源变成直流至公共母线。当直流母线的电压高于某一设定值时,回馈装置中的 IGBT 将通过 PWM 调制的方式,将直流母线电压以正弦波的方式向电网输送,这种方式可以使电网谐波减小,功率因数提高。

## 二、电气传动系统简析

国内近年来新的岸边集装箱起重机电气系统几乎无一例外地采用变频系统进行电动机传动。它以先进的操作功能和可靠的运行性能获得广大用户的信赖。目前大型的岸边集装箱起重机有全套引进的国外的系统,也有国内厂家自主开发的产品。

在直流系统中,大容量的起升机构的电动机一般采用两台串联的方式代替单台电动机,由一台变频器进行控制,这种方式在交流系统中不宜采用。因为变频系统在起升机构上一般采用矢量控制方式,变频器需要通过建立传动电动机的数学模型进行传动控制以提供足够的起升转矩,如果采用两台变频电动机并联方式,变频器将无法合适地向两电动机提供要求的转矩。因此,对交流变频电动机在起升机构矢量控制采用双电动机时,应使用两台变频器对电动机进行分别控制,两电动机的工作方式可以通过卷筒刚性轴连接,也可以不连接刚性轴,直接依靠电动机同步控制。

对于大车行走机构的电动机,由于数量较多,而且是平移机构,对转矩要求不高,通常采用 V/F 方式进行控制,这种方式可以采用一台变频器带动多台电动机。该方式通过电压、频率按比例进行变化来实现速度控制,不需要建立电动机数学模型,并且可以调整启动时的转矩,使大车机构启动平稳。

俯仰和小车机构可以参照上述情况进行选型,一般俯仰采用矢量控制方式,小车机构采用 V/F 控制方式,也有采用矢量控制方式的系统,可根据具体应用要求决定。矢量控制方式的小车运行特性将比 V/F 方式感觉生硬,速度控制更精确。

图 5-5 为西门子公司设计的集装箱桥吊电控系统的单线图。

变频系统一般采用通信网络与 PLC 等进行组网,使 PLC 与变频器之间能进行数据共享,以便使变频器的运行数据及 PLC 的控制命令等均能通过网络进入 CCMS(起重机计算机管理系统)或通过光纤连接到集装箱码头中控室。随着 Internet 网络的发展,可以通过 Internet网络远程访问起重机的运行状态,监控或协助现场工程师诊断故障,调整系统参数

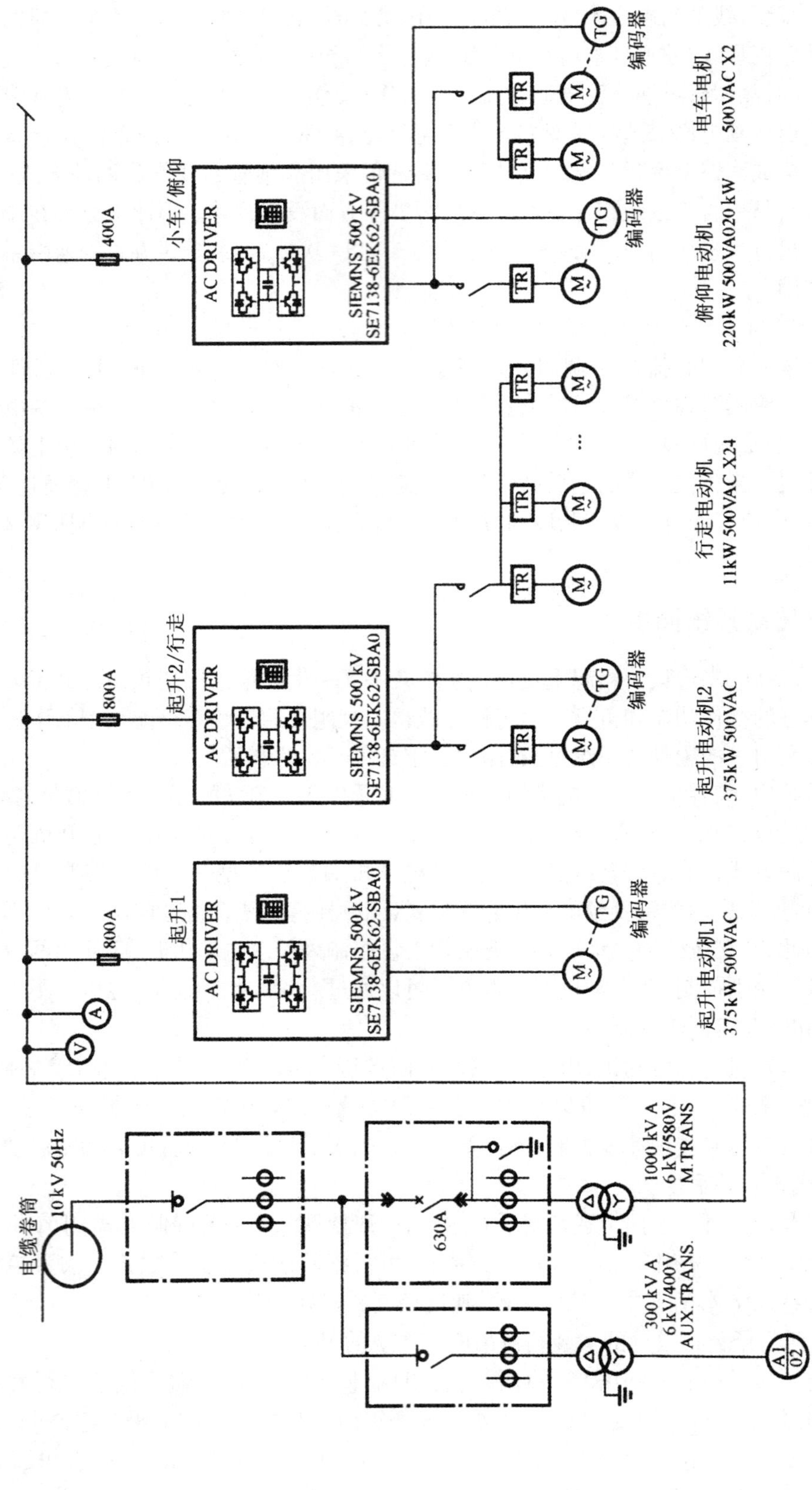


图5-5 集装箱桥吊电控系统图

等。因此,要求传动系统能支持多种通信网络,适用多种现场通信协议,以便它能与其他PLC 进行通信或互联。

## 第三节　集装箱岸桥吊具的控制

吊具的控制由两部分组成,即动力部分和配合装卸作业的辅助控制部分。

液压传动式吊具,其动力部分包括油泵电动机及其控制和保护环节。机械传动式吊具,其动力部分包括传动电动机及其控制和连锁保护环节。

辅助控制部分主要包括吊具的伸缩、倾转、旋转、顶销、旋锁、导板等辅助动作的控制和安全连锁保护环节。图 5-6 是液压传动式吊具的控制原理图。作业时各个动作的控制及连锁关系分述如下:

### 1. 伸缩控制

CSK 为伸缩控制开关,当它打在“40 英尺”或“20 英尺”位置时,电磁阀 DW18-1 或 DW18-2 得电。吊具伸到 40 英尺时,行程开关 $DZH_9$、$DZH_{10}$ 动作,指示灯 CSD 亮。反之,吊具缩回 20 英尺时,行程开关 $DZH_{11}$、$DZH_{12}$ 动作,指示灯 CTD 亮。

DJ1、DJ4 的连锁接点:主要保证顶销到位时或旋锁全锁时,使伸缩无效,以免损坏吊具。

### 2. 前后倾控制

主令开关拨到“前倾”或“后倾”位置,电磁阀 $DW_{19-1}$ 或 $DW_{19-2}$ 通电,吊具分别进行前后倾运动。要恢复吊具水平时,仍要操作主令开关 JAK,当水平指示灯 $DXD_{01}$ 亮时,开关立即回零。

### 3. 导板的控制

导板总控开关 TBC 合上后,由分控开关 HTB 和 LTB 分别控制海、陆侧导板的运动。导板的传动电磁阀为单线圈弹簧复位式,当线圈通电时,导板放下,断电后靠弹簧复位,导板自动上举。

当分控开关均合上后,可由总控开关 TBC 来操作,使 4 只导板同时升降。

有些用户要求除上述动作外,吊具左侧或右侧的导板能单独操作。这样,控制线路要复杂一些,而实际作业时并不特别需要。

有些产品,导板控制设有行程连锁环节,作为导板位置的指示或者与升降控制电路进行连锁。

### 4. 旋锁和顶销的控制及连锁

当空吊具时,吊具油泵未启动,旋锁电磁阀处于全锁状态。控制电源接通后,由试验按钮 STA 使旋锁电磁阀通电带动旋锁到全开位置,才能开始装卸作业。以后的控制就可由全开按钮 SKA 和全锁按钮 SSA 来控制旋锁的位置。

吊箱作业时,吊具落到箱顶,旋锁进入角配件,顶销全部到位,指示灯 $DXD_4$ 亮,此时方可按全锁按钮 SSA,$DJ_3$ 继电器失电,旋锁电磁阀断电复位锁箱,直到连锁行程开关 $DZH_5$、$DZH_6$ 动作,表明到达全锁位置 $DJ_4$ 吸合,指示灯 $DXD_2$、$DXD_{02}$ 亮,司机才可起吊集装箱。箱子提起后,顶销落下,对应的指示灯熄灭。集装箱吊运到目的地,放下吊箱,顶销重新到位,指示灯亮。按下全开按钮 SKA,$DJ_3$ 重新得电,旋锁电磁阀得电吸上开锁,直到连锁行程开关 $DZH_7$、$DZH_8$ 动作,继电器 $DJ_5$ 得电,全开指示灯 $DXD_3$、$DXD_{03}$ 亮,此时可以提起吊具,完

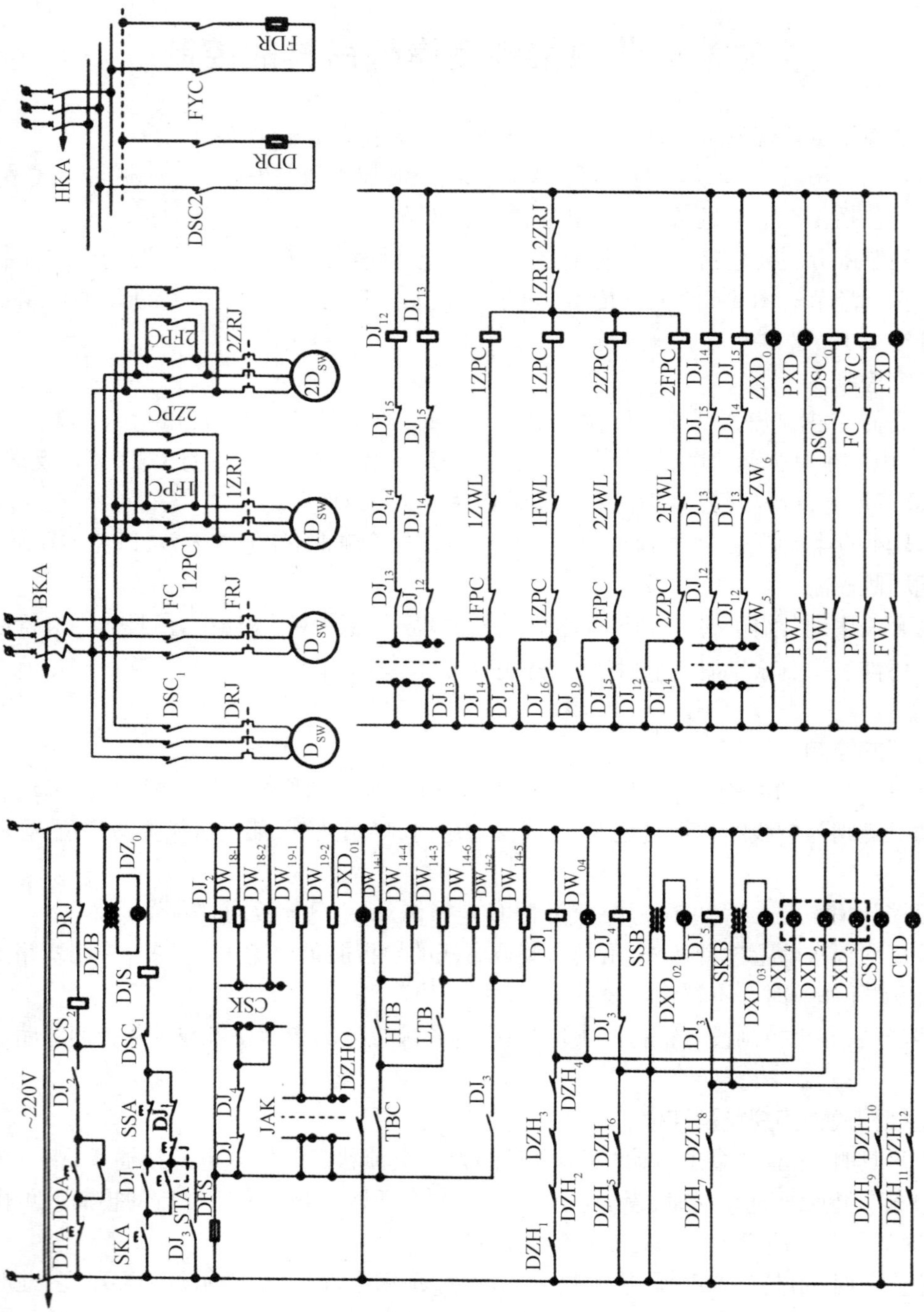


图5-6 液压传动式吊具的控制原理图

成一个吊运循环。

顶销连锁继电器 $DJ_1$ 的常闭触头串入下降方向继电器回路，使得顶销到位后立即停止下降运行。全锁、全开继电器也分别有常开触头串入上升方向继电器回路，只有当旋锁处于全开或全锁位置时，才允许上升运行，另外 $DJ_5$ 还有常闭触头与防摇电路连锁，以检测吊具带载与否，从而选择防摇阻尼等级。

为便于操作者观察，一般将着箱、全锁、全开指示灯置于一只专门的指示箱上，装于司机室内操作时易于看到的位置，而不安装在联动台上。

**5. 吊具左右倾斜和水平回转的控制**

有机械传动和液压传动两种控制方式。液压传动方式左右倾斜和水平回转分别有两套液压系统，比较复杂，维护保养不方便，在国内逐步被机械传动方式代替。常用的是传动电动机采用锥形转子制动电动机，每台电动机驱动一套螺杆传动装置。由于不需要另设外部制动器，结构简单小巧，维护保养方便。

电气控制原理图比较简单，如图 5-6 所示。ZUK 为左右倾操作主令开关、XXK 为左右旋操作主令开关，由连锁继电器 $DJ_{12}$～$DJ_{15}$ 来组合左右倾斜和水平回转的各种动作。1～2ZWL、1～2FWL 为左右倾斜终点保护开关，当运行达到设计允许的倾角和转角时，切断控制回路。而当回到水平 0°位置，$ZW_{5-6}$ 闭合，指示灯 $ZXD_0$ 亮。

**6. 各种行程开关的选用**

吊具各主要动作均采用各种行程开关来进行连锁，因工作环境需要，这些行程开关必须选用防水性能良好的产品。在倾转装置上，由于冲击力大，动作幅度大，一般选用大型防水式行程开关。吊具本身宜选用小型防水式有触头限位开关或感应式无触头限位器。选用无触头限位器应采用金属外壳型，不能用塑料外壳型。其有效作用距离 8～10 mm 为宜。否则，装卸作业时的冲击和振动极易损坏组件，降低工作可靠性。

## 第四节　集装箱轮胎门式起重机电气控制

### 一、概述

轮胎式集装箱龙门起重机（Rubber Tyre Gantry cranes），简称 RTG，是集装箱码头堆场用的专用机械（如图 5-7 所示）。目前常用的 RTG 由 8 只橡胶轮胎支撑。采用柴油机带动主交流发电机，有的经可控硅整流后作为机构的驱动动力，也有的再经过 IGBT 晶闸管交流逆变后作为机构的驱动动力。因此该设备在集装箱场内不受拖带电缆以及外接动力电源的影响，并配有能吊起 20 ft 和 40 ft 集装箱的伸缩吊具，装卸集装箱十分方便。为了提高装卸效率；减少吊具的摇摆；备有防摇装置。同时为了进行跨行作业，还配有 90°和 45°的转向系统，适合多区域内作业。RTG 有足够的跨度，能跨越 6 排集装箱和一条集装箱拖车通道，其跨距为 23. 47 m。设备的起升高度保证适用于 ISO 国际标准堆四层过五层，能吊起 40 ft 超高的集装箱。

RTG 的主要机构有：发动机组、电控室驱动系统、起升机构、小车机构、大车机构、吊具机构、转向机构、防摇机构和司机室等。

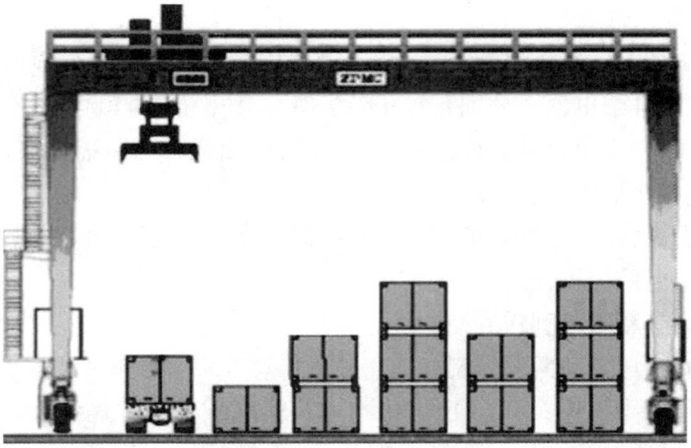

图 5-7　集装箱门式起重机

## 二、动力装置及供电分布

RTG 动力装置是由一台卡特(或康明斯)柴油发动机与一台 STAMFORD 交流发电机组成,其电源为三相 480 V 50 Hz。当采用直流驱动系统时,其交流电经可控硅整流后为 480 V DC,作为各机构直流电机的电源;当采用交流变频驱动时,其主电源先经可控硅整流,再经 IGBT 晶闸管逆变为交流电压,供各机构交流电机的电源。其他辅助控制电源是由主电源经主变压器后转变为 380 V/220 V 50 Hz 来供电的。

RTG 的供电方式及途径主要有以下三种:

(1)发动机主电源及控制电源经槛梁内部直接到电控室。

(2)运行的小车及司机室是由悬挂的小车拖缆(软电缆)供电。

(3)吊具是通过吊具电缆从小车配电柜至吊具接线箱。

以 SAMSUNG 场桥(ACC600 交流变频驱动)为例,具体分析其电源供电分布原理(参照图 5-8 至图 5-10)。

如图 5-8 所示,该设备有三套变频驱动器(起升/大车、远侧大车和小车)。发动机组产生的主电源为三相、480 V AC,首先作为起升/大车和小车驱动器的主电源,该驱动器里各有一套三相可控硅整流装置,把交流电整流为直流电,然后再经过变频器内部的 IGBT 晶闸管逆变为交流电压,供交流电机供电。尤其注意的是考虑到发动机功率因素,起升和大车机构不能同时动作,因此远侧大车变频器的主电源直接从起升/大车变频器的直流电供电,再经过 IGBT 逆变后为远侧大车电机供电。这样两大车电机逆变前的主电源就为同一电源。由于 RTG 起升下降或小车运行时,会产生多余的能量,为了防止能量反馈到发动机组造成其超速,因此采用能耗电阻装置,让多余的能量消耗到电阻上。

如图 5-9 和 5-10 所示,主电源先经过 75 kVA 的变压器后,变为 380 V/220 V 电压,一部分作为转向泵、吊具泵、防摇泵、制动器等辅助设备电源和照明及插座电源,另一部分再经过 2.5 kVA 小变压器,作为控制电源。

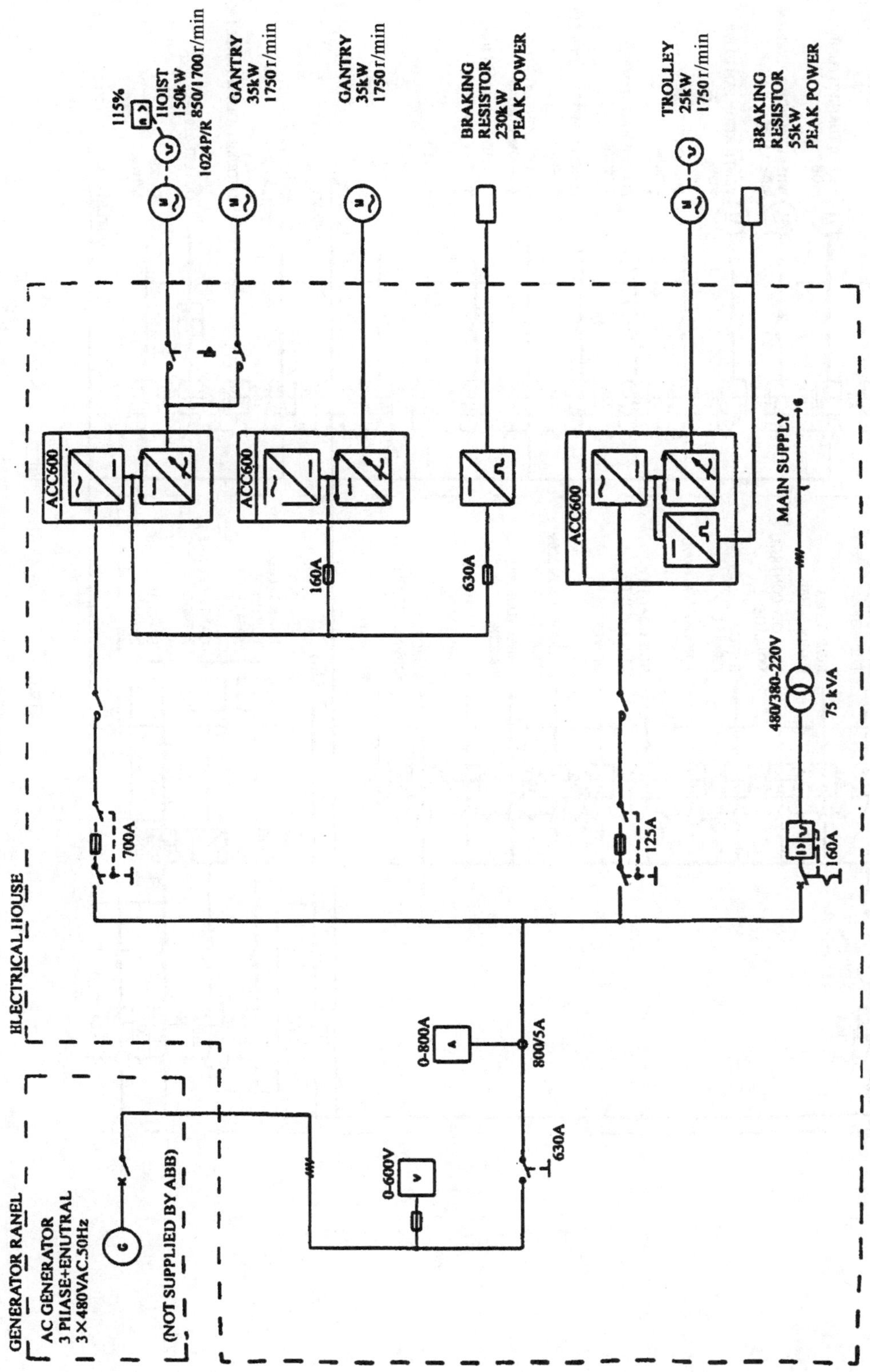


图5-8　电源供电分布原理图一

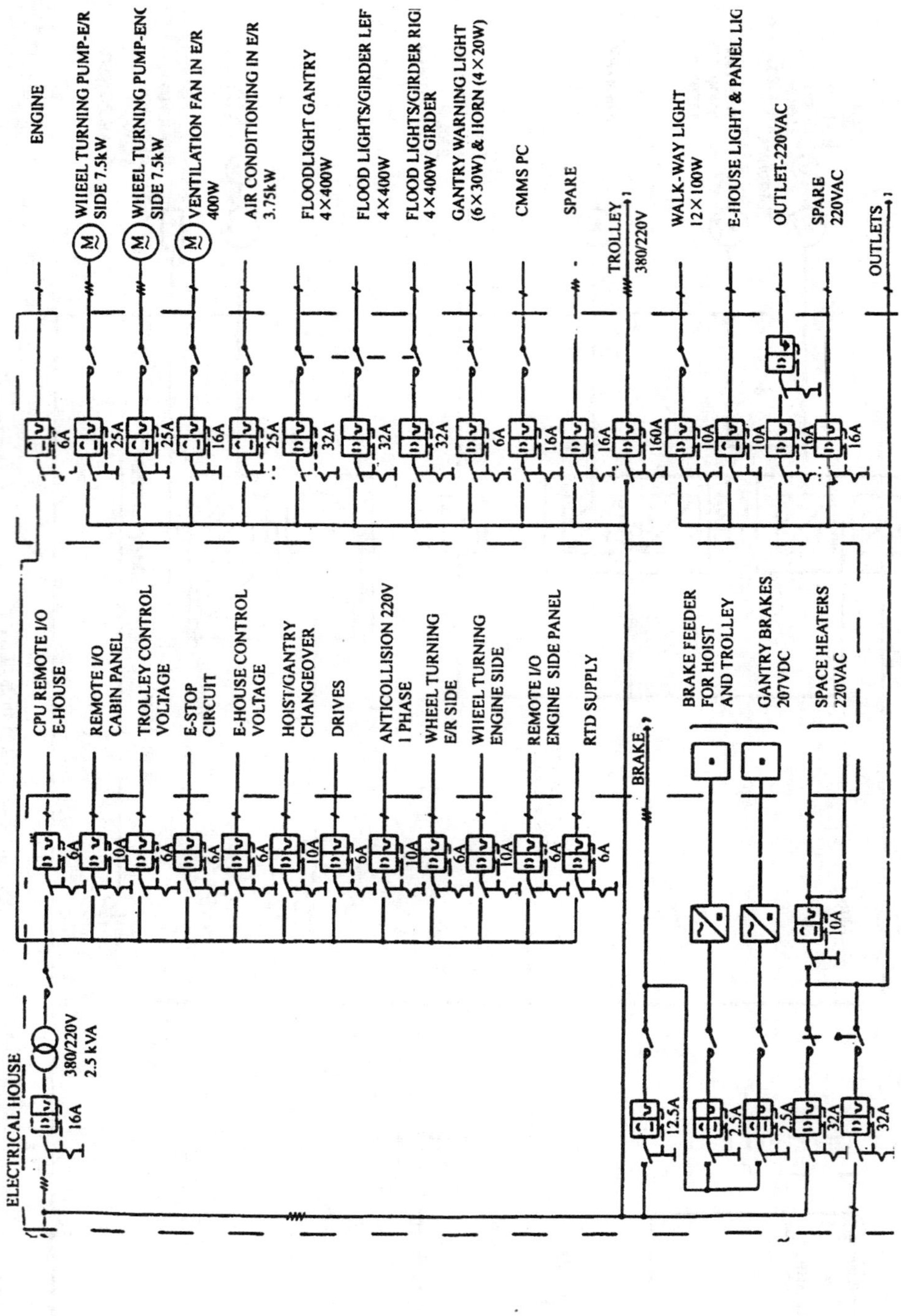


图5-9　电源供电分布原理图二

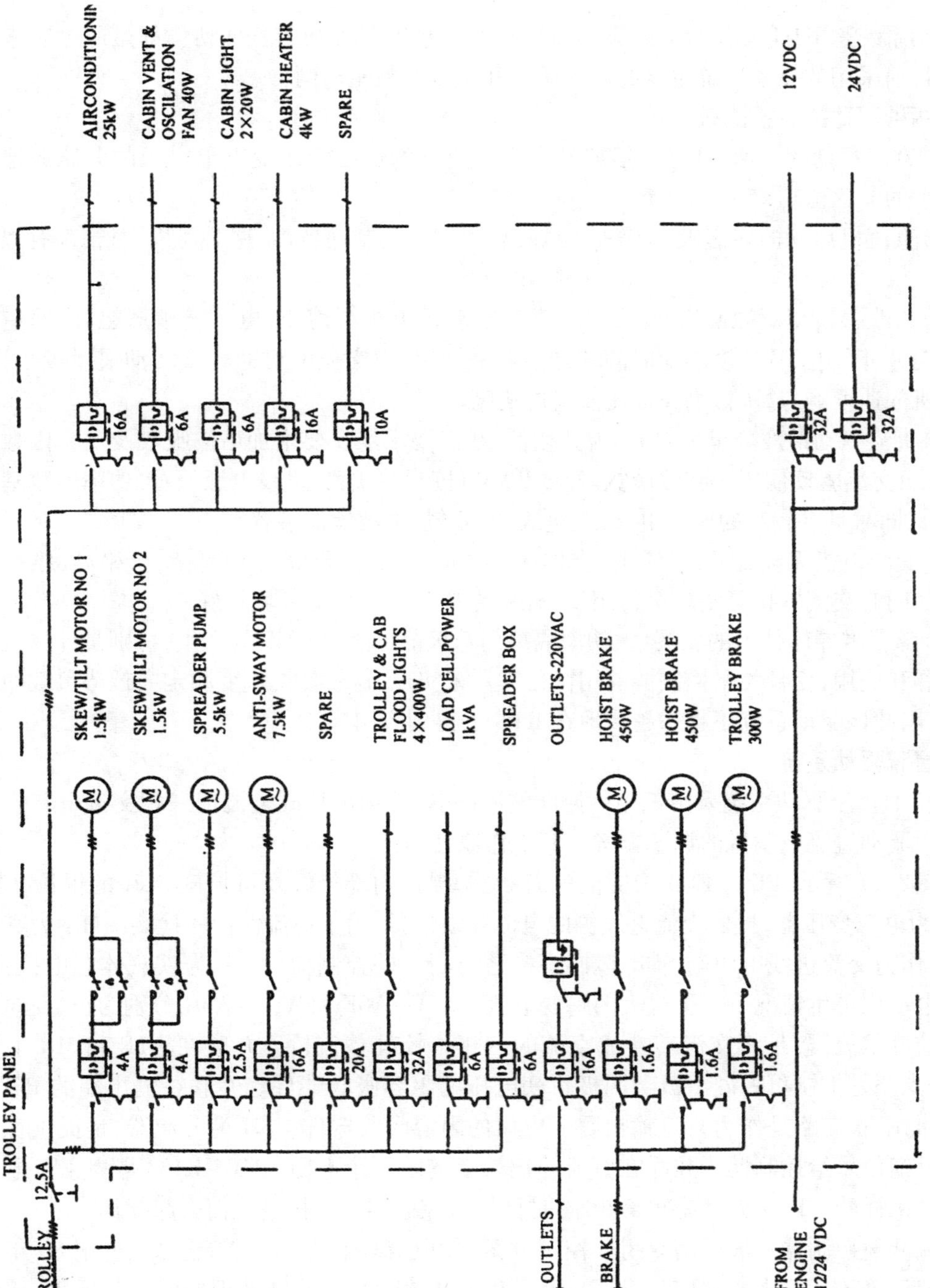


图5-10　电源分布原理图三

## 三、电气驱动系统

驱动系统是RTG设备的中枢部分，起升、大车和小车机构的各种动作都是通过它来实现的。目前采用的驱动系统主要有直流驱动和交流变频驱动两种。

**1. 两种驱动的分析比较**

(1)直流驱动的调速性能好，很容易实现基速下的恒磁场改变电枢电压的调压调速以及基速上的弱磁恒功率调速。

(2)直流机启动的转矩大，动态响应好，有很好的起制动特性，这对司机、对箱都有很好的帮助。

(3)为改善换相器的换相条件，要求直流电动机电枢漏感小，电子转子短粗，因而造成飞轮力矩大，限制了其速度响应时间和最高弱磁转速，而交流电机的转子转动惯量较小，因此电动机的速度响应好，最高速度比直流电机高。

(4)直流驱动谐波分量大，功率因数较低，在高要求场合要增加谐波吸收及功率因数补偿装置；而交流驱动使用正弦波脉宽调制(PWM)控制方式，从进线电源处看，功率因数基本上接近1，同时具有较小的谐波电流，在进线侧不增加谐波滤波装置。

(5)交流电机无碳刷，无整流子，维护保养性能好，而直流机结构复杂，价格高，维护工作量大。同时交流电机可制成全封闭型(外扇冷却型)，耐恶劣环境较好。

(6)随着半导体技术的发展，大功率隔离门双极晶体管(IGBT)的产生，特别是计算机技术的发展和应用，变频矢量控制能够用微处理器来实现，这就使交流变频走向位势负载的应用领域，因此该驱动系统正越来越多地在RTG上得到应用。

**2. 直流驱动系统**

RTG的直流驱动系统采用三相可控硅整流供电，即用可控硅整流把三相交流电转换成直流电后驱动直流电动机的调速方案。其工作原理为：

如图5-11所示，FU1～FU3为交流侧熔断器，提供内部接线及可控硅SCR的保护，CT1与C3T为电流变压器，提供交流进线侧的电流反馈信号，用于环流保护的检测。MA为交流接触器，作为交流进线电源与SCR转换桥接通与断开的控制器件。L为铁氧体芯电抗器，是防止电动机再生情况下产生过大的瞬变电流。A1F～A6F和A1R～A6R分别为正、反向运转时可控硅整流器，是将交流转换成直流的三相可控硅整流桥。并联在A1F和MR上的RC串联支路是抑制可控硅阳极与阴极瞬变电压的阻容吸收器件。并联在输出端的R7和C7组成的串联支路是作为直流输出瞬变电压的阻容吸收器件。SH为分流器，是提供直流侧电流反馈信号给控制器。并联在直流输出端上的若干个电阻(R10～R13)是为直流电压反馈信号采样的。FU4为直流侧熔断器，是保护可控硅因电动机过流而引起损坏。

直流调速控制器一般采用双闭环控制方案，即电流环和电压环控制。20世纪80年代采用模拟运算放大器来实现控制，从20世纪90年代开始，随着微处理器的日趋完善，逐渐采用全数字化方案来实现控制。在驱动器里这些功能都是通过主控板、电源板、电源连接板及应用板等线路板来实现控制的。对于调速精度要求较高时，在电机上都带有测速发电机或测速编码器，通常采用速度反馈闭环线路来控制。

**3. 交流驱动系统**

交流驱动是改变电机输入端的频率来改变电机的同步转速，进而改变电机转子的实际

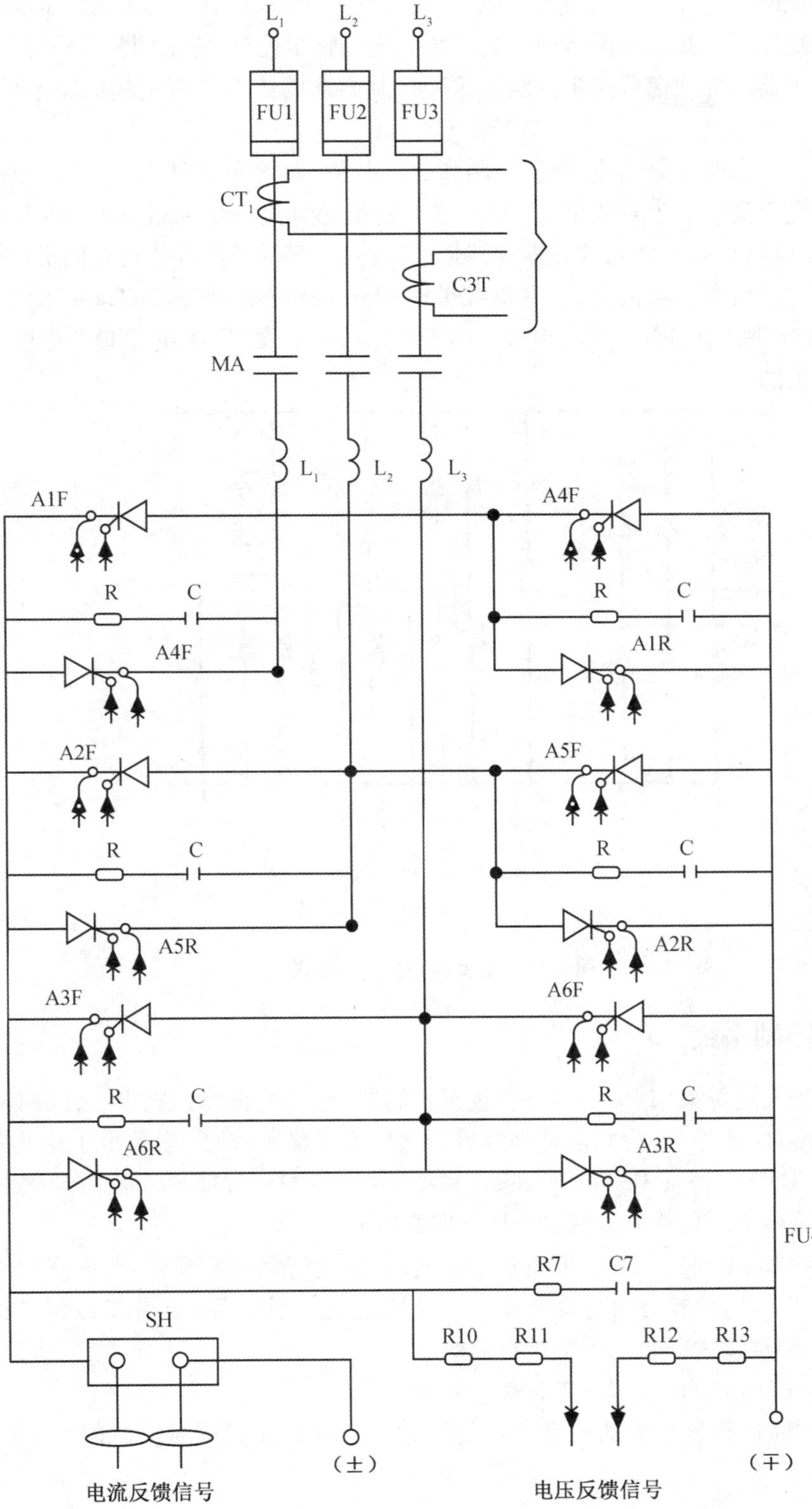


图 5-11　直流驱动系统供电原理图

输出转速。交流驱动的控制方式主要有以下几种：V/F 控制、电压矢量控制、速度闭环矢量控制和直接转矩控制。我们目前所使用的系统为直接转矩控制，它采用数字信号处理硬件，即采用脉冲编码器的反馈信号用于控制。这种控制方式的优点是有优越的动态性能，低频时对力矩的响应更好。

交流驱动主要由两部分组成：整流电路和变频电路（如图 5-12 所示）。整流电路是通过三组可控硅改变交流电压为直流电压，而变频电路是把直流电压通过 IGBT 再改变成交流电压，供给驱动电机。二者之间的分界线就是低电感直流母线排，也就是我们常说的中间电路。这里我们主要研究变频部分，它主要由 IGBT（Insulated Gate Bipolar Transistor）、电容器、门驱动板（NGDR）和接口板（NINT）组成。NGDR 是用来触发 IGBT 的，NINT 是用来连接主控板与门驱动板的。

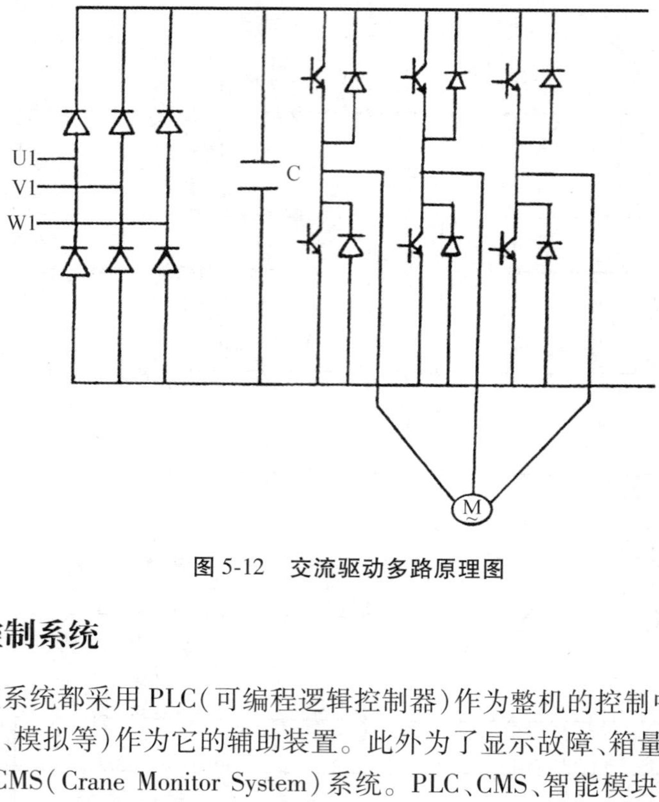


图 5-12　交流驱动多路原理图

## 四、通信控制系统

RTG 的电控系统都采用 PLC（可编程逻辑控制器）作为整机的控制中心，同时使用智能模块（输入、输出、模拟等）作为它的辅助装置。此外为了显示故障、箱量管理及维护保养的需要，还增加了 CMS（Crane Monitor System）系统。PLC、CMS、智能模块及驱动器的通信主要是通过双绞线和通信光缆来实现的。具体方式如下：

（1）PLC 与智能模块之间通常采用双绞线通信，在交流驱动系统中，考虑到交流电压谐波干扰问题，PLC 和远端模块的通信先采用光缆方式，到达目标后再采用双绞线进行通信。

（2）PLC 与驱动器之间采用光缆进行通信。

（3）PLC 与 CMS 之间通过 RS-232 串行接口连接。

以上通信同时进行且交流的信息各不相同，互不干扰，使得实时控制的响应时间低于 10 ms。

## 五、起升运行系统

起升电机功率一般为 90～150 kW，额定载荷为 35 t。由于起升和大车共用一台驱动器，因此不允许两机构同时工作。目前采用的操作手柄多为十字操作,前后操作为降、升,左右操作为大车左右行。复位后当动作手柄操作杆后,起升和大车能自动转换。

**1. 升降操作(直流驱动为例)**

手柄操作分为五挡,满挡时速度最大,加速时间和减速时间由驱动器内部设定。在升降运行中,若按下手柄上的白色按钮,则立即转入悬浮运行(慢速)。手柄操作在满挡之前为调压调速,即恒转矩控制,这时起升马达磁场电流保持为额定,电机转速最高为额定转速。满挡时电机磁场弱磁调速即恒功率调速,轻载时电机转速为 2 倍额定转速。

**2. 保护装置**

(1)在起升滚筒轴上安装凸轮式限位开关,分别作为上升停止、上升减速、下降减速和下降停止的限位。

(2)安装重锤式限位开关,作为起升超程限位。当凸轮式上升停止限位失去作用时,起到第二层保护作用。当此开关动作后,所有机构运行将停止,在排除故障后,一边操作"限位旁路"按钮,同时一边复位,并反方向操作手柄运行即可。

(3)起升电机轴上安装测速电机及离心式开关超速保护装置,当超过 115%最高转速时,开关动作,该机构停止运行。

(4)两套制动闸装置,安全可靠,同时制动器上安装检测限位开关确认。

(5)防下坠功能:当制动器刚释放时,程序控制使速度环有很高增益以补偿电源环的延迟,这样系统反应加快,使负载不致下跌,0. 05 s 后恢复正常。在停止运行时,制动器制动后延 0. 3 s,解除运行指令,使保持一定转矩,负载不致下跌。

(6)超载保护设定为负载额定以上时减速运行,负载为 110%额定负载时,报警并停止上升,但可下降放下负载。

(7)所有车轮都在正常状态且锁销锁紧时,起升允许动作;当任何一个车轮锁销松开,不允许起升动作。同时吊具旋锁完全在松锁或闭锁状态下,起升允许动作。

## 六、大车运行机构

大车电机功率一般为 30~35 kW,发动机和电控室对角两侧各安装一套。在运行中,可通过左侧操作台上大车纠偏开关来控制电机磁场电流,使 RTG 能沿着指定的通道直线前进。应当注意大车行走要进行纠偏控制,大车位置监控及纠偏的方法是:

(1)在集装箱轮胎门式起重机跑道上每隔 3~4 m 埋设代码传感器并在起重机上装感应设备,通过每个传感器的不同代码来鉴别起重机在堆场上的位置,然后再通过 RTG 自身的编码器来测知和控制箱位。其缺点是需在码头上埋设传感器,工作量大且因传感器间隔理设,无法连续监视大车位置,容易因起重机的振动而发生信号读取不可靠现象以及在传感器损坏时不易更换、软件难以修改等困难。

(2)在跑道上画黑白分明的两条基准线,并在机上大车前后方向安装两个摄像头。通过安装的摄像头获取地面基准线的图像信息,分析位置的变化进行纠偏,其缺点是地面基准线易受污染及雨雪等环境因素影响,造成位置检测困难和起重机在堆场中位置不明确等弊端。

(3)在地面跑道上埋设电缆,产生感应磁场,并在起重机上安装感应分析仪,通过对磁场强度的测量获取地面行走机构的偏移量,进行纠偏。其缺点是铺设电缆成本较高,测量精度受机械设备的影响，同时无法正确地知道在堆场的正确位置。

（4）随着DGPS（全球卫星定位系统）技术不断在工业生产上应用，特别是出现了毫米级定位和检测手段，使集装箱轮胎门式起重机既保持转场灵活又能像有轨道的门式起重机一样保证大车运行稳定可靠，准确报告其在堆场中的位置，而且在大车行走过程中进行自动纠偏成为可能。该系统将通过卫星接收设备提供的差分信号，进行设备位置的识别及运行方向的精确分析，通过集装箱轮胎门式起重机控制系统实现方向控制，确保其在运行方向和设定的轨道距离偏差控制在允许的范围内。

保护装置：

（1）大车与大车防撞：在左右槛梁外侧各安装一套大车防撞感应限位开关（红外线感应），两台RTG在同一区域内作业时，由于工作需要，当两台车距离很近时，达到设定范围之内时做出不同的反应。一般在30～20 m时报警，20～10 m时减速，10 m之内停止。

（2）集装箱防撞：在四个主梁内侧的大车腿上各安装一套集装箱防撞开关，其摆臂长度一般为700 mm。当大车在行驶过程中，在跑偏的情况下，该开关可能会碰到内侧的集装箱而发生动作，此时大车停止动作，防止事故发生。

（3）在RTG上都安装风速仪，当风速达到20 m/s时报警，25 m/s时停止动作。

（4）当所有车轮在同一方向上且锁销都锁紧情况下才允许大车动作。

## 七、小车运行机构

小车电机功率一般为20～25 kW，每台RTG配有一套该装置。小车控制一般都使用单独驱动控制，其主令手柄单独使用并且成“一”字形。满挡时速度最大，加速时间和减速时间由驱动器内部设定。

保护装置：

（1）小车轨道前后两侧各安装一套电磁式接近感应限位开关和一套机械式停止限位开关，以保证小车在全速运行中并接近终点时能可靠地减速并停止。

（2）小车轨道前后两侧还安装一套机械式超程开关，以保证上述开关失去作用后，小车能可靠停止，避免撞到RTG槛梁上。该限位开关相当于急停开关。

## 八、转向液压结构

由于集装箱作业场地面积很大，而一台RTG只能在一个区域内作业，为了提高RTG的利用性，设计了大车转向系统，可以使一台RTG在各个不同的区域内进行工作。该转向机构分别设置在发动机和电控室下端两侧，各由一套7.5 kW电机带动液压泵组成。一个完整的转向过程包括：转向泵合—轮销松销—转向90°（或0°）—轮销闭销—转向泵关。在每一个执行机构上都安装不同功能的限位开关，以检测各动作是否可靠执行。

转向控制一般分为手动挡和自动挡两种。手动挡操作顺序严格按照上述步骤逐步进行，而自动挡操作是在转向泵运行状况下，按住90°（或0°）按钮，其转向动作将自动完成。在此操作过程中，每一个限位开关信号都输入到PLC中，由逻辑控制完成。因此该操作过程中，限位开关工作必须完全可靠。如果某一个限位输入不正确，则此后的操作将无法完成。因此习惯上要求司机在手动挡上操作。

## 九、防摇系统

在起升或小车的动作过程中，为防止吊具摇摆，设计了防摇系统。该系统有液压和电气两种。液压防摇系统是由一个 7.5 kW 电机带动一个液压泵，驱动小车顶部四角的液压马达，直接控制其卷筒上的防摇钢丝绳，从而控制吊具摇摆。

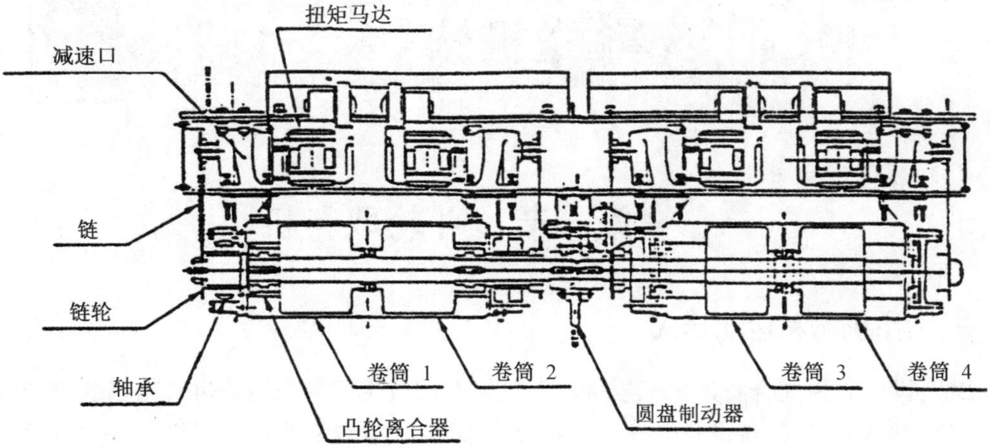


图 5-13　电气防摇装置

电气防摇装置如图 5-13 所示，其工作原理为：四根钢索缠绕于四个卷筒上，凸轮离合器（单向旋转离合器）安装于中央圆盘制动器及四个卷筒之间，所以制动盘只能在卷筒松开钢索的方向旋转，同时系统设计成四个独立的卷筒，能靠公用的圆盘制动器获得足够的制动力以阻止摆动。此外，当钢索绕紧时，链轮、链、减速器和扭矩马达对钢索始终保持拉力。当吊具被吊起时，扭矩马达将钢索绕到卷筒上，使防摇钢索不致松弛。当绕松时，制动器的制动力和扭矩马达的扭矩被克服，钢索脱开卷筒。当吊具停止起降时，扭矩马达和制动器均处停滞状态。如果此时吊具摆动，钢索就会呈“X”形，钢索的一侧会产生巨大的拉力，而在另一侧就会松弛，受拉的钢索会受到制动扭矩而绷紧，这就使摆动得以停止。与此同时，松弛的钢索靠扭矩马达绕紧在卷筒上。

# 第六章 散货装卸输送机械

## 第一节 斗轮取料机

### 一、工作机构和运动形式

在散货堆场,为配合胶带机把散货堆至堆场存放或将堆场的散货供给出场的胶带机,通常采用散货堆场专用机械设备。按用途可分为堆料机、取料机和堆取料机,可见在连续运输机械系统中堆取料机担当着重要角色。图 6-1 为斗轮堆取料机的结构图。

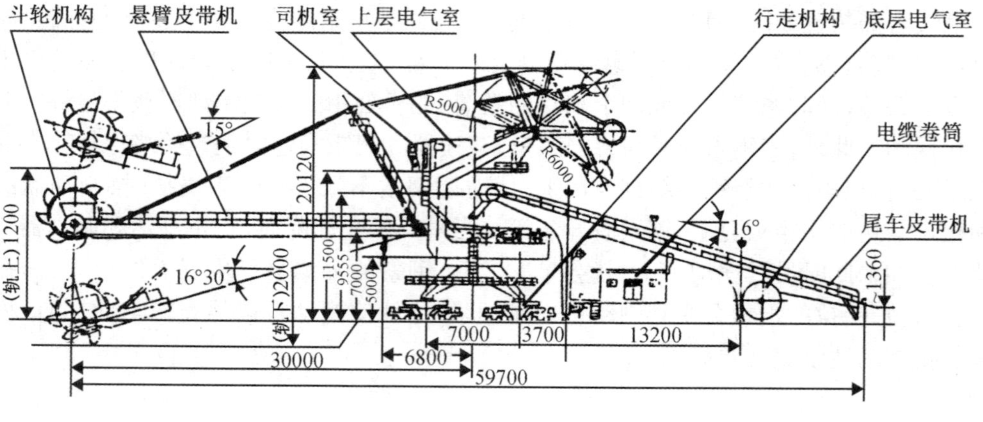


图 6-1 斗轮堆取料机

斗轮堆取料机是兼有堆料和取料两种性能的大型高效率连续运输机械,堆、取料在单机中不能同时进行。它主要由斗轮取料机构、悬壁胶带机、行走机构、回转机构、变幅机构,尾车架和尾车皮带机等部分组成。

**1. 行走机构**

斗轮机行走机构有履带式和轨道式两种,在码头上多采用轨道式。斗轮机跨在水平固定胶带机上,并可在轨道上沿固定胶带机移动,斗轮机的小尾车实际上就是固定胶带机的卸料车。斗轮机在轨道上行驶时,考虑到其用电负荷较大,而且轨道较长,远离变电所,一般都采用 6 kV/50 Hz 三相四线制方式供电。考虑到其控制上与中控室的信息传递,因此一般情况下在斗轮机两侧分别装有动力电缆卷筒和控制电缆卷筒,地面电缆通过卷筒圆心接在滑环上,机上电缆接在电刷上。

电缆卷筒一般由力矩电机拖动，力矩电机定子绕组一般由电阻较大的黄铜制成，转子为鼠笼式。力矩电机可较长时间工作在堵转状态和电磁制动状态，因而其发热较为严重，为了便于其热量的散发，减少温升，在力矩电机工作时为其设专门的通风风机，而且其防护等级较低，一般为 IP22。

地面电缆由变电所经电缆沟，机旁电缆桥架至斗轮机轨道中点的地面接头箱，然后再由地面接头箱接至电缆卷筒。当斗轮机由轨道中点向两端运行时，斗轮机为放电缆行走，当由两端向轨道中点运行时，斗轮机为收电缆行走。当斗轮机每次经过轨道中点时，斗轮机都要进行收放电缆的切换。当放缆时，力矩电机的电磁转矩为阻力矩，电机工作在制动状态，正是力矩电机的阻力矩才能使电缆处于绷紧状态，使电缆直线状分布在轨道旁，不致被行走轮压坏，斗轮机大车的行驶力量使电缆拖动电缆卷筒运行。当斗轮机由轨道两端向轨道中点运行时，力矩电机的电磁转矩为拖动力矩，电机工作在电动机状态。

当斗轮机行走时，电缆的收放线速度要与大车行驶的线速度基本上保持一致，这样电缆才能在一定的张力下呈直线状收放而不至于拉断或压断。

斗轮机的行驶速度一般有两个，一个是工作速度较慢，在 7 m/s 左右，空载调车速度较快，在 30 s 左右。为了减少空载调车时机械振动，要求斗轮机悬壁皮带中心线与地面轨道中心线相平行。有的斗轮机在行走调速上采用交流变频调速。

由于采用变频调速，以便最大幅度地减少斗轮机调速或启动时的机械振动。当斗轮机设防爬器或锚固器或夹轨钳时，行走电路与它们均有起始闭锁关系，电缆卷筒控制电路与行走电路有着互锁关系，同时行走电路设电缆防拉断限位保护。

**2. 斗轮机构**

取料机构通常采用开式斗轮。料斗的卸载有离心式和重力式两种。离心式卸载适应于干燥、流动性好的物料和只用其取料而不能堆料的取料机中；重力卸载的物料自斗口装入并随斗轮向上旋转到上部卸料位置后依靠物料重力从斗背处卸料，经溜料板滑入悬臂输送机中。重力式卸载时，斗轮转速较低，但是卸料时间长，卸料干净，斗轮通常布置在悬臂输送机的侧面。

斗轮堆取料机可采用液压传动和机械传动两种方式。液压传动能较好地适应外界负荷的变化和进行无级调速，结构紧凑，重量轻，但制造工艺要求高，易泄漏，维修困难，当料场既有煤炭又有矿砂时，采用液压传动有其优越性。对于大型堆取料机和取小粒度物料时，采用机械传动才可靠性高，维修技术简单。

在取料时，当悬臂皮带机出现故障时，斗轮应停止取料，当斗轮驱动电路出现故障斗轮停止取料时，回转电路应立即停止工作。对于每小时作业量在 1 000 t 以上的大中型斗轮堆取料机，其斗轮驱动电机一般都在 75 kW 以上，因此考虑到启动力矩的大小，电机的启动一般都采用自耦变压器降压启动方式。在取料作业时斗轮机构是最后一台启动设备，因而在主令开关的操作位置上，当主令开关处在最高挡时，才会启动斗轮驱动电机。

**3. 胶带机**

斗轮堆取料机一般有两台胶带机，即悬臂皮带机和尾车皮带机。悬臂皮带机因堆取料需要可正反向运行，尾车皮带机一般采用单向运行方式。有的斗轮机在考虑车、船直取作业方式，采用双尾车结构。在堆料作业时大小尾车伸缩机构工作使小尾车前移，物料可落到大尾车尾部的装载装置上，悬臂皮带与大尾车相连处设挡板，使物料落入悬臂皮带中，由悬臂皮带机将物料按顺序抛至料场中。当物料需直通装船时，尾车伸缩机构将小尾车向后推开，使物料由小尾车落入地面皮带机装载装置中，这样物料就不上尾车而由斗轮机底部地面皮带机中通过，小尾车的支架、托辊、装载装置等是斗轮机的一部分，而胶带则属于地面皮带机，小尾车可随同斗轮机一起行走。

在斗轮机取料作业时，尾车不需要参与工作，物料由斗轮机构挖起落至悬臂皮带机中，由中心溜料管落入地面皮带机中。

堆取料机皮带机的长短是斗轮堆取料机的一个重要参数，取决于堆取料能力、回转半径、堆取高度和轮压等因素。通常情况下，斗轮机的轨距是回转半径的1/4~1/5，假如斗轮机的轨距为6 m，则其回转半径不超过30 m，悬臂皮带机长30 m左右。大尾车的长度一般主要由堆料高度决定，虽然斗轮机上的皮带机的长度一般都不超过50 m，但是由于作业时悬臂皮带机的仰角变化较大，因此其驱动电机功率的选取一般都比较大。由于液力耦合器的使用使得电机的启动过程大为缩短，在电网允许情况下，中小型斗轮机多采用直接启动方式，当电网不允许时，多采用自耦变压器降压启动方式，以获得较大的启动转矩。斗轮堆取料机的皮带机多采用Y系列的鼠笼式三相异步电动机，维护量小，使用寿命长。

**4. 回转机构**

随着科学技术不断发展，尤其是电力电子技术和微型计算机技术的高速发展，在电机调速系统中，交流调速越来越起着重要作用。由于物料的堆比重的不同以及料场边缘部分物料少，为了保证作业量的连续，对于斗轮机的回转速度，需经常调节。由于直流电机维护量大，因此目前国内在斗轮机回转调速上，多采用交流变频调速方式。

改变斗轮机取料作业量的大小，可通过调节斗轮转速，改变斗轮行走吃料量以及改变回转速度来实现取料量的变化。在液压传动方式下改变斗轮转速较为方便，且可实现无级调速，但在机械传动方式下，斗轮机实现无级调速难，一般不采用此方式。改变斗轮的吃料量是通过控制行走时间来实现的，随机性较大易造成取料过多或过少现象；而回转电机较斗轮驱动电机来讲，功率相对小得多且易于控制，因此在斗轮机取料量的控制上，多采用回转调速方式。

在取料作业时，悬臂皮带机启动完毕后，可启动斗轮机构，然后由料场边缘向料场纵深回转取料。在料场边缘取料时，要求回转速度快些；在料场中间取料时，由于每斗取料都满载，要求回转速度慢些；当取到料场纵深一侧边缘时，斗轮机前行吃料，再由料场纵深向轨道侧回转取料，这样循环进行。当取完上层物料时，斗轮机将由近轨道向后行走找到下层取料起始点，再循环地将新的一层物料取走。

堆料时，先将悬臂放低些堆料，当堆到高度时，再逐步抬起悬臂，当堆到一定极限时，再向远轨道料场纵深回转小距离堆料，这样逐步向纵深回转堆料，当堆到一定量时，斗轮机将向后退再堆料，然后再向轨道侧逐步回转堆料，不断循环。

由上述分析可见，在取料时，斗轮机由后向前，里外循环，逐层取料。堆料时，是里外循环由前向后。因此斗轮机作业时，比较有规则，易于实现自动及半自动控制。由于PLC在我国机电产品中的使用越来越广泛，越来越多的斗轮堆取料机都采用PLC控制，而且都没有自动或半自动操作，以便最大限度地减轻工人的劳动强度，延长电气元件的使用寿命。

**5. 变幅机构及其他系统**

斗轮机在作业时，需要根据料场情况经常改变悬臂的仰角，变幅的驱动方式一般有机械传动和液压传动两种方式。液压传动时，工作更加平稳，控制更加方便，机械传动一般由电动机驱动滚筒，通过钢丝绳索来实现。机械传动结构简单，维护方便。两种方式的电气控制均为简单，功率消耗亦相差不大，但是液压传动优点更明显些。在变幅机构控制上，要设上、下幅度限位控制，由于悬臂在改变幅度时，机构惯量较大，为防止机体与料场的碰撞，保护金属结构免受较大冲击，限位开关是安全运行的一个重要元件。

斗轮机除上述介绍的几种工作机构以外，还有喷洒系统等。

## 二、斗轮堆取料机的供电系统

每小时作业在 1 000 t 以下的堆取料机属于小型机，每小时作业量在 1 000~3 000 t 的称为中型机器，3 000 t 以上的称为大型机器。对于小型堆取料机由于作业料场小，供电距离短，装机容量小，一般都采用低压供电方式，电源为 380 V/50 Hz 三相四线制；对于大中型机器多采用三相三线制 6 kV/50 Hz 电源，其供电系统如图 6-2 所示。

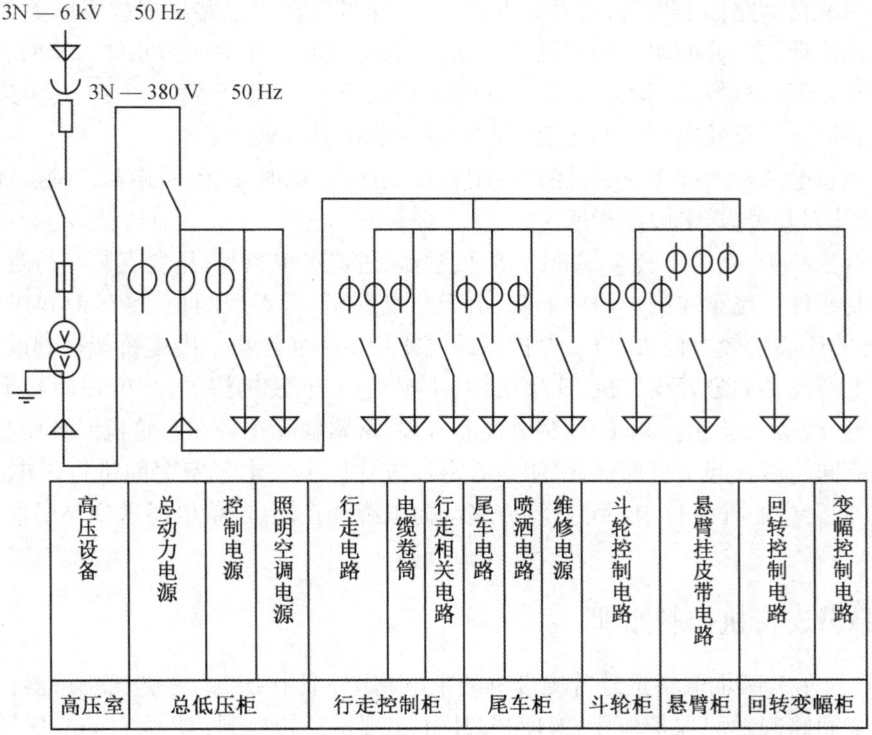


图 6-2　斗轮堆取料机供电系统图

### 1. 高压设备

6 kV/50 Hz 电源由地面经电缆卷筒接至高压室高压开关柜中。在高压室内主要有高压开关柜、干式变压器等设备。有的堆取料机在高压室内设两台干式变压器，一台作动力用，一台作照明、空调负荷用。一般在中小型堆取料机中，只设一台动力变压器，而在该变压器的副边再设照明空调用变压器。在高压开关柜中设负荷开关和高压熔断器，也有的堆取料机使用高压真空断路器。在日常运行中，高压室内无任何操作，司机等工作人员很少入内，只有在设备保养过程中，电气工作人员例行检修工作，因此在平时高压室是关闭上锁的。

**2. 低压设备**

底层电气室内一般设总电源受电柜、行走控制尾车控制馈电柜。总电源受电柜主要是解决整机低压用电问题，主要设备有低压刀开关、断路器、自动开关、照明变压器、控制隔离变压器、计量仪表、互感器等。

刀开关的作用主要是在设备停电检修时，有一个明确的断点，充分保证工作人员的安全，一般选用 HD 型刀开关。断路器一般为 DW 型框架式空气断路器，如 DW15、DW17 等，主要作用是对主电路起短路、过载、欠压、缺相等保护。还有一点，是在紧急情况下，如接触器触头焊死，设备停不下来或要发生重大事故，急需紧急停车时，可通过紧停按钮使断路器分断，停掉低压动力电源。一般情况下，在司机室操作台上、底层电气室内、上层电气室内各设一个紧停按钮。紧停按钮与普通按钮的区别在于它是蘑菇状，按下去时具有定位功能，旋转后又可复位。通常断路器分励按钮常开接点串入分励线圈中，紧停按钮常闭接点串入欠压线圈中。在操作台上，对于断路器设合闸按钮、分励按钮和紧停按钮。照明变压器、控制变压器电源取自断路器上桩头，刀开关下桩头，这样可使在主电路出现故障断路器分断时，机上照明仍然存在。使照明一回路供电可靠性提高。同时，在主回路元件试车时，使机上机构不运行而方便调试控制回路。控制变压器容量较小，一般在 5 kVA 以下，其副边不接地，从而使控制回路可靠性提高。照明变压器容量一般在 20 kVA 以下。

在低压总电源柜的操作时，要注意倒闸操作顺序，停电时，先停断路器，在确认断路器分断后，再拉开刀开关，送电顺序相反。

在行走控制柜，除了安装空气断路器、接触器、过流继电器外，还要安装与行走控制相关的机构控制元件。尾车控制柜同样如此，由于总电源柜、行走控制柜、尾车柜同在底层电气室内，电源的连法比较方便去电机，保护器的电缆均由柜底经机上电缆桥架接到设备上。

由于上层设备如悬臂皮带机、变幅机构、斗轮机构、回转机构等，均处在回转平台上，而且由底层电气室到上层电气室的控制电缆非常多，落料溜管正处在斗轮机回转中心，因此斗轮机不可能同门座式起重机那样，采用中心滑环方式同上层电气室之间进行供电和信号联系，而是在回转中心处通过中心导管将许多动力电缆和控制、通信电缆送到上层电气室和司机室内。

## 三、悬臂皮带机控制原理

图 6-3 所示为某堆取料机悬臂皮带机的主电路图，图中 QF32 为空气断路器，主要对悬臂皮带机主回路起短路保护作用，21KM、22KM 实现正反转控制，T5 为自耦变压器，起降压启动作用。启动过程中，24KM 和 25KM 同时吸合，23KM 不吸合，启动完毕之后，23KM 吸合，24KM、25KM 释放，启动过程结束。TA6、TA7 为电流互感器，对工作电流计量，同时热继电器和电流继电器对电机过载、过流起保护作用。在电流互感器二次侧回路中，20KA 在电机启动过程中将电流表短接，对电流表起到保护作用，当启动结束后，20KA 常闭接点断开。

图 6-4 所示为斗轮堆取料机悬臂皮带机二次回路，5KA 在操作上选择半自动操作时吸合，5KM 为选排手动操作时吸合。在堆料作业时，悬臂皮带机在整个作业流程中第一个启动，因此它不受其他设备闭锁，而在取料作业时悬臂皮带机是最后一台启动的输送机，因此它受地面输送机的闭锁，只有在地面系统启动完毕后，起始闭锁才解除。当悬臂皮带机启动时，24KM、25KM 接触器同时吸合，自耦变压器与电机串接，电机降压启动。26KM 闭合启动

电液推杆制动器电机，刹车打开。经过启动延时后20KA得电吸合，24KM、25KM释放，同时23KM吸合，自耦变压器被切除，降压启动结束。7SQ为打滑开关的微动开关常闭接点，当皮带机不工作时，7SQ是闭合的，当皮带机正常启动起来时，7SQ打开。失速打滑时，7SQ接通，使23KA动作，悬臂皮带机停止工作。8SQ-11为跑偏开关微动开关。16KA为故障复位继电器，设在操作台上由司机通过故障复位按钮来操作。出现故障时，即使故障解除，23KA仍然吸合，只有当按下故障按钮时，16KA得电吸合方使23KA失电。

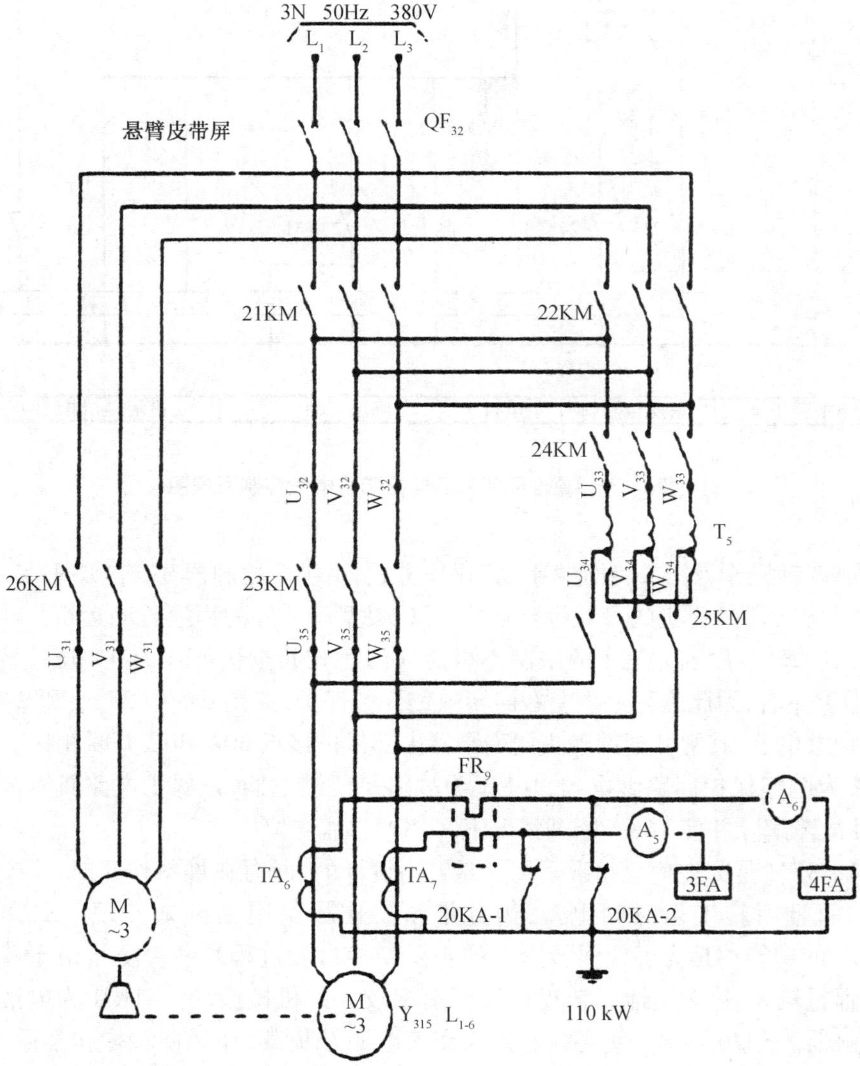


图6-3　悬臂皮带机主电路电气原理图

## 四、回转机构控制原理

斗轮机在回转取料时需经常调节回转速度，在料场边缘时，需快速取料；在料场中间时，需慢速取料。对于不同物料其回转速度要求也不一样。理论上取料时按倒数的规则取料，但在实际应用中，却具有灵活多变性。图6-5为我国沿海某港口斗轮堆取料机的回转控制

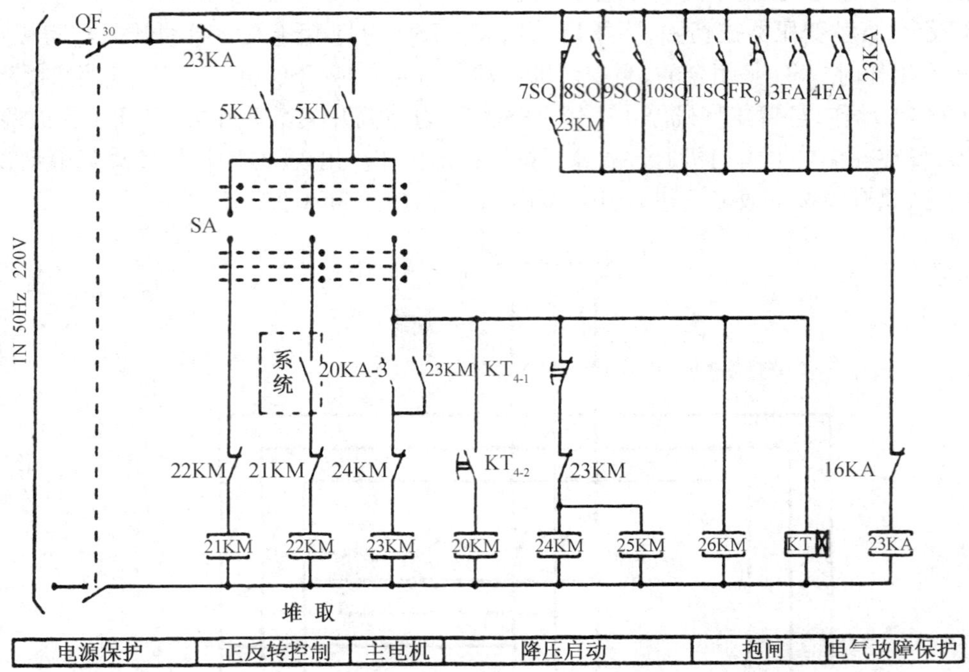


**图 6-4　斗轮堆取料机悬臂皮带机电气控制原理图**

原理图。

机构有两种操作方式，一种是“手动”操作方式，由主令控制器 SA 来实现；另一种为“半自动”操作方式，通过司机的参数设定后由 PLC 根据设计好的程序自动运行。斗轮机在回转工作时，其回转角度因大尾车的限制不可能同门座式起重机那样 360°回转，最大回转角度一般在 10°左右，因此工艺上设左右回转限位开关保护，如图 6-5 中 28SQ 和 29SQ。FR24 为过流保护继电器，其常开辅助触头同变频器内部保护接点 30A、30C 并联相接。

44KA 为电气保护回路继电器，16KA 为故障复位继电器，该保护电路具有故障闭锁功能，只有在故障解除并使 16KA 断开情况下，44KA 才能复位。

47KM、48KM 是为在应急情况下回转悬臂而设计的，同时在堆料作业时，由于对回转速度无要求，而且回转工作时间也短，因此堆料工作尽量用工频来实现。KT13、KT14 与 KT12、KT11 的功能均是为了使回转速度的正反切换过渡过程长些。防止由于斗轮机悬臂皮带机的惯量较大，过频繁地回转正反转而引起较大的机械振动。41KM 为电液推杆刹车电机用接触器。SB20 = 1 时，使变频器接入交流电源及负载，在无回转操作情况下，负荷侧无电流输出。SA 为变频手动操作主令开关，在半自动操作情况下，勿需 SA 操作，因此在半自动操作时，5KM = 1、6KA = 0。其中 PKA10、PKA6、PKA7、PKA8 为半自动取料时中间继电器，由 PLC 输出口接收命令；PKA11，PKA12 为半自动堆料时中间继电器，由 PLC 输出口接受命令。在电气回转中要严禁 48KM 或 47KM 与 46KM 同时吸合而烧毁变频器。

当 SB20 = 1，则 45KM 与 46KM 吸合，38KA = 1，使变频器 BX = 0。当 37KA = 1 或 40KA = 1 时，变频器有电流输出，可回转工作，当达到料场边缘时，如图 6-5 所示的料场边缘回转限位开关闭合。X = 1，回转频率增高，回转速度加快。

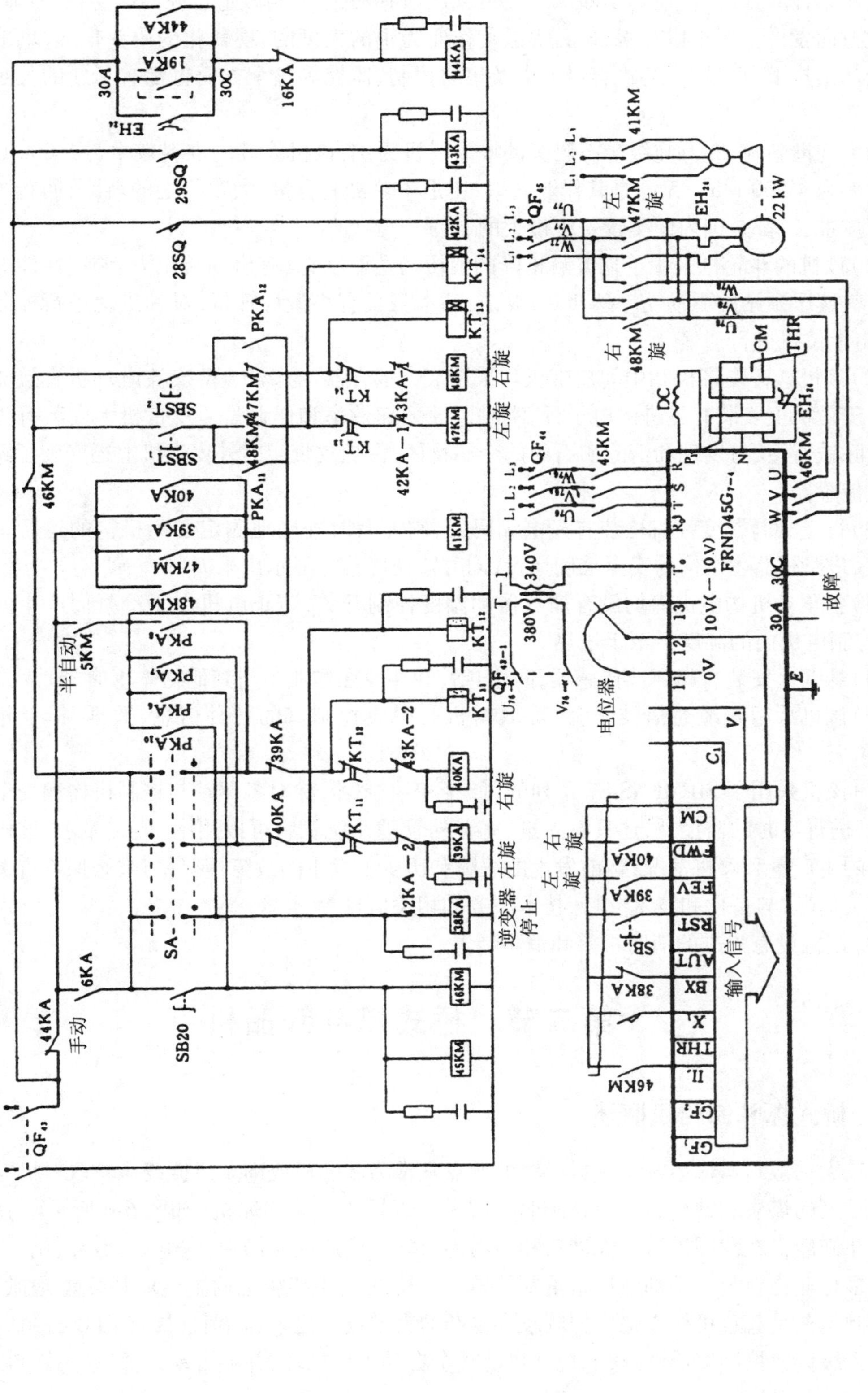

图6-5　斗轮堆取料机回转控制电路原理图

### 五、斗轮堆取料机的现状和新技术的应用

近年来，随着经济建设的不断深入发展，散货码头的建设与改造也在向大型化、专业化、集约化方向发展。对于以煤炭、矿石等散货作业为主的大型的、现代化的码头作业，堆取料机无论从结构上、重量上、装机容量上以及集中控制、监控等各个方面也都有了新的长足进步。

以大连港新建 25 万吨级矿石码头的堆取料机为例：该机设计的堆料效率为 5 000 t/h，取料效率为 4 500 t/h。无论是其作业效率，还是斗轮机的容量、大车行走的轨距、回转半径及悬臂皮带长，都是国内同类设备中最大的、最先进的。

(1)该机的斗轮机采用了瑞典赫格隆的液压马达驱动，具有启动转矩大、调速性能好的优点。其液压泵站的驱动功率达 400 kW，泵站本身具有小型计算机，对其工况进行控制监控，并与上位机进行通信。

(2)该机悬臂皮带机和中间皮带机均采用液力耦合器，与 200 kW 交流电动机直接驱动方案。皮带机上安装有先进的电子秤，实时监控装卸效率和作业量。皮带机上安装有先进的电子除铁器，及时发现和清除矿石中的金属物体，保护皮带。另外皮带机上还安装了跑偏和速度传感器。

(3)行走、回转、变幅机构装有光电编码器，它能及时准确地测定各个机构的运行距离和角度，并控制上述机构的安全准确运行，同时监视屏幕上显示出来。

(4)各驱动机构电机内均设有加热器和温度控制开关，防止电机由于冷凝而产生的潮气；并控制电机内的温度不至于过热。

(5)悬臂上安装有超声波传感器，防止悬臂和斗轮在作业中与其他物体相撞。

(6)该机采用光缆通信技术，将堆取料机与中央控制室的各种信息、数据、指令相互传递。

(7)该机采用了 SIEMENS-S7 系列的可编程序控制器，除对各驱动与控制机构和安全报护机构，进行实时的监控外，还具有先进、完善的管理系统。它可以用中、英文显示：该机的每工班的生产量和停机情况；当前发生的故障和历史上发生的故障情况；与维修保养有关的各种相关信息；与备件和技术支持、技术服务的相关信息等。

(8)该机设有先进的消防报警和消防装置。

## 第二节　桥式抓斗卸船机

### 一、桥式抓斗卸船机概述

在较大的散料运输系统中物料运输的始点常常为卸船机或卸车机械或斗轮取料机等设备。大粒度的煤炭和铁矿石等原料卸船时却主要以桥式抓斗卸船机(如图 6-6 所示)为主，桥式抓斗卸船机在我国沿海各大港口和内河港口均得到广泛应用，并在电力、冶金、化工、水泥等许多行业物料装卸中都占据很重要的地位。桥式抓斗卸船机的主要取料装置是抓斗，它的控制工艺是起重机械设备中控制较为复杂的大型设备之一，特别是具有 PLC 控制以及有电子无级调速控制器后，能够实现半自动或全自动工作循环，并能自动防摇、动态卸料，提

高了生产效率,降低了劳动强度。

图 6-6　桥式抓斗卸船机

从自动控制的角度看,桥式抓斗卸船机主要有五大运动机构:起升支持机构、起升开闭机构、小车平移机构、变幅机构和大车行走机构。其中,起升支持机构和起升开闭机构完成抓斗的升降和开闭;小车机构完成抓斗的平移;变幅机构主要完成悬臂梁的收放;大车行走机构完成整个机械的移动。

抓斗桥式卸船机除了以上五个主要机构需要完成控制外,与控制相关的还有一些辅助机构,如电缆卷筒、给料机、带式输送系统、水系统、司机室平移、照明、称重等,由于这些辅助机构或者在控制上较容易实现,或者与其他桥式起重机有相同之处,故本章不予介绍。本章主要介绍以上五个主要机构的控制原理与工艺方法。

**1. 传动机构的特点**

(1)抓斗运动机构

桥式抓斗卸船机的主要取料装置是抓斗。抓斗的升降、开闭及平移运动主要由起升支持机构、起升开闭机构和小车平移机构协同完成,三个机构合称抓斗运动机构。三机构分别由支持电动机、开闭电动机和小车电动机通过机械卷筒带动钢丝绳协同传动抓斗运动。

起升支持机构、起升开闭机构和小车平移机构的传动形式主要有如下三种:

①四卷筒传动结构:三个电动机共用四个卷筒,卷筒之间通过行星齿轮进行机械耦合,由机械差动完成三个机构的联动与单动,该方式的机械四卷筒结构复杂,钢丝绳缠绕简单,具体结构形式在有关资料中有详述。

②平衡小车结构:三个电动机分别传动三个独立的卷筒,小车机构增加一个平衡小车来实现差动运行,保证小车平移运动时抓斗水平。该方式的机械卷筒结构简单,但要增加平衡小车,钢丝绳缠绕较复杂。

③电差动结构:四个电动机分别传动四个完全独立的卷筒,由电气控制系统控制四个电动机的差动完成三个机构的联动与单动。电差动结构方式比行星齿轮机械差动结构的电气控制要复杂得多,但四个卷筒的结构简单,制造成本低,无论机械还是电气,均有很高的互换性,并且钢丝绳的缠绕简单。

抓斗运动机构(支持、开闭与小车机构)是抓斗桥式卸船机工作频率最高的机构,在现代的控制系统中常常要为这三个机构的联合装卸工作配备全自动或半自动工作的手段,以提高生产效率,同时也降低了操作者的劳动强度。

每个机构除了配备制动器、凸轮限位及必要的润滑系统外,为了能够实现半自动或全自动功能,支持机构、开闭机构与小车机构都需要配置位置测量传感器、速度测量传感器以及必需的安全保护装置等。

(2)悬臂梁运动机构

在卸船机不工作时为了防止大风冲击以及船舶停靠时为了避免碰撞,此时通常需要将卸船机悬臂梁收起;正常工作时,又需要将悬臂梁下放至水平,悬臂梁的收放由变幅电动机完成。变幅电动机传动一个独立的卷筒。为保证机械安全,通常悬臂梁收起后,由机械挂钩锁定,该挂钩被称为安全挂钩。另外,为了减少钢丝绳的机械疲劳,悬臂梁收起和下放至水平位置后,需将钢丝绳放松,避免钢丝绳长期受力而发生变形。所以,电气控制系统中必须要求有变幅收放自动控制流程,完成悬臂梁的自动平稳升降、安全挂钩自动抬起落下、钢丝绳自动放松等系统联动控制,以提高操作的可靠性和安全性。

由于悬臂梁运动机构的安全级别要求较高,通常要配备两个制动器,一个为安全制动器,一个为工作制动器。该机构的工作效率低,且不需要与其他机构联动,在电气控制上往往与小车机构的控制系统合而为一,共用一套电子传动装置。除了配备制动器、凸轮限位及必要的润滑系统外,通常也需要位置测量传感器、速度测量传感器以及机械超速保护开关等,以增加该机构的安全监控性能。

(3)大车行走机构

卸船机正常工作时,经常需要将整机平移,该运动由大车行走机构完成。大车行走机构通常由一组多台电动机共同传动,因此无须速度与位置测量装置,每台电动机配置一套制动器。大车运行时,电气控制系统需同时传动电缆和水缆卷筒,以保证上机电缆和水缆同步收放。另外,为保障整机的安全性,大车行走要与防撞信号连锁,并设置锚定销、夹轨器及防风缆等装置。

**2. 电气控制系统的基本要求**

配备全自动/半自动操作的卸船机控制系统,其传动机构应该采用交流变频或直流调压等调速方法,而且必须有运算功能较强的 PLC 参与控制。完善的设计还应有计算机管理系统或故障与状态监视系统,以便在故障发生时能够快速定位故障点,及时修复。

配备全自动/半自动操作的卸船机控制系统应能完成以下主要功能:

(1)抓斗自动开闭斗控制,具有软开斗及软闭斗功能,消除手动开闭斗对机械造成的冲击;

(2)抓斗在料堆上的自动深挖控制功能,即抓斗最大抓取量的实现,提高每次抓取物料的效率;

(3)位置同步控制,保证支持、开闭机构同步升降;

(4)起升、开闭转矩平衡控制,保证支持、开闭机构的出力均衡,运动中不开斗;

(5)半自动/全自动最优运行轨迹控制,根据抓斗取料的位置自动优化动态运行轨迹;

(6)可提供静态卸料和动态甩斗卸料两种卸料方式的选择,满足高效装卸不同状态物料的要求,提高卸料效率;

(7)精确定位控制,保证半自动/全自动运行及卸料不洒出料斗;

(8)自动防摇控制,精确控制抓斗摇摆,保证机械安全及精确定位;

(9)变幅及其挂钩全自动联动,避免人工误操作可能产生的危害;

(10)完善的故障检测及保护处理,提高故障排除效率,有效保护设备和人身安全。

## 二、电气控制系统的组成及工作原理

### 1. 电气控制系统结构

卸船机的电气控制系统主要由执行层、控制层、监控层和管理层四层结构构成，如图 6-7 所示。其中，执行层主要是直流/交流电动机、检测元件、传感器等；控制层主要是速度传动器、可编程序控制器(PLC)，控制层设备间通过工业网络或现场总线完成信息交换；监控层主要是图形显示终端或上位计算机等。起重机装备管理系统(CMS)，完成设备级故障检测、显示、处理以及系统状态动态显示、设备工作信息采集及报表输出等。监控层通过监控级工业网络与控制层交换信息；管理层主要是企业管理级计算机及网络，完成企业级信息采集、分析及管理，甚至可以通过 Internet 进行远程监视与维护。

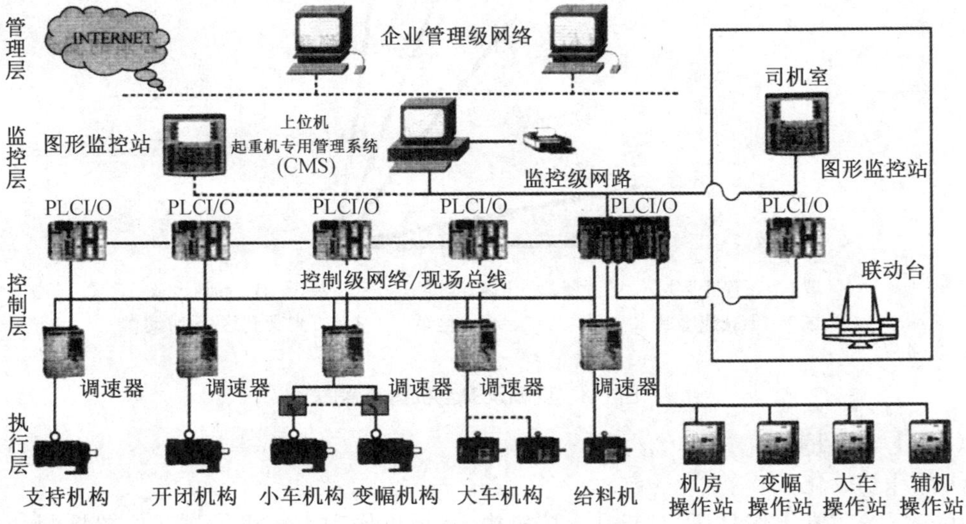


图 6-7 桥式抓斗卸船机电气控制系统结构图

卸船机电气控制系统中通常只由执行层、控制层及监控层组成，但应预留与管理层的硬件与软件接口，以适应企业发展的需要。

### 2. 控制系统的工作原理

(1)支持机构、开闭机构电动机的启停顺序

在松开制动器和开始起升传动电动机之前确认传动链能够产生转矩，机械制动器没有打滑，应进行转矩验证，在机械制动器打开前给一个正的转矩给定值(电动机应不转动)。如果转矩验证成功，则表示转矩达到了正确的等级，允许松开制动器，开始启动逻辑。

打开机械制动器前应向起升电动机施加提升力，以防止载荷下沉，接收到制动器打开信号后速度开始建立，以斜坡线性加速。

在停机时一般采取电气制动方式，电气制动可以提供可控的和平滑的制动性能，机械制动在传动装置故障时和停机以后采用。

电气制动方式有两种：快速电气制动和正常斜坡电气制动。

在采用电气制动使电动机降到零速之后，立即对起升电动机施加向上的转矩，同时发出关闭机械制动器的命令，在接收到制动器已关闭的信号后应经历短暂的延时再取消提升转矩。

(2)变幅机构工作顺序

变幅机构与小车机构可共用一个速度控制系统,按先来先用的原则,自动转换速度控制器的相应参数。变幅机构可分别在司机室、机房和变幅室操作。在司机室可以对变幅机构在区域1、区域2及区域3操作,见图6-8。在变幅室可对变幅机构做全行程操作,且有手动和自动方式。处于自动方式时,在上升命令发出后,能自动上升,抬起安全挂钩,变幅上升到位后,自动放下安全挂钩,变幅机构再往下微动,直至松绳后自动停止;在下降命令发出后,变幅机构往上微动到上停止限位,自动抬起安全挂钩,变幅下降至水平位置(下限或松绳限位动作)后自动停止。在司机室显示屏上应能显示悬臂工作状态及角度。

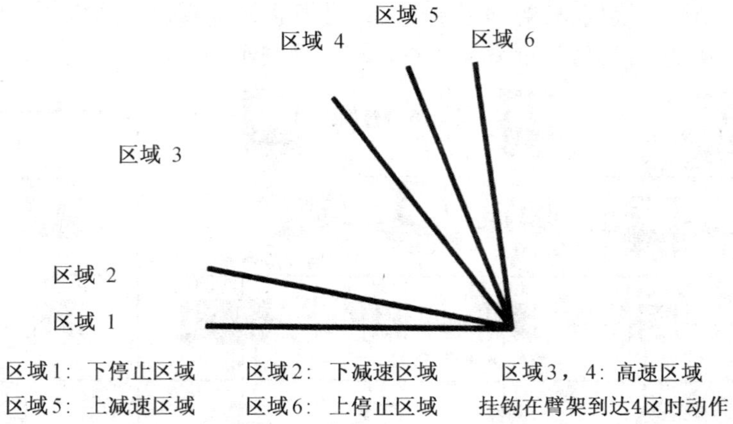


图6-8 变幅及安全机构流程图

(3)自动抓斗控制

①抓斗初始化

由于系统正常工作时,需对起升支持机构、开闭机构和小车机构进行位置控制,所以必须在正常工作开始前,进行起升位置初始化、开闭开度初始化和小车位置初始化工作。每次PLC重新上电或编码器故障后,抓斗必须重新进行初始化。

②抓斗控制

抓斗的开斗、闭斗动作是通过支持机构和开闭机构协同运行所形成的行程差来实现的。电气控制系统应根据支持机构和开闭机构的实时位置差、抓斗起升速度给定、抓斗开闭速度给定,通过速度计算功能模块计算获得起升速度给定和开闭速度给定,分别控制支持电动机和开闭电动机的速度控制器实现多种抓斗运行模式,应能做到静态开闭斗(即抓斗无升降运动)、动态开闭斗(即抓斗同时有升降运动)、深挖过程中闭斗等。在完成抓斗的初始设定后,抓斗打开和关闭的预置减速位置、预置停止位置等。四个参数既已确定,在开闭过程中将会自动减速、自动停止,见图6-9。

③位置同步控制

抓斗的位置同步控制在抓斗未关闭时进行,通过将支持机构和开闭机构的即时位置差与记忆的位置差做比较,位置调节功能块将进行精确的位置控制,使抓斗在升降时,始终保持支持机构和开闭机构的位置差不变,以维持抓斗的开闭状态。

④负载平衡

电气控制系统实时采集支持机构和开闭机构的负载信号,通过力矩PI调节功能块实现

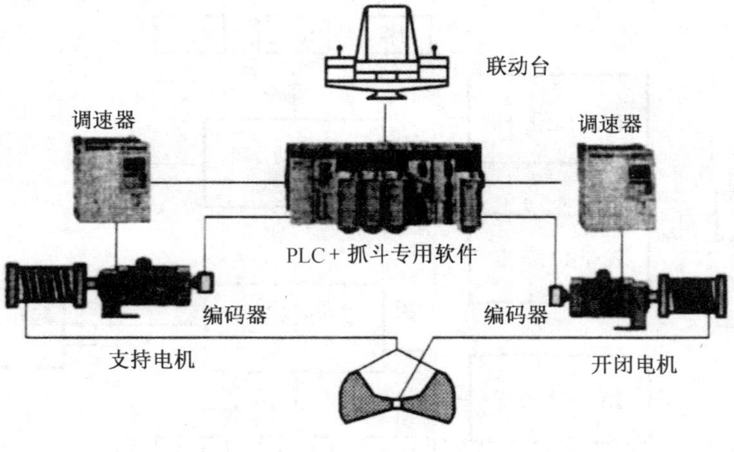


图 6-9　抓斗控制原理模型

精确的负载平衡。使抓斗在闭合状态即带负载升降时，始终保持支持机构电动机和开闭机构电动机的负载平衡，以维持起升机构和开闭机构的电动机出力均衡，并保证抓斗运行过程中不洒料。

⑤最大抓取量控制（深挖）

抓斗由于自重以及在抓取物料的过程中重量不断增加将会使抓斗不断下沉，电气控制系统根据对抓斗的抓取特性协调控制，支持电动机和开闭电动机的转速和转矩，实现抓斗的最大抓取量控制，有效地提高抓斗的抓取量。支持机构和开闭机构转速、转矩的有效配合，也有效地降低了在深挖过程中的机械振动。另外，由于转矩限幅，支持电动机在深挖的过程中仍有 10%~20%额定转矩，恰能维持钢丝绳的重量，使钢丝绳在深挖过程中始终维持在张紧状态，避免了传统抓斗控制在深挖过程中钢丝绳过度松弛的缺陷。

⑥软件框图

自动抓斗控制软件框图见图 6-10。

（4）半自动工作流程

系统在半自动方式时，见图 6-11，抓斗闭合抓满物料后，在手动操作下提升到设定的安全高度后，可以启动半自动工作流程。根据当前的小车测量位置和卸料位置，系统经过计算获得当前卸料的最佳防摇运动轨迹，并即刻进入半自动运行，沿计算的最佳防摇轨迹运行到料斗上方进行卸料。

若卸料方式设定为静态卸料，见图 6-12，则抓斗应无摇摆地停留在料斗的上方中央位置，并打开抓斗卸料，抓斗在料斗上方的停留时间应可以通过静态卸料停止时间选择开关进行调整，通常在 1~4 s 间可调即能适应所有状况的物料。

若卸料方式设定为动态卸料，见图 6-13，则抓斗在料斗上方不停留，利用小车停车时抓斗产生的惯性力在料斗上方进行甩斗摆动同时开斗卸料，当抓斗回摆时小车又立即朝海侧方向返回，从而无摆动地停留在取料位置上方。抓斗按当前卸料的最佳防摇轨迹返回并下降到安全高度位置以后转入手动控制。

静态卸料与动态卸料的速度变化与摆动量的变化见图 6-14 和图 6-15，静态卸料和动态卸料方式选择可以满足装卸不同物料状态的要求。由于半自动功能可以生成最佳防摇路

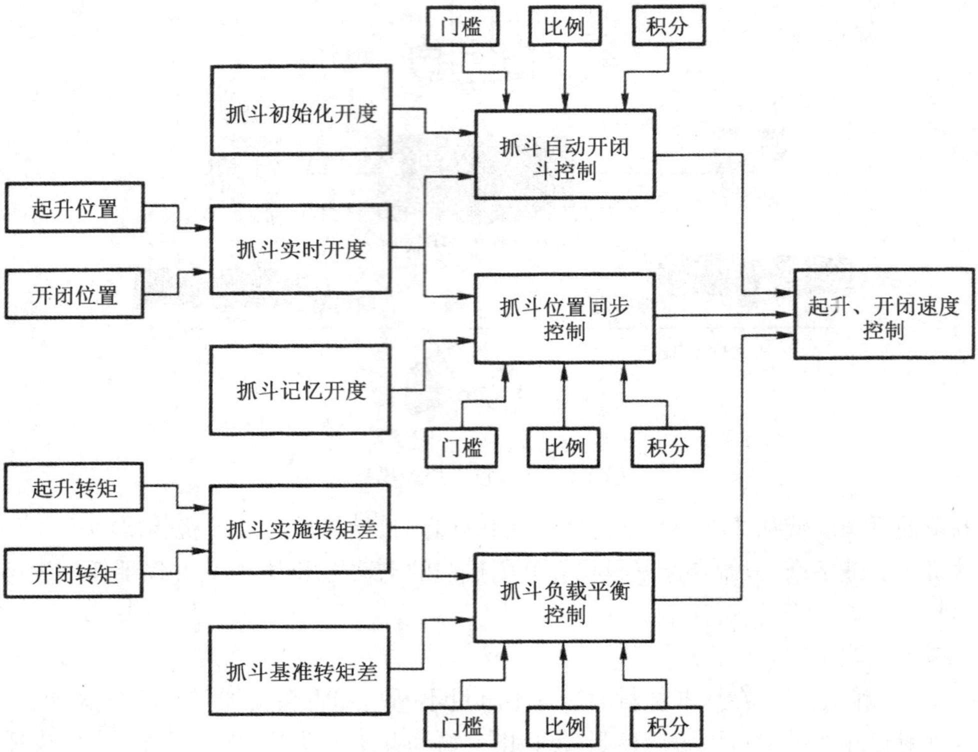


图 6-10　自动抓斗控制软件框图

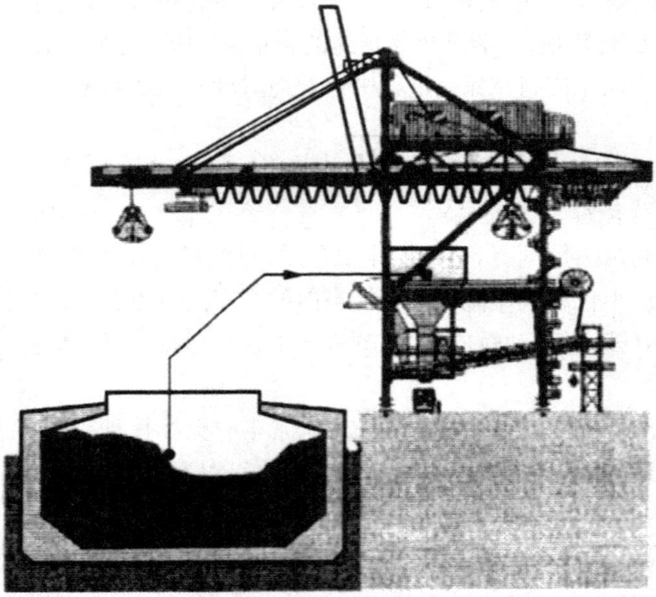

图 6-11　半自动工作方式

径，运动中不摆斗，并可在料斗上方准确定位，与原来传统的桥式抓斗卸船机相比，避免了由司机手动进行防摇和定位卸料的操作，不仅有效地降低了司机的劳动强度，提高了设备的生产效率，而且设备的安全性进一步提高，防止了由于人员的误操作而产生的不良后果。

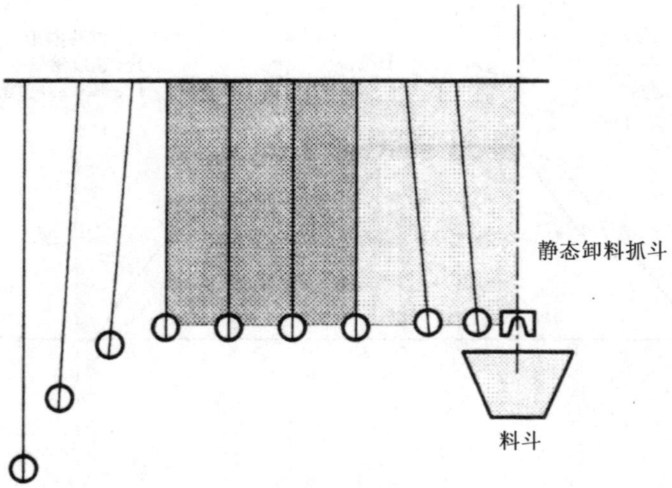


图 6-12　抓斗静态卸料方式

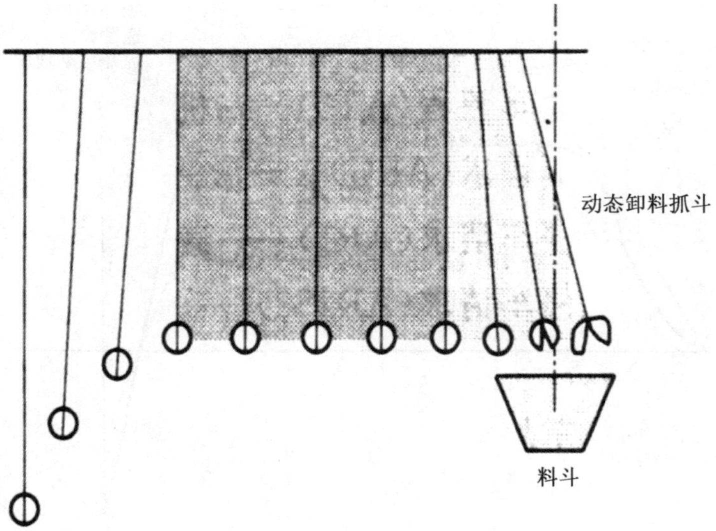


图 6-13　抓斗动态卸料方式

在半自动运行过程中均可通过操作小车或起升主令控制器提前转入手动控制。在半自动循环工作过程中的任何时刻,只要小车或起升主令离开零位,即中断半自动运行的工作过程,返回到手动控制状态。半自动软件流程框图如图 6-16 所示。

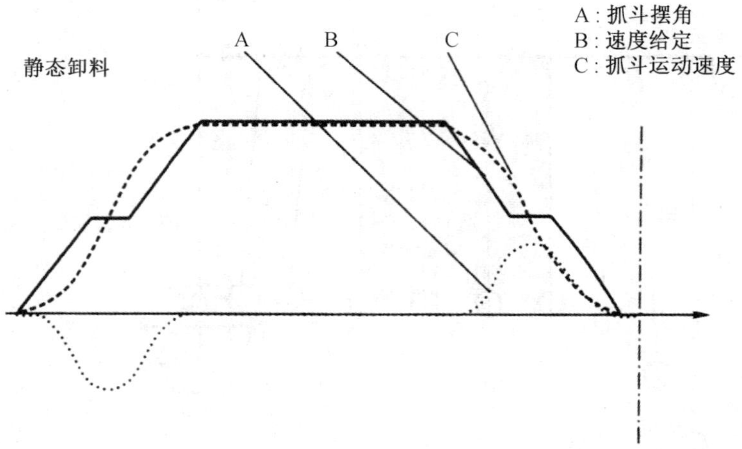


图 6-14　抓斗静态卸料速度与摆动量的变化

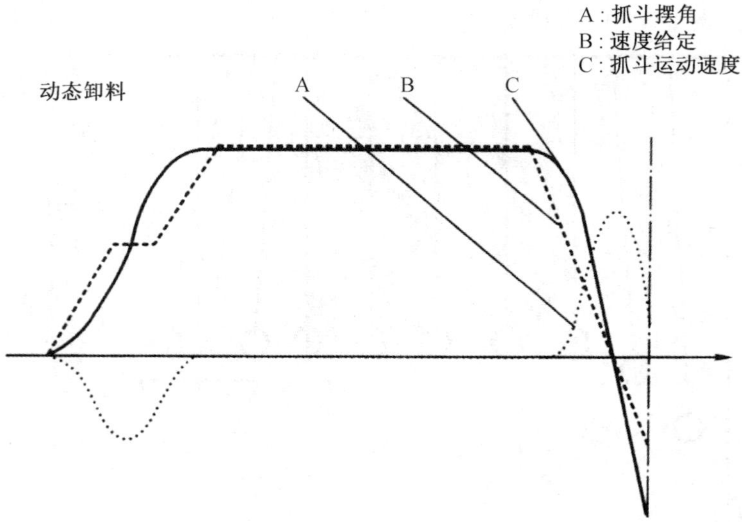


图 6-15　抓斗动态卸料速度与摆动量的变化

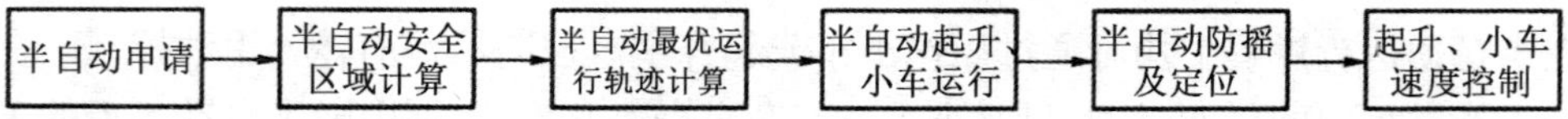


图 6-16　半自动软件流程图

## 第三节　装船机

散货装船机是与码头后方输送机系统相衔接的，用于大型散货装船作业的连续式装卸机械。按货种可分为煤炭装船机、矿石装船机、散粮装船机、化肥及工业用盐等其他化工产品装船机等；按整机的结构特点可分为固定式、移动式、弧线摆动式、直线摆动式等机型；此外，还有袋货装船机。在这里仅对散货装船机的控制与传动进行介绍。

各种散货装船机主要由带式输送机、装船溜筒以及各工作机构（如臂架伸缩、俯仰、回转,大车行走,溜筒伸缩、回转、摆动,抛料弯头摆动等)和金属结构、传动和控制系统等组成。

装船作业时,物料由后方输送机系统运送转载到装船机的带式输送机,再送至悬臂前端,经溜筒装入船舱内。通过臂架的伸缩、俯仰、回转和整机的行走,改变装料点的位置,以适应各种船舱尺寸的要求和水位的变化。同时,通过溜筒的伸缩、回转、摆动和抛料弯头摆动来达到装载均匀、平舱作业的功能。

## 一、装船机概述

装船机主要用于装船,其工况不同于一般的港口装卸机械,而电控及安全连锁保护方面以满足其工作特点为原则。

**1. 传动机构的特点**

装船机的传动机构主要包括臂架伸缩、俯仰、回转,大车行走,溜筒伸缩、回转、摆动,抛料弯头摆动。有的机型还有臂架带式输送机和中继带式输送机等。

臂架的伸缩是为了适应船型变化及装船时达到最大卸料距离而设置的。因此臂架带式输送机也应有与之相适应的伸缩协调装置。

臂架的俯仰主要为了调节出料带式输送机的角度以及对溜筒做小范围调节,同时也为了停机更换舱位时不碰撞船舶的上层建筑,因此也分为工作性俯仰和非工作性俯仰两种。一般前者在±10°左右,而后者在±50°~±65°,主要视机型适应船型的大小而定。

对于臂架可回转的装船机而言,臂架的回转角度仅以满足出料带式输送机工作的极限角度达到选择卸料点的最大范围和距离以及停机检修时可以使机头回转到检修人员便于工作的地点的需要为原则,不像港口门座式起重机那样需要做360°回转。同时有工作性回转角度和非工作性回转角度之分。前者通常在±60°之间,后者一般在±100°~±150°。

供料尾车直接将码头带式输送机提供的物料送到臂架带式输送机或通过中继带式输送机转接。当装船机大车运行时,尾车应能与之协调,保证不间断供料。

溜筒是装载物料进舱的导向装置,同时也防止物料散落和扬尘,其形式有固定式和可伸缩式两种。此外,有的溜筒下方还设有抛料弯头,这就要求溜筒具有360°回转功能;溜筒的摆动机构为使平舱作业时溜筒不产生后摆现象;为保证平舱时所必需的抛料角度以及直溜时物料不与弯头相碰,有时还设有抛料弯头摆动机构。

为适应装船的需要,机上设有臂架带式输送机、中继带式输送机和供料尾车。为适应设计要求范围内的船型变化,臂架带式输送机应设有配合臂架伸缩的协调装置以及使带式输送机处于张紧状态的自动压带装置。

**2. 传动机构对控制系统的要求**

装船机对其传动机构的控制系统要求一般是根据工作特点,使得电气控制方面配备较完善的供配电、传动和安全保护系统。

装船机的臂架伸缩机构通常使用快、慢两种速度,目前广泛采用的是带电磁制动器双定子笼型电动机传动。

臂架的俯仰机构是装船机的最为重要的供料机构,而且负荷较大。现在普遍采用调速传动控制系统传动,如直流调压调速或交流变频调速。同时配有高速轴的液力推杆制动器、低速轴的液力或电磁制动器以及限位开关等。

对于带有回转机构的装船机，其臂架回转往往采用调速控制装置来进行控制，如直流调压调速或交流变频调速。在常规控制方案中，也有采用涡流制动器调速等典型的交流系统。

装船机整机的大车行走机构通常是作为移舱或移机使用。随着新型电控技术的引进及自动化程度的提高，自动和遥控操作的情况越来越普及，这就要求大车行走机构与臂架回转机构具有很好的调速性能，因此许多大车行走机构都采用直流调压调速或交流变频调速等先进技术。对于小型、简单的装船机，多数采用绕线式异步电动机转子串频敏电阻或不对称电阻的控制方式。此外，大车行走机构与其辅助机构（如电缆卷筒、夹轨器等）间配有保护连锁功能。

伸缩式溜筒一般采用笼型式交流电动机传动，另配有直流电磁制动器、限位开关等。用于传动溜筒旋转的一般为带电磁制动器的笼型式交流电动机。

溜筒的摆动通常由液压油缸传动。

抛料机构采用由带电磁制动器的笼型式交流电动机传动。

带式输送机采用笼型式交流电动机传动。启动过程通常由液力耦合器或软启动器来控制启动转矩。一般功率不大的可为直接启动。生产率较高的装船机采用高压供电，其带式输送机可以直接采用高压异步电动机来传动，这样可以大幅度降低机上降压变压器容量。带式输送机的制动一般采用直流电磁制动器。

## 二、装船机的控制系统

装船机的电气控制系统与一般的港口装卸机械基本一致，作为单台起重机械，其主要分为供电电源部分、机构传动部分、系统控制部分、辅助照明部分以及其他辅助设备和通信部分等。系统结构简介如下：

**1. 供电电源部分**

装船机的供电电源由码头电源接线箱引入，并有高低压之分。根据我国供电标准，高压电源为 3~10 kV，低压电源为 380 V。

供电电源（高压或低压）由电缆卷筒引至机上。对于高压电源而言，高压开关柜和变压器一般放在机械房或电气房内，其主要考虑开关柜和变压器的密封性；而对于低压电源来说，在电缆卷筒的出线处设置一个单向或双向隔离开关箱，便于对整机电源进行分断及相序的调整。

高压开关柜通常采用负荷开关、真空断路器或真空接触器的分断保护形式，同时具有过载、过流、过压、失压、缺相、零序等保护功能，还配有避雷、接地闸刀等装置。

低压进线除隔离开关箱以外，一般主电源由断路器（自动空气开关）作为过载、短路和失压保护。其中失压保护功能通常可采用带失压脱扣线圈的断路器或另由电源接触器来完成。如果采用了电源接触器，则断路器就可选用带分励脱扣式，紧停按钮仍可设于该回路中。

在司机室联动台上和电气房的控制柜上应分别设有表示主电源断路器或接触器分合状态的高压（或低压）电源指示灯。

通常在高压供电时，装船机同时设置一个低压岸电进线开关，即在高压断电时，由码头提供临时电源供机上照明等使用。

**2. 机构传动部分**

各装船机根据使用的场合及用户的要求不同于以上提到的主要机构不完全相同，而是根据需要有增有减。

臂架的回转一般有常规控制和交直流调速系统两种，常规控制除有用于分断、短路和过载保护的断路器（自动空气开关）外，还有电流继电器作为过流保护；对于调速系统而言，不论是直流传动装置还是交流变频器传动，都具有完善的各种电气保护。

许多装船机的回转机构不同于门座式起重机，不需要 360°回转，因此设计时一般也不用中心滑环集电器，下部的电缆直接贯通引至上部回转部分，在左右两边的回转行程终点设有限位保护开关。同时回转锚定限位也连锁于臂架回转机构。

在常规控制方式中，零位连锁回路保证在机构发生故障时，可立刻切断控制回路；同时确保在主令手柄复位到零位前，机构不会自行启动。

臂架的俯仰也有常规控制和两种交直流调速系统，常规控制除有用于分断、短路和过载保护的断路器（自动空气开关）外，还有电流继电器作为过流保护；同样对于调速系统而言，不论是直流传动还是交流变频器，也都具有完善的各种电气保护。

俯仰机构的控制分工作性俯仰角度控制和非工作性俯仰角度控制两种。

工作性俯仰角度控制根据各种不同类型的装船机允许的工作性俯仰角度而定，在臂架带式输送机允许的上下工作范围内设置限位开关，同时与臂架带式输送机的运行进行连锁，以保证在带式输送机运行时，臂架的上升或下降角度不超过允许的工作性仰角范围。而在非工作性俯仰角度状态时，此限位开关失效。

非工作性俯仰角度控制是在臂架带式输送机空载时，臂架上升或下降至设计允许值。

在交直流调速方案中，应考虑臂架俯仰机构为位势负载，进行恒转矩控制。

大车行走机构是装船机用于移机或移舱的机构，在旧的装船工艺中，大车行走机构并不是作为作业机构，但随着装船工艺自动化的提高，目前大车行走机构已被列入自动化装船工艺中不可缺少的传动机构，普遍采用调速性能较好的交直流调速系统。有一些小型装船机对自动化程度要求不高，仍采用常规的传动方式，即使用绕线式异步电动机转子串电阻或频敏电阻的传动方案。

大车行走机构的控制除通常的电源保护和零位保护以外，还有许多安全连锁装置，如大车行走终点及防撞保护限位开关或其他传感装置。

夹轨器和锚定装置是装船机所必需的安全防护装置，大车行走机构的控制系统与夹轨器及锚定装置具有连锁控制功能，只有在夹轨器和锚定装置完全释放的情况下才允许工作。

电缆卷筒是为装船机提供电源的主要装置，在大车行走机构运行时，电缆卷筒与之同步工作，并在整个运行过程中及大车行走机构停止后的几秒时间内，电缆卷筒装置始终使电缆处于张紧状态。此外，电缆卷筒的终端限位开关及过松、过紧限位开关也与大车行走机构具有连锁功能。

带式输送机是装船机的供料源，物料从码头带式输送机经尾车送至装船机上，一般的装船机没有中继带式输送机，物料直接到达臂架带式输送机，经溜筒装入船内。也有一些装船机设有中继带式输送机，即物料由码头带式输送机经尾车先达到机上的中继带式输送机，再转至臂架带式输送机。

在装船机上，一般带式输送机的功率较大，所以往往是采用液力耦合器或通过软启动器来控制启动转矩。如高压供电时，也有直接采用高压异步电动机来传动，功率在 200 kW 以下的带式输送机传动，也有采用全压直接启动的方式。

带式输送机同样有许多运行连锁保护，如跑偏、打滑和撕裂等连锁保护信号，一旦出现上述故障，应立即停止码头带式输送机的供料，同时发出故障报警信号。

装船机的臂架伸缩机构采用带电磁制动器双定子笼型式交流电动机传动，除通常的过流保护和零位保护外，还设有伸缩终点限位开关，无论是臂架伸出或缩回，当达到设计极限位置时，机构就立即停止运行。

溜筒的伸缩采用笼型式交流电动机传动，一般通过断路器和热保护继电器进行短路和过载保护，同时上下行程限位开关对溜筒伸缩极限进行保护，在达到极限位置时，机构立即停止运行。由于溜筒伸缩机构要求其制动滞后时间尽量短，因此一般采用直流电磁制动器，而不是液压推杆式制动器。

溜筒旋转的传动一般为带电磁制动器的笼型式交流异步电动机，采用断路器和热保护继电器进行短路和过载保护。

溜筒的摆动通常由液压油缸传动，设有过载、短路等保护。

抛料机构的传动采用由带电磁制动器的笼型式交流电动机，采用断路器和热保护继电器进行短路和过载保护。

**3. 系统控制部分**

装船机的控制系统通常分为常规继电器、接触器控制方式和 PLC 控制方式。目前一些对调速性能要求不高而采用常规调速方式的装船机仍使用常规继电器、接触器控制方式，这种控制方式简便、直观，对于维修人员技术水平的要求不高，同时用户更换电气元器件也比较方便。

采用 PLC 控制方式是目前大多数港口装卸机械对系统控制广泛应用的模式。PLC 在传动控制领域的最大特点就在于其具有应用软件进行逻辑运算及直接接受各类电信号输入和对接触器、继电器等执行元件的控制输出，因而与常规继电器、接触器控制方式相比，不仅取代和节省了各类时间继电器、中间继电器和大量电缆外，还具有性能可靠、修改方便等优越性。

# 第七章 港口计算机控制与管理系统

## 第一节 港口分布式计算机控制系统

### 一、集散控制系统 DCS 概述

当今的工业生产对工业控制过程要求越来越高,而且也越来越复杂。随着这种要求和复杂性的增加,控制系统不仅空间范围在扩大,其内容也变得复杂,必然导致控制系统内部各种协调工作的控制器件和各种设备也会相应地增加。系统主计算机的容量和过程控制自动化软件的复杂程度也会随之而增加,这使得整个系统的硬件和软件的维护就成为一件非常困难和复杂的工作。同时控制形式的高度集中带来了更大的风险,为了改变这种状况,人们将控制任务分成层次,把底层控制任务转交到各个局部控制装置上去,使每个分散在各个局部的控制装置分别成为一个独立的功能块,完成其适合各自现场的控制功能,形成分散控制,再将计算机技术、控制理论、通信技术、冗余技术有机地结合起来。通过网络将各个局部控制信息集中在中央控制室,实现对各个局部之间的逻辑联系(或优化)控制,形成集中操作层,这种分散控制、集中管理的模式,被称为"集散控制系统"(Total Distributed Control System),又被称为"分布式控制"(Distributed Control System)。

分布式控制系统是计算机(Computer)、通信(Communication)、控制(Control)技术(简称3C 技术)发展和相互结合的产物。它采用风险分散、控制分散而操作和管理集中的基本设计思想,多层分级、合作自治的结构形式,在空间上可以覆盖更大的范围,也可以承担更加复杂的控制任务。其结构适应于现代化的大规模生产和现代化科学管理的要求。

**1. DCS 的产生过程**

(1)从现场操作到控制室操作

DCS 是从过程控制仪表发展起来的。最早是在工业过程控制中采用模拟电动仪表,到20 世纪 40 至 50 年代引入了控制室集中操作的概念,把操作员从严酷的现场操作中解放出来,从而带来了仪表盘操作的巨大变化。

(2)仪表的小型化、密集化、电子化

20 世纪 60 年代中期计算机在过程控制中开始应用。首先是 SPC 控制,继而在一部分工厂中采用计算机输出的直接数字控制(DDC)。数字技术开始被用于控制中,在 DDC 控制中由于一个 CPU 担当全部功能,故 CPU 的可靠性成了最大的课题。当时的计算机价格太贵,功能太集中,危险也就太集中。因此,影响了它的推广使用,生产的发展要求有新的控制形式来适应它。

(3)集散式控制系统的诞生

到20世纪70年代中期研究出以多微机系统为基础的新型控制系统。主要代表是美国Honey Well公司于1975年11月发布的TDC2000系统,解决了原有计算机的集中DDC控制导致危险的高度集中和常规模拟控制仪表控制功能单一的局限性,同时克服了DDC控制双工系统高成本的困难,集散式控制系统便在那时诞生。从那时开始至今,随着现代4C技术的进一步发展,分布式控制系统已经在世界普及,几乎每一个主要的自动化仪表公司都开发了自己的DCS系统,并广泛应用于工业控制领域。

**2.集散式控制系统的特点**

DCS适合于控制对象分布在较大的范围,采集的信号以模拟量居多,分散的调节计算较多的控制系统,尤其是化工、石油化工、制药、冶炼及制造业。与DCS控制系统相比,PLC系统适合在一个近乎圆形的空间,采集信号以开关量为主,控制内容大多是逻辑联系的控制系统。就技术意义上说,DCS具有以下特点:

(1)松散的多处理机系统,实现了硬件模块化

DCS在结构上是一个松耦合的多处理机系统,与以共享内存为基础的紧耦合多处理机系统相比,它的通信量少,分散的子系统自治性强,每个微处理机都可以有自己的局部操作系统,所以系统配置十分灵活。如果要扩大或缩小系统规模,只需要在系统中增加新的单元,或者拆去某个单元,系统的完整性不会受到多少影响。这样的拼装方式,有利于工厂分批投资,逐步形成一个在功能和结构上由简单到复杂,从低级到高级的现代化的管理和控制系统。

(2)软件模块化

DCS被广泛应用于各种工业领域,尽管它们的生产工艺和产品各不相同,但从过程控制的要求来说,还有相当多的共性。这就为DCS的软件设计提供了方便。DCS为用户提供了相当丰富的功能软件,用户只需要按要求选用这些软件模块,就可大大减少用户的开发工作量。

(3)控制系统可以用组态方法生成

DCS使用与一般计算机系统完全不同的方法生成控制系统,这就是所谓的“组态”。DCS为用户提供众多的常用运算和控制模块,控制工程师只需要按照系统的控制方案,从中选择必要的模块,采用填表方式、步骤记入方式或类似于画系统方框图那样的方式连接模块进行组态,产生控制系统。组态一般是在各种操作站上进行,有的也可以在主控制器上进行,再将程序或控制参数的内容下发。

(4)应用了计算机通信网络

DCS将空间上分散的多台计算机有机地连接起来,实现相互协调、资源共享和集中管理。通信网络是他的神经系统,通过各级通信网络,将现场控制单元、局部操作站、中央操作站、控制管理计算机等各种终端连接起来构成各种规模的控制系统。此后,计算机通信网络技术的发展为控制系统在覆盖空间的扩大起到了积极促进的作用。

(5)提高了可靠性

DCS分散处理的系统结构表现出很高的可靠性,加上采用冗余技术、自诊断功能和高性能的元器件使得控制系统更加可靠。

## 二、MIS 系统与分布式控制系统的联接

DCS 满足控制的需要，MIS（Management Information System）满足管理的需要，两个系统是为了不同的目的设计的。出于 DCS 本身的可靠性和系统的可靠性考虑，一般都不能简单地与 MIS 系统进行联接，亦即两系统不能简单地进行集成。

DCS、MIS 是两个不同的网络，其通信一般都采用了不同的协议，在网络层即使采用了相同的机理但因应用层不同，DCS 中的数据格式往往不公开，因此也限制了两个系统的直接互联。

### 1. DCS 与 MIS 的集成方案

在 DCS 与 MIS 集成时，不应降低实时系统的指标，必须采用单向传输方式。即仅将实时系统中的相关数据送到 MIS，而 MIS 信息不回送到实时系统，而且要求 MIS 的各种故障，不能影响实时系统的正常运行。通过设计专用的网关计算机，可将两个系统互联，实现系统集成。

### 2. DCS 和 MIS 的联接方式

（1）网络互联方式

网关机内装两块网卡。一块与 DCS 的网络通信接口模块相联，另一块联接在 MIS 网上。每块网卡绑定一个 IP 地址，两个 IP 地址网络段互不相同。通过网关机将 DCS、MIS 联接起来，由网关机保证两个系统处于不同的网段和网间信息的单向传输。这样，MIS 网上传输的大量报文不会进入 DCS，增加了 ICS 的安全性。这种互联方式要求 DCS 必须是开放系统，且需要 DCS 厂家提供网关机上的服务程序。

（2）串行口通信方式

网关机作为采集用计算机，通过 RS232 口与 DCS 提供的专用接口模件相连，采用单工串口传输方式采集 DCS 的数据。网关机同时作为 MIS 网的一个终端。

一般 DCS 系统都提供与外部系统接口的模件以及 API 接口函数。在 MIS 要求实时性不高的情况下，这种方式更易于设计实现，且能更好地实现两个系统的隔离，保证 DCS 的安全。

### 3. 网关机数据传输方式

网关机采集 DCS 实时数据后，必须编制相应的软件，以实现整个 MIS 网络对实时数据的共享。如何实现 MIS 网络与其他终端读取实时数据，可以有以下几种方式：

（1）广播方式

在网关机上编制广播软件，将实时数据以广播方式发送到 MIS 网上。MIS 网终端通过相应的接收软件，查询实时数据信息。这种方式实时性较高，但增加了网络负担，有可能形成广播风暴。

（2）C/S 方式

在网关机上编制客户端软件，将实时数据写到 MIS 服务器上，MIS 网其他终端作为客户端，从服务器读取实时数据。这种方式必须在服务器上生成实时数据库，由网关机上的客户端程序动态刷新。此种方式实时性稍差，增加了服务器负担，但网络流量可以控制。

## 三、港口 DCS 举例——某港煤码头自动化装卸系统

某港煤码头自动化装卸系统于 1992 年设计,1994 年投产运行,由 ABB 公司提供控制系统硬件及软件,是典型的港口 DCS 系统。

该煤码头包括 1 个 3.5 万吨煤炭卸船泊位,1 个 3.5 万吨煤炭、矿石卸船泊位,4 个 1 千吨级煤炭装船泊位,配备有 4 台桥式卸船机(UL1-4)、5 台斗轮式堆取料机(SR1-5)、4 台装船机(SL1-4)、1 座 1 千吨级煤炭装火车楼(WL)、1 座装汽车的分配煤仓(DH)。上述设施分布在 1.2 泊位大约 25 万平方米的范围内,各个设备之间由 29 条皮带机连接。煤码头自动化装卸系统将这些分布在港区的装卸设备有机地组合在一起,在中央控制室控制着 91 条卸、装船作业流程。

大型装卸设备分布在港区,如果将每台设备的每个信号或控制点都交给中央计算机控制,不仅造成中央控制器的工作与通信线路的沉重负担,同时也造成控制系统的较大风险。实际上,每台设备的工作有一定的独立性,比如一台设备不与其他设备相关联的部分,是局部处理的内容,可以由就地的处理器去完成控制而形成分散控制。另一部分是各个设备之间的工艺联系,通过通信总线集中到中央控制室,由中央控制室的控制器处理从而形成集中控制。对必要的数据,通过上位计算机收集整理成人们需要的资料,煤码头自动化装卸系统正是这样一套典型的集散控制系统。

煤码头自动化装卸系统共分 3 层:分散控制层、集中操作层和信息管理层,其间又由 M13200 总线联接成控制数据通信网,如图 7-1 所示。

ABB 公司的 MB200 总线的通信率约为 1 兆,MB300 总线的通信率约为 10 兆。中央控制室 CCR 安装有 ABB 公司的 PLC,型号是 MP200,用 3 个 MP200 分工运行,编号分别为 MP200/1、MP200/2、MP200/3。分工运行的原因:第一,可以将风险分散,一旦有任何两个 MP-200 出现故障仍然可以维持装卸生产的功能。第二,解决当时制造高速大规模 PLC 的成本较高的问题。

通信网络由总线 MB300、MB200 组成,在同层设备之间以及上下层处理器间建立起高速可靠的联系,就像系统的血脉一样输送着数据信息的血液。

### 1. 分散控制层

系统将各自相对独立的装卸设备列入分散控制层,它们有:1-4 号桥式卸船机(UL1-4)、1-5 号斗轮式堆取料机(SR1-5)、1-4 号装船机(SL1-4)、装火车楼(WL)、装汽车的分配煤仓(DH)。每台装卸设备配有 MP200 可编程控制器,对各自所在的设备进行逻辑控制,桥式卸船机里还含有抓斗轨迹优化计算机控制。

### 2. 集中操作层

在中央控制室设置 3 台可变程序控制器 MP200,分别处理各个装卸设备之间工艺联系的逻辑关系。用卸船机+多条皮带机+斗轮机组成卸船流程;用斗轮机+多条皮带机+装船机组成装船流程;用斗轮机+多条皮带机+装火车楼组成装火车流程;用斗轮机十多条皮带机+分配煤仓组成装汽车流程。除此之外,邻近两台斗轮机的斗轮相互防碰撞的安全逻辑控制也由中央控制室完成。

用于监控显示的 MV850,建立起操作者与系统间的联系。操作者根据作业需要,选择流程的起讫点,选定设备,控制系统组织出操作者需要的流程。在操作者的操作命令下进行

装卸运作。

3. 信息管理层

用一套 DEC 公司生产的 VAX3100 小型机作为控制系统的上位机，与控制系统的 MB300 总线相联，从控制系统中收集数据信息，组织出必要的管理报表。如生产报表、机械设备运行报表等。

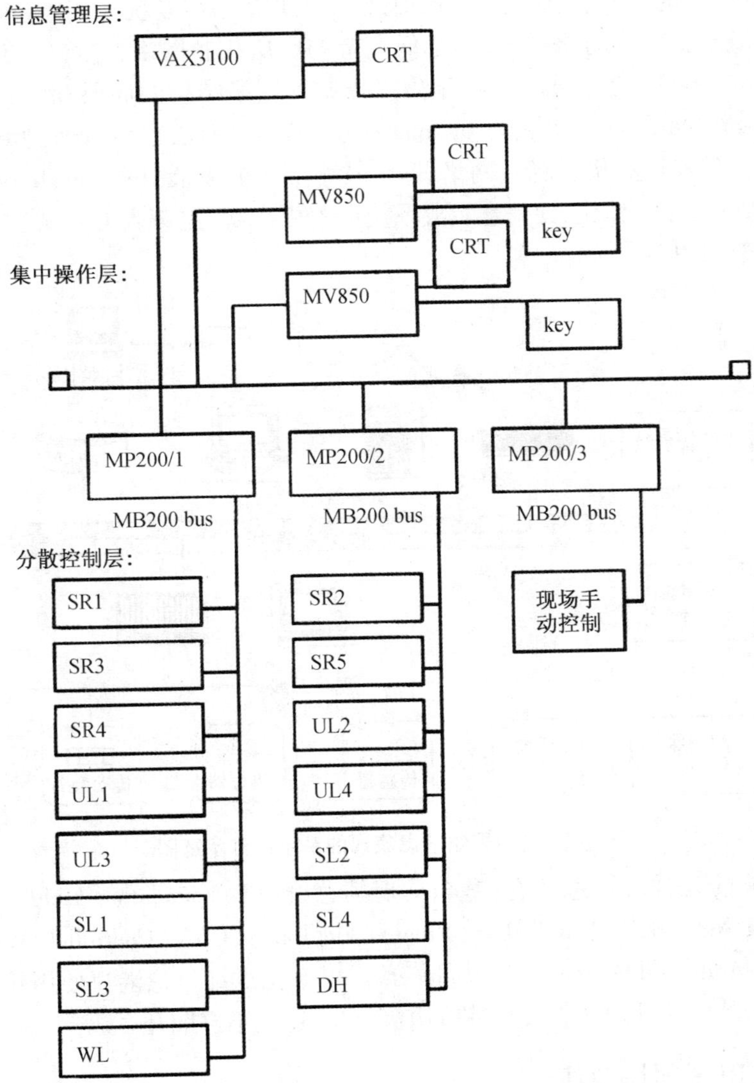


图 7-1　煤码头自动化控制系统示意图

## 第二节　港口现场总线控制系统

### 一、现场总线概述

目前，现场总线控制系统 FCS(Fieldbus Control System)主要用作自动化系统与分布的现场设施间交换信息的通信系统。与常规的技术相比,使用现场总线技术可使电缆、调试和维修成本节省40%之多,这是成千上万的成功应用实例为人们提供了令人信服的证据。只需用两根电缆就可传输全部有关的信息(例如输入和输出数据、参数、诊断数据、程序和现场设施的操作电源)。在过去,人们经常使用的现场总线系统都是互不兼容的、并按各用户要求具体设计的,而现在各系统的设计基本上都采用开放式标准系统,用户不再依赖个别供应商,而可以从广泛的系列中选择其最佳和最经济的现场总线系统。

现场总线既是新型自动化系统,又是低宽带的底层控制网络,它可以与互联网(Internet)、企业网(Intranet)相连。由于它位于生产控制和网络结构的底层,因而又有人称它为底层网(Infranet)。Infranet 可以成为 Intranet 底层的特殊网段,也可以通过 Internet 形成特殊的控制系统。随着计算机、控制、网络、通信技术的不断发展,Infranet、Intranet 和 Internet 正在各尽其长,并趋于一体化,使信息集成系统向着更广阔、更深入的领域发展。企业网络信息集成的构架如图 7-2 所示。

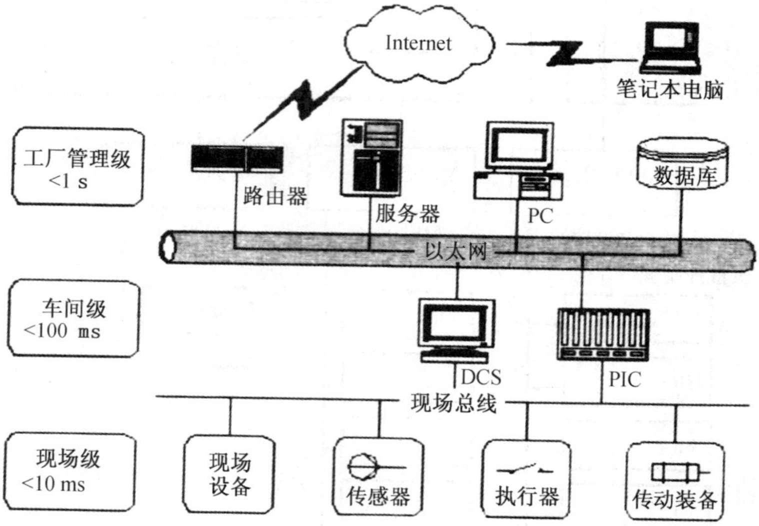


图 7-2　企业网络信息集成的系统结构示意图

比较有影响的几种现场总线有:基金会现场总线(FF, Foundation Fieldbus)、LonWorks (Local Operating Networks)、PROFIBUS(Process Fieldbus)、CAN(Controller Area Network)、HART(Highway Addressable Remote Transducer)。本章将详细讨论港口使用较多的 PROFIBUS 现场总线。其他几种现场总线在港口用得较少,这里不再展开。

## 二、PROFIBUS 现场总线

PROFIBUS 是一种国际性的开放式的现场总线标准,始于 1987 年。1989 年立项为德国标准 DIN19245,从 1991 至 1995 年先后批准实施 Part-1~4,1998 年 3 月被批准为欧洲标准 EN 50170。

PROFIBUS 能够覆盖大多数工业领域,既可用于有严格时间要求、高速数据传输的场合,又可用于大范围复杂通信的场合。目前世界上许多自动化技术生产厂家都为其生产的设备提供 PROFIBUS 接口。PROFIBUS 根据应用特点分为 3 个兼容版本,其特点如下:

PROFIBUS-DP 用于设备级自动控制系统与分散的外围设备之间的通信连接。DP 为

Decentralized Periphery 的缩写,意即“分散化外围设备”。它对应德国标准为 DN 19245 Part 3,1993。使用 PROFIBUS-DP 模块可以取代价格昂贵的 24 V 或者 4~20 mA 信号线。用于分布式控制系统的高速数据传输。

PROFIBUS-FMS 用于车间级监控网络及大范围复杂的通信系统。FMS 为 Fieldbus Message Specification 的缩写,意即“现场总线信息规范”。它对应德国标准 DN 19245 Part 2,1991。使用 PROFIBUS-FMS 模块可以提供大量的通信任务,用于中等传输速度的一般自动化控制。

PROFIBUS-PA 专为过程自动化而设计。可以用在本质安全领域,并通过总线向现场设备供电。PA 为 Process Automatic 的缩写,意即“过程自动化”。它对应德国标准 DIN 19245 Part 4,1995。使用 PROFIBUS-PA 模块可以实现 IEC 1158-2 中规定的通信规程,用于对安全性要求较高的场合及由总线供电的站点。

**1. PROFIBUS 基本特性**

PROFIBUS 系统分为主站和从站、主站决定总线的数据通信,当主站得到总线控制权(令牌)时,没有外界请求也可以主动发送信息。从站为外围设备,典型的从站包括输入输出装置、阀门、驱动器和测量发送器。它们没有总线控制权,仅对接收到的信息给予确认,或当主站发出请求时向它发送信息。由于从站只需总线协议的一小部分,所以实施起来特别经济。

(1)协议结构

PROFIBUS 协议的结构以开放系统互联网络 OSI 为参考模型,如图 7-3 所示。

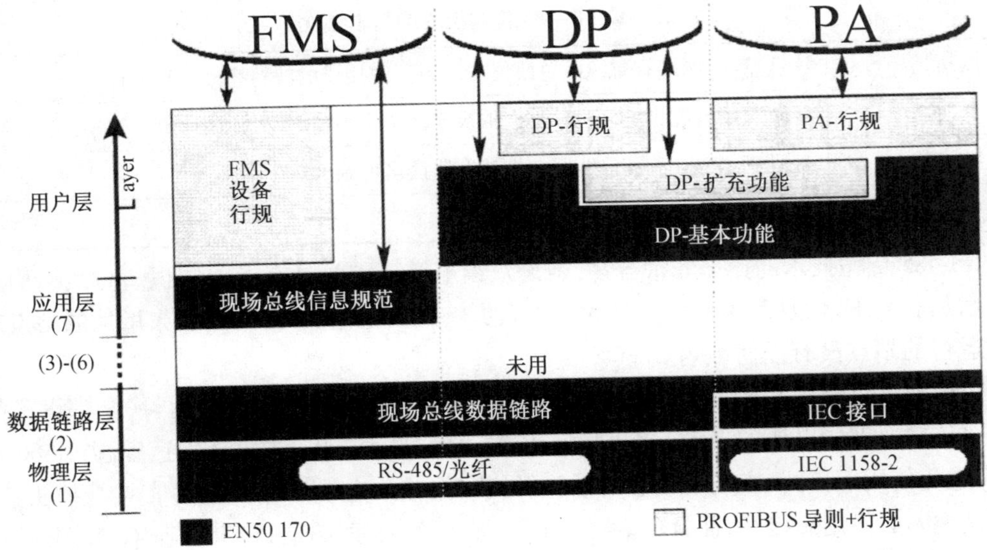


**图 7-3　协议结构**

PROFIBUS-DP 使用第 1 层、第 2 层和用户层,第 3~7 层未加以描述。应用层(第 7 层)的省略是为了确保数据传输的快速和有效。直接数据链路映像(DDLM,Direct Data Link Mapper)为用户层提供第 2 层的功能映像,用户层中包含了用户可以调用的应用函数,还包含了对于各种类型的 PROFIBUS-DP 设备的详细说明。第 2 层(现场总线数据链路,FDL)可完成总线访问控制和数据的可靠性,第 1 层提供了数据传输用的 RS-485 传输技术或光纤。

PROFIBUS-FMS 第1、2和7层均加以定义，应用层（第7层）包括现场总线信息规范（FMS）和低层接口（LLI，Lower Layer Interface），FMS 包括了应用协议并向用户层提供了可广泛选用的强有力的通信服务，LLI 协调了不同通信关系并向 FMS 提供不依赖设备访问第2层。由于 DP/FMS 使用相同的物理介质（RS-485/光纤）和总线访问协议，因此它们能够组合在同一根电缆上。

PROFIBUS-PA 使用了数据传输延伸的 PROFIBUS-DP，另外还使用了描述现场设备行为的 PA 行规。根据 IEC 1158-2 标准，这种传输技术可确保本质安全，并使现场设备通过总线供电。若使用分段式耦合器，PROFIBUS-PA 设备能够很方便地集成到 PROFIBUS-DP 网络。

（2）传输技术

现场总线系统的应用在很大程度上取决于选用的传输技术，既要考虑一些总的要求（传输可靠、传输距离和高速），又要考虑一些简便而又费用不大的机电因素。当涉及过程自动化时，数据和电源的传送必须在同一根电缆上。由于单一的传输技术不可能满足所有的要求，因此 PROFIBUS 在物理层（第1层）提供了3种不同的传输技术："RS-485"用于 DP 和 FMS，"IEC 1158-2"用于 PA，"光纤"用于 DP 和 FMS。

①用于 DP/FMS 的 RS-485 传输技术

RS-485 传输是 PROFIBUS 最常用的一种，这种技术经常称为 H2，它的应用包括需要采用高速传输和设施简单而又便宜的各个领域，采用的电缆为屏蔽双绞铜线，共用一根导线对。RS-485 传输技术的基本特性见表 7-1。

**表 7-1　RS-485 传输技术的基本特性**

| | |
|---|---|
| 网络拓扑 | 线性总线，两端有有源的总线终端电阻。短接线的波特率≤1.5 Mbps |
| 介质 | 屏蔽双绞电缆，也可取消屏蔽，取决于环境条件（EMC 电磁干扰） |
| 站点数 | 每段32个站，不带转发器。带转发器最多可到127个站 |
| 插头连接器 | 最好为9针D型插头连接器 |

RS-485 传输技术的操作非常容易，敷设双绞电缆不需要具有专业知识。总线结构允许站点增加和减少，而且系统的分步投入也不会影响到其他站点的操作，后来增加的站点对已投入运行的站点没有任何影响。

传输速度可选用 9 600 bps 到 12 Mbps 之间的范围，一旦系统投入运行，全部设备需选用同一传输速度。电缆的最大长度取决于传输速度，见表 7-2。数据传输速度超过 500 kbps 时，应避免使用短接线，市场上现有的插头可使数据输入电缆和输出电缆直接与插头连接，这就是说不必使用短接线，而且，总线的插头可在任何时候接通或者断开而不中断其他站的数据通信。

**表 7-2　RS-485 传输速度与 A 型电缆的距离**

| 波特率（kbps） | 9.6 | 19.2 | 93.75 | 187.5 | 500 | 1 500 | 12 000 |
|---|---|---|---|---|---|---|---|
| 距离/段（m） | 1 200 | 1 200 | 1 200 | 1 000 | 400 | 200 | 100 |

②用于 PA 的 IEC 1158-2 传输技术

IEC 1158-2 传输技术能满足化工和石化工业的要求，它可保持其本质安全并使现场设备通过总线供电，这种技术是一种同步协议，可进行无电流的连续传播，通常称为 H1。IEC 1158-2 传输技术的原理如下：

a. 每段只有一个电源；

b. 当站点发送信息时不向总线供电；

c. 每站现场设备所消耗的为常量稳态基本电流；

d. 现场设备的作用如同无源电流吸收装置；

e. 主总线两端起无源终端线的作用；

f. 允许使用线型、树型和星型网络；

g. 设计时可采用冗余的总线段，用以提高可靠性。

③用于 DP/FMS 的光纤传输技术

在电磁干扰很大的环境下应用 PROFIBUS 系统时，可使用光纤导体以增长高速传输的最大距离。便宜的塑料纤维导体供电距离在 50 m 以内时使用，玻璃纤维导体供电距离在 1 km 内时使用。许多厂商提供专用的总线插头可将 RS-485 信号转换成光纤信号，或者将光纤信号转换成 RS-485 信号，这样就为在同一系统上使用 RS-485 和光纤传输技术提供了一套十分简便的方法。

**2. PROFIBUS-DP**

PROFIBUS 的 3 个版本中，港口使用的主要是 PROFIBUS-DP，PROFIBUS-DP 的设计旨在用于设备级的高速数据传送。在这一级，中央控制器（如 PLC/PC）通过高速串行线同分散的现场设备（如 I/O、驱动器、阀门等）进行通信，这种通信多数是周期性的。除了执行这些周期性功能外，智能化现场设备还需要非周期性通信以进行配置、诊断和报警处理。

中央控制器周期地读取从设备的输入信息并周期地发送输出信息到从设备，总线循环时间必须要比中央控制器的程序循环时间要短。在很多应用场合，程序循环时间约为 10 ms。除了周期性用户数据传输外，PROFIBUS-DP 还提供了强有力的诊断和配置功能，数据通信是由主机和从机进行监控的。

PROFIBUS-DP 的基本功能如下：

（1）传输技术

①RS-485 双绞电缆或者光缆；

②波特率从 9 600 bps～12 Mbps。

（2）总线存取

①各主站间令牌传送，主站与从站间数据传送；

②支持单主站和多主站系统；

③主从设备，总线上最多站点数为 126。

（3）功能

①DP 主站和 DP 从站间循环用户数据传送；

②各 DP 从站动态激活和撤销；

③DP 从站组态检查；

④强大的诊断功能，三级诊断信息；

⑤输入或输出的同步；

⑥通过总线给 DP 从站赋予地址；

⑦通过总线对 DP 主站(DPM1)进行配置;

⑧每 DP 从站最大为 246 字节的输入和输出数据。

(4)诊断功能

经过扩展的 PROFIBUS-DP 诊断功能,能对故障进行快速定位。诊断信息在总线上传输并由主站收集,这些诊断信息分为 3 类:

①本站诊断信息:表示本站设备的一般操作状态,如温度过高、电压过低。

②模块诊断信息:表示一个站点的某 I/O 模块出现故障,如 8 位输出模块。

③通道诊断信息:表示模块的一个单独 I/O 位出现故障,如输出通道 7 短路。

(5)系统配置

PROFIBUS-DP 允许构成单主站或多主站系统,这就为系统配置组态提供了高度的灵活性,在同一总线上可连接最多 126 个站点(主站或从站)。系统配置的内容包括站点数目、站点地址、I/O 地址分配、I/O 数据格式、诊断信息格式以及所使用的总体参数。

PROFIBUS-DP 系统包括以下 3 种不同类型的设备:

①第一类 DP 主站(DPM1):中央可编程控制器,如 PLC、PC 等。

②第二类 DP 主站(DPM2):编程器、操作台、组态配置设备。

③GDP 从站:带开关量 I/O 或模拟量 I/O 的驱动器、阀门等。

单主站系统中,在总线系统操作阶段,只有一个活动主站。图 7-4 为一个单主站系统的配置图,PLC 为一个中央控制部件,单主站系统可获得最短的总体循环时间。

多主站系统中,总线上连接好几个主站,这些主站与各自的从站构成相互独立的子系统或是作为网上的附加配置和诊断设备,如图 7-5 所示。任何一个主站均可读取从站的输入和输出映像,但是只有一个主站(系统配置时指定的 DPM1)允许对从站写入输出数据。多主站系统的循环时间要比单主站系统长一些。

(6)运行模式

PROFIBUS-DP 的系统运行模式主要取决于 DPM1 的操作状态,主要有以下 3 种:

①停止:只能进行主主数据传送,DPM1 和 DP 从站之间没有数据传送。

②运行:数据循环传送。DPM1 由 DP 从站读取输入信息,向 DP 从站写入输出信息。

③清除:DPM1 由 DP 从站读取输入信息,并保持输出信息为故障安全状态。

DPM1 设备在一个预先设定的时间间隔内,以有选择广播通信,将其状态发送到每一个有关的 DP 从站。如果数据传送阶段中发生错误,系统将做出反应。

(7)通信

点对点(用户数据传送)或者广播(控制指令)。

循环主从用户数据传送和非循环主主数据传送。

用户数据在 DPM1 和有关 DP 从站之间的传输,由 DPM1 按照确定的递归顺序自动执行。在对总体系统进行配置时,用户对 DP 从站与 DPM1 的关系下定义,并确定哪些 DP 从站被纳入信息交换的循环周期,哪些被排除在外。DPM1 和 DP 从站之间的数据传送分为 3 个阶段:参数设定、组态配置、数据交换。

除了主从功能外,PROFIBUS-DP 允许主主之间的数据通信,如表 7-3 所示。这些功能可以使用配置和诊断设备通过总线对系统进行配置组态。除了加载和卸载功能外,主站之间的数据交换,通过改变 DPM1 的操作状态,对 DPM1 与各个 DP 从站间的数据交换进行动

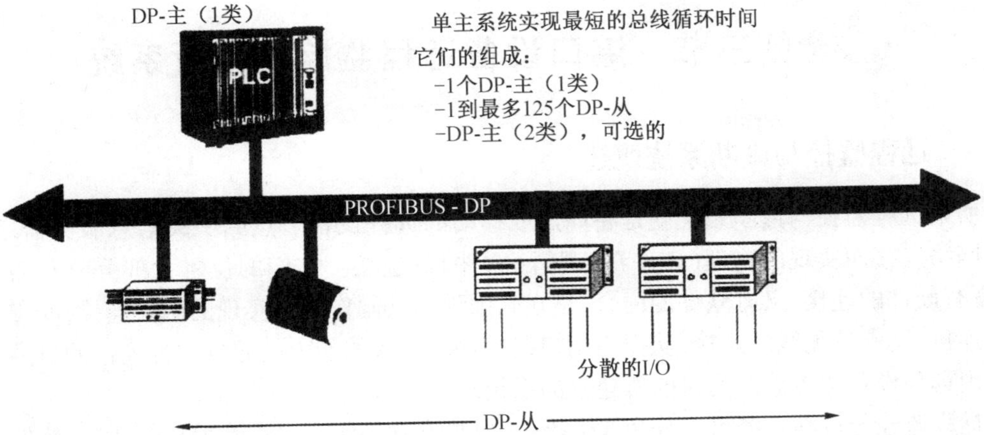


图 7-4　PROFIBUS-DP 的单主站系统

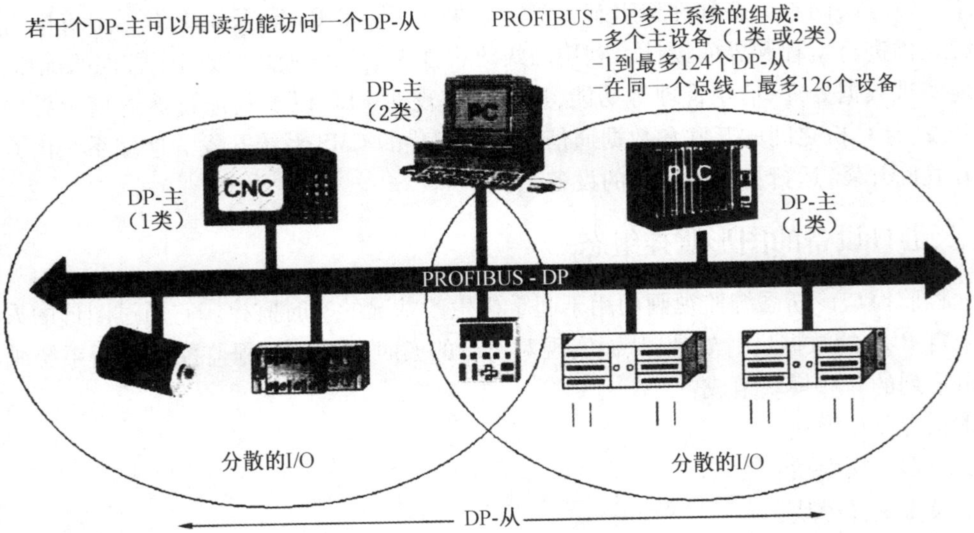


图 7-5　PROFIBUS-DP 多主站系统

态的使能或禁止。

表 7-3　PROFIBUS-DP 主主功能

| 功能 | 含义 | DPM1 | DPM2 |
|---|---|---|---|
| 取得主站诊断数据 | 读取 DPM1 的诊断数据或从站的诊断数据 | 必备 | 可选 |
| 加载—卸载组合 | 加载或卸载 DPM1 及有关 DP 从站的配置参数 | 可选 | 可选 |
| 激活参数(广播) | 同时激活所有已编址的 DPM1 的参数 | 可选 | 可选 |
| 激活参数 | 激活已编址的 DPM1 的参数或改变其操作状态 | 可选 | 可选 |

(8)可靠性和保护机制

① 所有信息的传输在海明距离 HD=4 进行；

② DP 从站带看门狗定时器；

③ DP 从站的输入输出存取保护；

④ DP 主站上带可变定时器的用户数据传送监视。

# 第三节　港口设备远程监控与诊断系统

## 一、远程监控与诊断系统概述

所谓远程监控与诊断系统就是将固定或移动的远程设备节点到中央信息服务器之间，通过网络连接而实现的物理（硬件）及逻辑（软件）的连接。它们的位置大部分分开而不固定，既有硬件的连接，又有软件的配合，是在软硬件的共同作用下实现的网络连接，既支持有线的连接，又支持无线的连接，从而为用户提供移动接入的能力。通过这种连接的目的是为了实现远程设备监控诊断为目的所建立的系统。

远程监控与诊断系统可以分为 3 大类：①以组态软件作为组态编程平台，组态软件在工控领域应用非常广泛，品种较多，有通用型组态软件，如 iFix、Intouch 及 GE Cimplicity、Siemens WinCC 等，国内组态软件如组态王等。②采用 Visual Basic、Visual C++、Delphi 等可视化编程软件进行编程和界面设计。利用高级语言强大的算法处理、数据库管理的优点，可以方便地实现数据处理、信息管理等功能，还可以实现对 PLC 以及其他特殊通信装置的通信协议开发，计算机之间的互联和数据通信。③专业化的 CMS 系统开发。这些系统由专业的系统开发商开发，运行在某些专用的设备上。

## 二、港口设备的图形监控组态

远程监控与诊断系统监视画面用于起重机生产状况的实时监控。它通过图形的人机界面对采自 PLC 的数据进行处理，从而实现对设备的实时监控。远程监控与诊断系统画面将主要由下列的一些模块组成：

①状态监控模块；

②故障诊断模块；

③操作统计模块；

④电源控制模块；

⑤PLC 编程工具模块；

⑥交直流调速器编程工具模块。

每台起重机的远程监控与诊断系统主监视画面如图 7-6 所示。主监视画面将显示整个系统的主要状态。画面上方是报警窗口，它可以实时地报告系统故障。中部是起重机的载重量、控制电源、吊具和电气房温度等基本信息。下部是 Hoist（起升）、Trolley（小车）、Gantry（大车）和 Boom（俯仰）四部分的基本信息。画面右面是一列按钮，通过它们可以选择进入上述的几个软件模块，从而实现相应的生产统计、设备维护、对 PLC 和驱动器进行编程等操作。下面将逐个介绍各个软件模块。

状态监控模块将实现系统的状态监控功能。它主要由 Hoist（起升）、Gantry（大车）、Trolley（小车）、Boom（俯仰）、Spreader（吊具）、Network（网络）、Switch（开关）、Estop（紧停）、Alarm（报警）、Trend（趋势图）以及起升、大车、小车、俯仰和吊具的几十幅梯形图等画面组成。系统大部分画面的底部都有一个标准的工具条，顶部都有一个标准的报警信息栏。

（1）Crane System（系统画面）

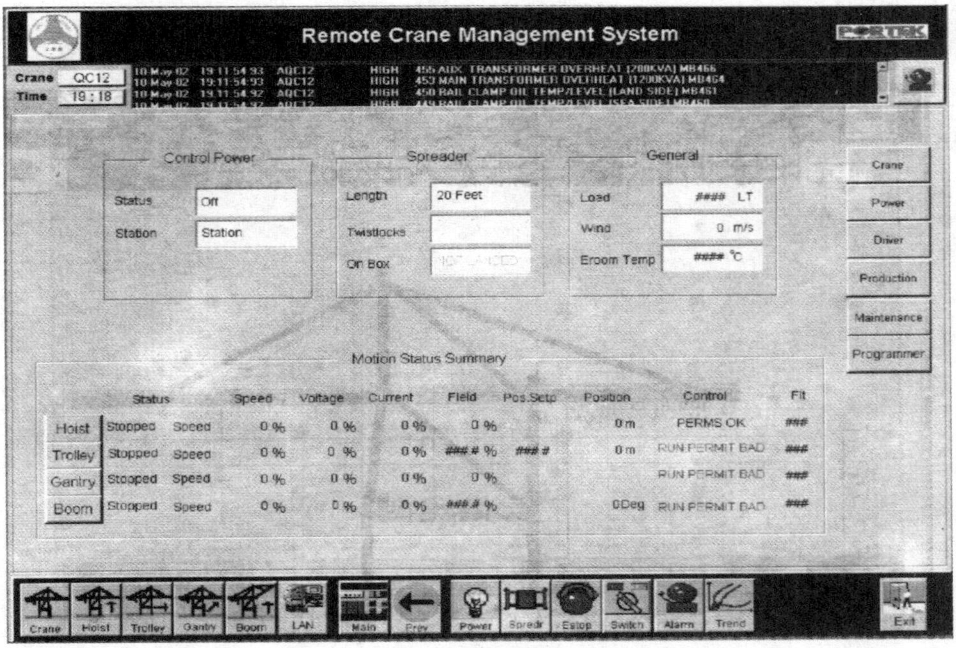


图 7-6　远程监控与诊断系统主监视画面

系统画面可实时监控整个岸吊的总体生产状态。画面如图 7-7 所示，主体是岸吊的模拟图，它将比较真实地模拟出岸吊的实时工作状态，比如小车和大车的移动，前大梁的升降等。

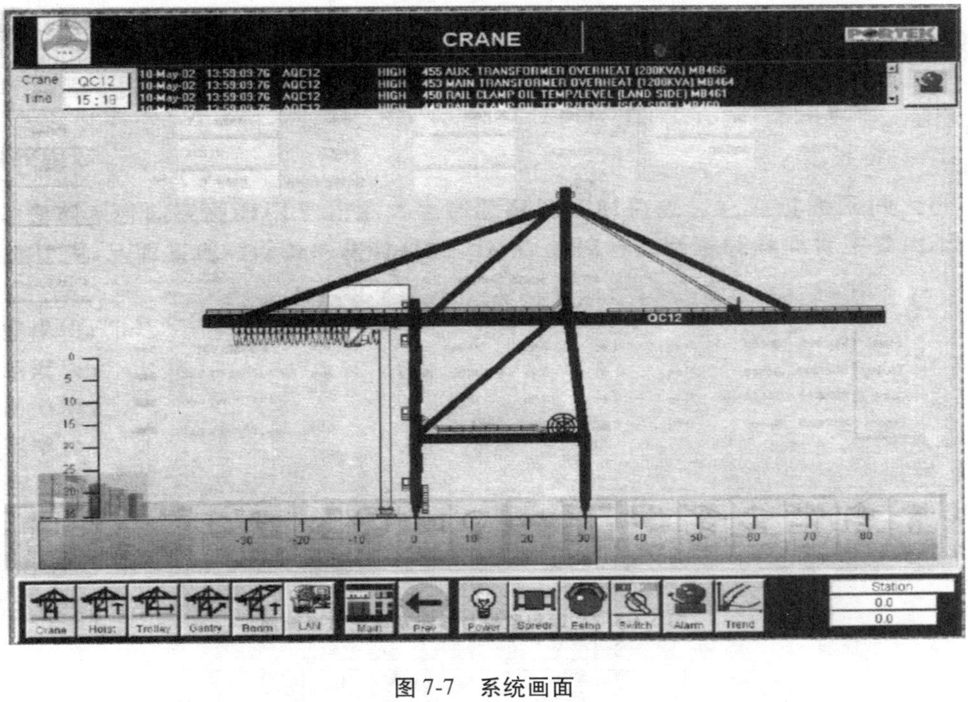


图 7-7　系统画面

(2) Hoist(起升画面)

起升画面如图 7-8 所示，主体是起升机构的模拟图，它实时地反映着总体的工作状态。

画面的线路图是反映电机运行时的参数状态，包括速度设定、速度反馈、电流反馈等参数。

画面的下部是一组反映起升机构状态细节梯形图画面的按钮，通过它们来实现在不同梯形图间的切换。通过这些梯形图可以直观地看出各设备间的连锁关系和通断状态，而不需要用编程软件进入 PLC 程序。

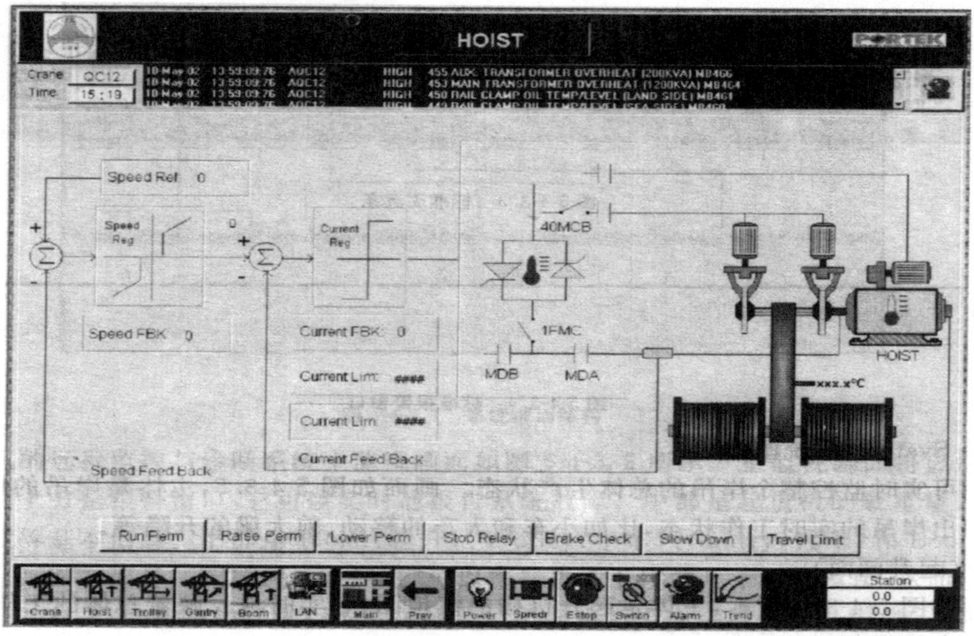


图 7-8　起升画面

(3) Trolley(小车画面)

小车画面如图 7-9 所示，主体是小车的模拟图，它实时地反映着总体的工作状态。画面的线路图是反映电机运行时的参数状态，包括速度设定、速度反馈、电流反馈等参数。画面的下部是一组反映小车状态细节梯形图画面的按钮，通过它们来实现在不同梯形图间的切换。

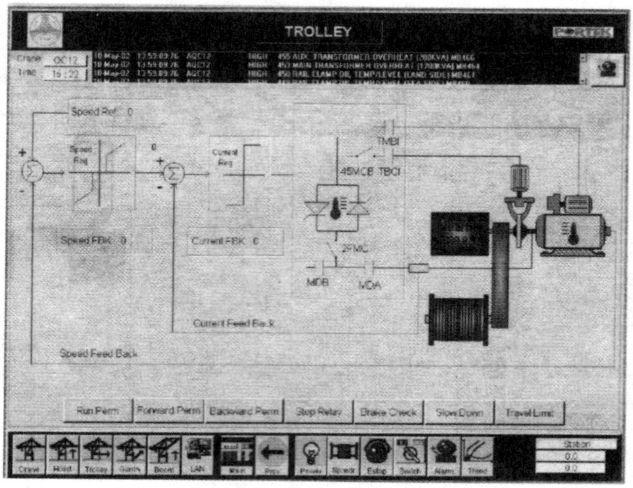


图 7-9　小车画面

(4) Gantry(大车画面)

大车画面如图 7-10 所示,主体是大车的模拟图,它实时地反映着总体的工作状态。画面的线路图是反映电机运行时的参数状态,包括速度设定、电流反馈、电压反馈等参数。画面的下部是一组反映大车状态细节梯形图画面的按钮,通过它们来实现在不同梯形图间的切换,另有一个 Motor&Brake(马达和制动器)按钮用于去往马达和制动器画面。

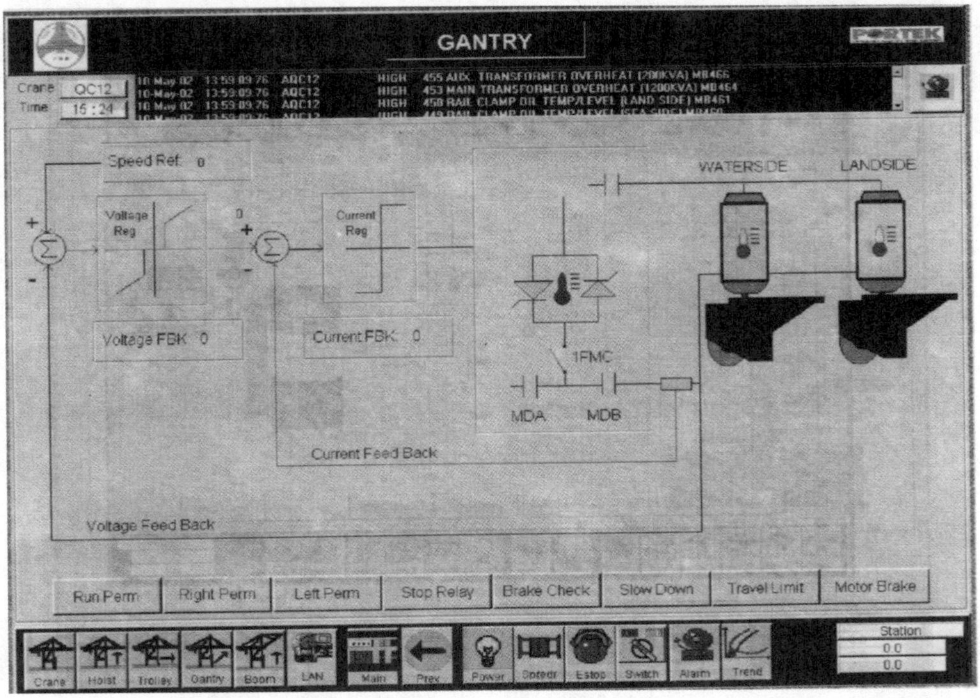


图 7-10　大车画面

(5) Boom(俯仰画面)

俯仰画面如图 7-11 所示,主体是俯仰机构的模拟图,它实时地反映着总体的工作状态。画面的线路图是反映电动机运行时的参数状态,包括速度设定、速度反馈、电流反馈等参数。画面的下部是一组反映俯仰机构状态细节梯形图画面的按钮,通过它们来实现在不同梯形图间的切换。

(6) Spreader(吊具画面)

吊具画面如图 7-12 所示,主体是吊具的模拟图,它实时地反映着总体的工作状态,比如吊具是否已上锁、吊具的长度变化及其在 3 个方向上的转动等。吊具上另有 3 组电磁阀,通过阀上小灯的颜色变化来显示其工作状态。画面的下部是一组反映吊具状态细节的梯形图的按钮,它们可用来实现在不同梯形图间的切换。

(7) Alarm(报警画面)

报警画面如图 7-13 所示,由 3 部分组成。上部是实时报警栏,用于动态显示报警信息;中部是历史报警信息栏,能自动更新最新的 50 个报警记录;底部是标准工具条和故障诊断工具条。故障诊断工具条由一些按钮组成,包括自动更新、增加下 50 个报警、设置过滤、报警帮助和打印历史报警 5 个按钮。图底部另有一个通往故障统计画面的按钮。

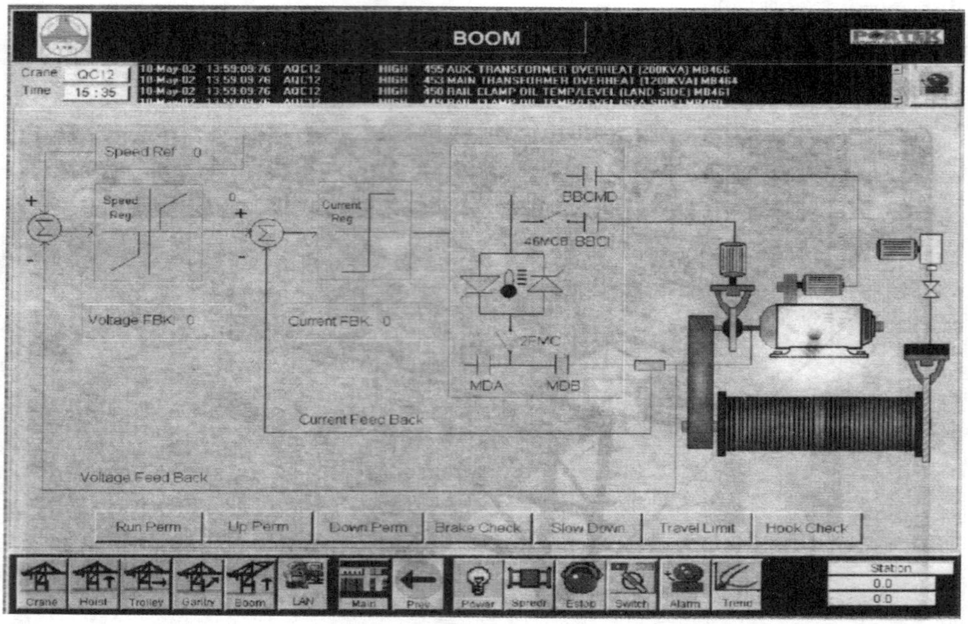

图 7-11　俯仰画面

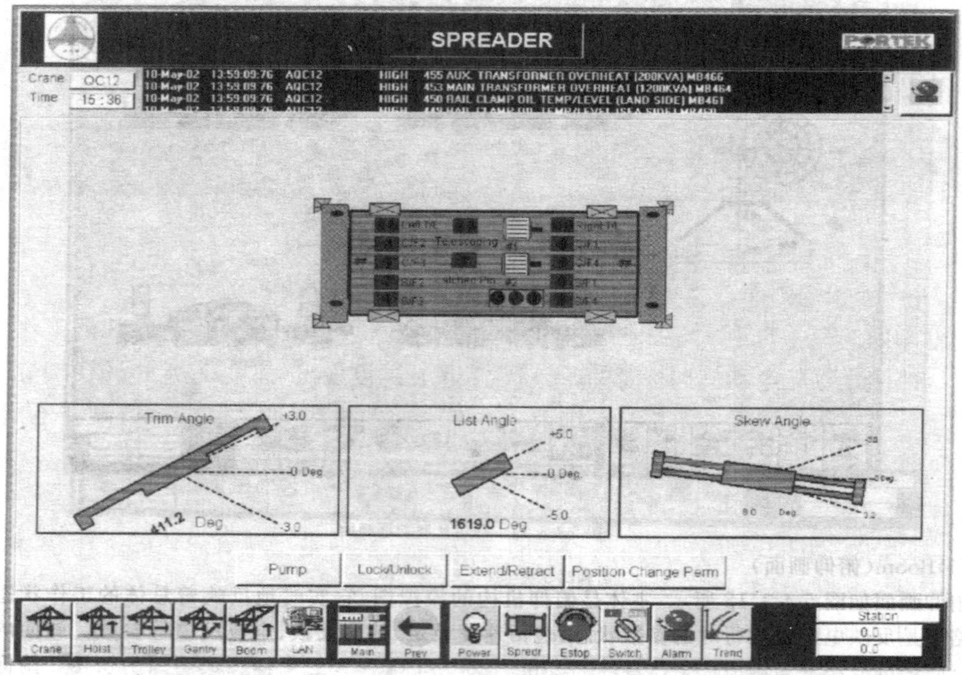

图 7-12　吊具画面

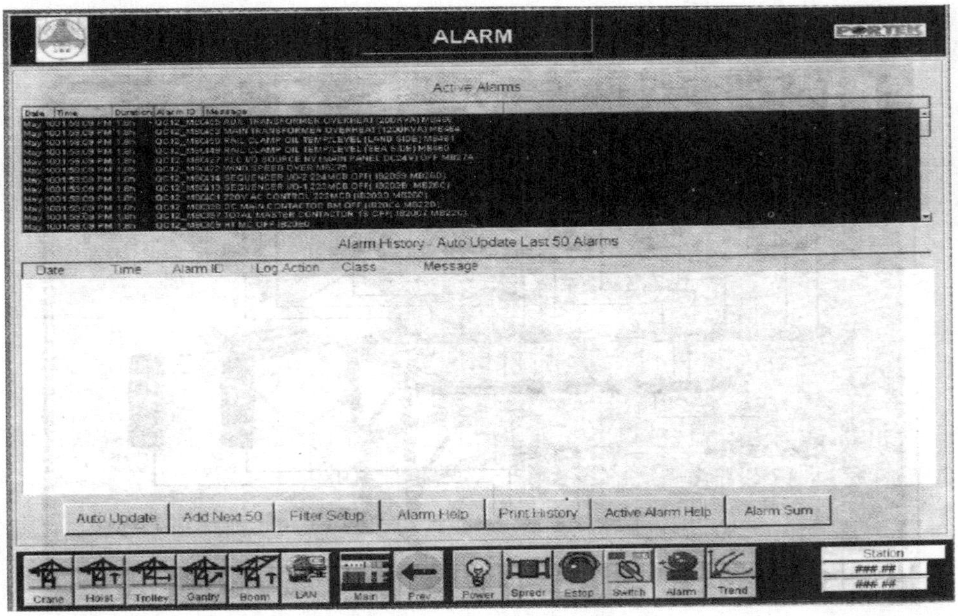


图 7-13　报警画面

(8) Alarm Sum(故障统计画面)

故障统计画面如图 7-14 所示,它用棒图形式表示发生最频繁的 20 种故障的频率。工程人员检修故障时可查阅该数据库以获得帮助,并可把解决故障过程中所获得的经验录入数据库中,以备后用。

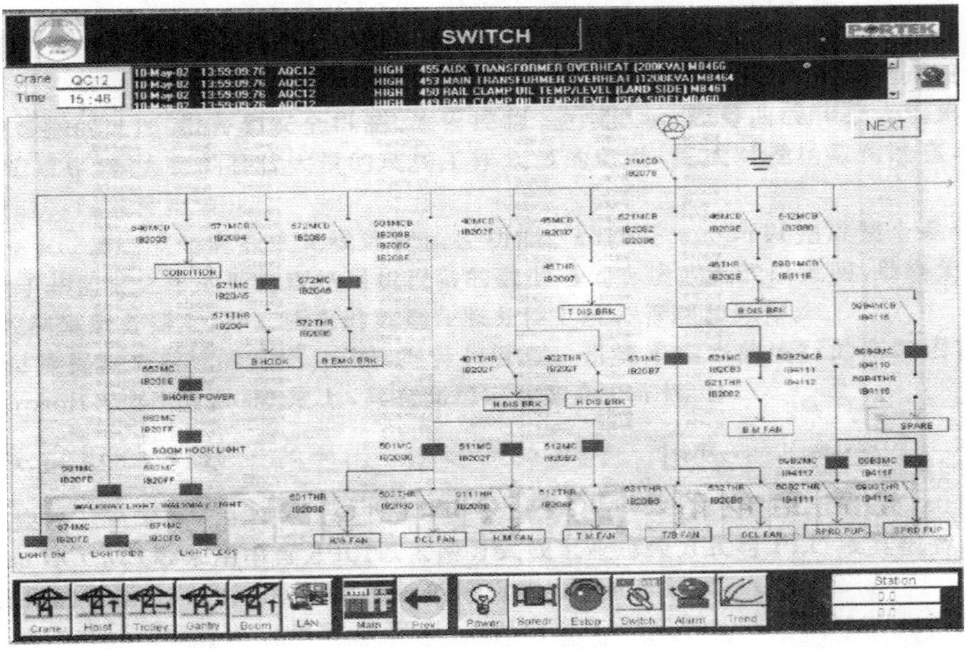


图 7-14　故障统计画面

# 参考文献

[1]黎明森,黄有方.现代港口电气自动化工程技术手册.北京:人民交通出版社,2005.
[2]胡桂林.港口电气设备.北京:人民交通出版社,1989.
[3]蒋晓波.装卸机械电气设备与维修.大连:大连海事大学出版社,2005.